Stella Collins

NEUROCIÊNCIA PARA COACHES E PALESTRANTES

Estratégias para potencializar a aprendizagem

TRADUÇÃO
UBK Publishing House

ubook UBK Publishing House

Publicado mediante acordo com Kogan Page. Edição original do livro, *Neuroscience for Learning and Development*, publicada por Kogan Page.

ubook UbK Publishing House

PRODUÇÃO EDITORIAL	BR75 | Clarisse Cintra e Silvia Rebello
COPIDESQUE	BR75 | João Sette Camara
REVISÃO	BR75 | Thaís Mesquita e Frederico Hartje
REVISÃO TÉCNICA	Cristiane Gama
PROJETO GRÁFICO E CAPA	Bruno Santos
DIAGRAMAÇÃO	BR75 | Thais Chaves

Dados Internacionais de Catalogação na Publicação (CIP)
(Câmara Brasileira do Livro, SP, Brasil)

Collins, Stella
Neurociência para coaches e palestrantes / Stella Collins. -- 1. ed. -- Rio de Janeiro : Ubook Editora, 2020.

ISBN 978-65-5875-028-4

1. Aprendizagem organizacional 2. Coaching 3. Desenvolvimento pessoal 4. Neurociência 5. Psicologia 6. Psicologia comportamental I. Título.

20-48270 CDD-158.1

Índices para catálogo sistemático:

1. Coaching e neurociência : Psicologia 158.1

Aline Graziele Benitez - Bibliotecária - CRB-1/3129

Ubook Editora S.A

Av. das Américas, 500, Bloco 12, Salas 303/304,
Barra da Tijuca, Rio de Janeiro/RJ.
CEP.: 22.640-100
Tel.: (21) 3570-8150

SUMÁRIO

PREFÁCIO

Muita coisa aconteceu nos três anos desde que foi publicada a primeira edição deste livro. A velocidade da mudança parece ter acelerado de novo, e, embora inevitavelmente haja alguma parte da Neurociência que explique por que minha percepção do tempo é um tanto imprecisa, podemos muito bem experimentar uma distorção semelhante e sentir que três anos passaram voando. A mesma coisa aconteceu com os mundos da Aprendizagem e do Desenvolvimento (A&D) e com a Neurociência: houve descobertas e mudanças em práticas e na tecnologia.

A tecnologia digital está ainda mais disseminada e parece que vai continuar a ser impactada pela realidade virtual, pela inteligência artificial e por uma gama cada vez maior de tecnologias novas e acessíveis. Com isso em mente, há um novo capítulo, que explora algumas das diferenças relacionadas a como podemos aprender usando a tecnologia digital. A pergunta importante para mim foi: o que há de diferente em nossas mentes quando usamos a tecnologia digital em comparação a qualquer outro método de aprendizagem?

Ao pesquisar a primeira edição, fiquei fascinada com o valor do sono para a aprendizagem, mas desde então surgiu uma variedade de novas informações, e muita atenção vem sendo dada ao valor do sono para a saúde, o bem-estar, o trabalho e a aprendizagem. Assim, nesta edição, o sono tem seu próprio capítulo, no qual se analisa o que acontece em nosso cérebro para apoiar a aprendizagem quando estamos menos conscientes.

Embora eu não tenha nenhuma evidência cientificamente mensurável para apoiar isso, nos últimos três anos, tenho percebido que mais pessoas têm interesse em pesquisas com base em evidências e apreciam o valor da Neurociência e da Psicologia para apoiar um projeto e uma transmissão eficazes do aprendizado. Mais pessoas estão começando a perguntar, contestar e questionar modelos há muito aceitos ou teorias ultrapassadas, o que é gratificante. Antes de escrever a primeira edição, eu era frequentemente a primeira pessoa na sala a questionar vários mitos, como "estilos de aprendizagem" ou "pessoas que usam mais o lado esquerdo/direito do cérebro", mas agora ouve-se definitivamente uma vaia na sala se esses conceitos forem mencionados. Algumas pessoas ainda se sentem incomodadas quando seus modelos de aprendizagem favoritos são desfeitos, mas os praticantes em geral estão interessados em descobrir o que é fundamentado em evidências e o que não é.

Como profissionais de A&D, nunca conseguiremos acompanhar todas as últimas descobertas no crescente campo da Neurociência, mas se fizermos boas perguntas e estivermos abertos a novas ideias, estaremos mais bem equipados para ajudar nossos colegas, clientes e nós mesmos a aprender e ter um melhor desempenho no trabalho.

AGRADECIMENTOS

Os discursos do Oscar sempre fazem as pessoas rirem, porque há pessoas demais a quem agradecer, e agora sei como esses atores e diretores se sentem... "Obrigada" à minha mãe e ao meu pai por terem me enviado em uma jornada de exploração, sinto muito por todas as vezes que perguntei "por quê"...

Muitas pessoas contribuíram direta ou indiretamente para o livro, a começar pelos muitos amigos e colegas que fazem perguntas, contestam, compartilham suas ideias e fazem do treinamento e do aprendizado uma ótima área na qual trabalhar. Agradecimentos especiais a Ann Grindrod, que me deu a primeira oportunidade concreta de atuar com treinamento real e me ensinou muito sobre o lado prático do treinamento. Obrigada também a Kayleigh Clarke, Tina Harris e minha equipe de colaboradores, que ajudaram a liberar meu tempo para que eu pudesse escrever.

Obrigada às "Outras Vozes" que escreveram com entusiasmo suas próprias pesquisas e ideias e continuam sendo grandes defensoras de um aprendizado focado em resultados e agradável, assim como rigoroso. Acho que elas dão outra dimensão ao livro.

Durante a redação propriamente dita, fiquei muito grata ao dr. Julian Staddon, que leu o manuscrito para verificar o conteúdo de Neurociência e me indicou o caminho para mais pesquisas e validação quando necessário. Ben Ashton ajudou enormemente ao rastrear todas as referências de maneira obstinada; às vezes, tendo apenas uma descrição vaga de algo que eu me lembrava de ter lido. Todas as pessoas da Kogan Page foram prestativas, particularmente Lucy Carter, que me deu um feedback encorajador quando eu precisava.

Gostaria de agradecer a todos os "neurocéticos" que me mantiveram atenta e me desafiaram a verificar meus fatos. Peço desculpas nos trechos em que deixei de falar alguma coisa ou causei algum erro ou equívoco, mas pelo menos isso lhes dará motivos para tuitar, escrever em seus blogs e reclamar.

Agradeço especialmente ao meu compreensivo marido, Nick, que parece nunca duvidar de que eu possa fazer aquilo a que me proponho, e às nossas filhas, Alice e Genevieve, sempre dispostas a ouvir e participar dos meus experimentos — vocês duas são a melhor experiência em que já trabalhamos.

Por que a Neurociência e o aprendizado são bons companheiros 01

Você sabia...?

Você sabia que, quando está curioso, sente o mesmo barato de quando come uma barra de chocolate, assiste a uma partida de tênis ou aposta em uma corrida de cavalos? Por que achamos a curiosidade tão prazerosa? Quando estamos curiosos, nosso cérebro é estimulado pela dopamina, um neurotransmissor que age em nossos sistemas internos de recompensa. Os ratos acham isso tão viciante que pressionam uma barra para estimular os receptores de dopamina no cérebro em vez de comer, beber ou dormir. A dopamina é nosso próprio neurotransmissor interno de recompensa, e tão viciante para nós quanto para os ratos.

Essa é uma notícia maravilhosa se você estiver envolvido em ajudar as pessoas a aprender, porque, quando desperta nelas a curiosidade, está tornando o aprendizado agradável, e elas vão querer mais, repetidas vezes.

Seu convite para vir em uma viagem

Convido você a vir comigo em uma jornada de exploração do funcionamento interno de seu cérebro e corpo quando está aprendendo. Ao compreender alguns dos mecanismos do cérebro enquanto processa informações, aprende, lembra e experimenta, você crescerá e se desenvolverá como profissional da aprendizagem. Ao compreender um pouco da Neurociência relacionada às mudanças que acontecem no cérebro quando as pessoas aprendem, é possível elaborar e fazer sessões de treinamento, ambientes de aprendizagem, palestras, sessões de coaching e apresentações muito mais eficazes. E você pode até aprender a aprender sozinho de modo mais eficaz.

Todos aprendemos — faz parte da nossa natureza humana —, porque, se não aprendêssemos, não sobreviveríamos. Até os organismos mais simples aprendem para evitar serem comidos ou feridos por predadores em um ambiente perigoso. À medida que progredimos da vida em cavernas para a nossa era digital atual, será que adquirimos alguns hábitos de educação e treinamento que podem estar impedindo as pessoas de aprender da maneira mais natural? Com o crescente interesse e pesquisa em Neurociência, o cabedal de evidências para nos ajudar a conceber os ambientes de aprendizagem mais eficazes cresceu, e cabe a nós, como profissionais, tirar proveito de todo esse conhecimento e das novas informações.

O que você obterá com a leitura deste livro são ideias práticas, advindas de parte da Neurociência disponível para nós, para implementar no mundo presencial ou virtual do aprendizado. Encontrará pesquisas para apoiar o que já está fazendo, para inspirar a experimentar coisas novas e talvez até algumas coisas que possa decidir parar de fazer. Com esse novo conhecimento ao seu alcance, você aumentará sua credibilidade com colegas e também com seus gestores, clientes ou patrocinadores, porque terá provas objetivas para fundamentar o que faz em

Figura 1.1 Introdução

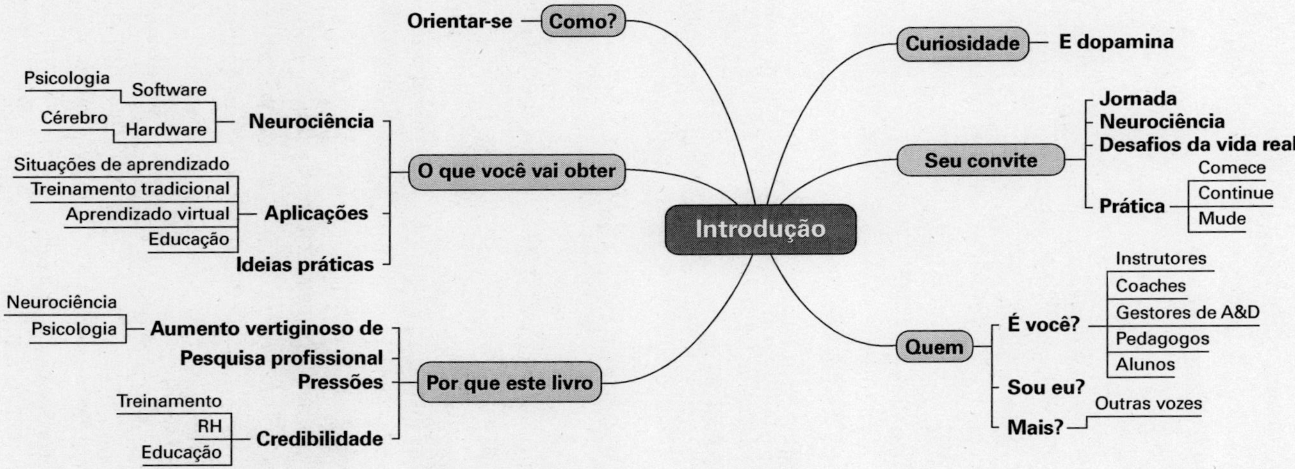

termos de mudança de comportamento, aumento de conhecimento e melhora de habilidades. Também será capaz de influenciar seus alunos ao explicar exatamente por que está pedindo a eles que participem de determinadas atividades.

Obterá respostas para desafios da vida real sobre como conseguir que os gestores se envolvam mais quando as pessoas voltam de programas de treinamento, como convencer os clientes de que você não pode treinar as pessoas com relação a um sistema completamente novo apenas com uma apresentação de duas horas e como motivar e persuadir os céticos de que o treinamento de compliance pode ser econômico e agradável ao mesmo tempo.

Ao longo do livro, vou começar com um esboço de cada capítulo e terminar com um resumo. A Figura 1.1 fornece um esboço visual, em forma de mapa mental, para lhe falar sobre os principais elementos deste capítulo, assim você pode preparar seu cérebro para o que vai ler.

Quem você é como leitor

Este livro foi escrito para pessoas como você, que são profissionais do aprendizado em diferentes postos e ambientes. Talvez seja um gestor de A&D, um diretor de recursos humanos (RH), um instrutor de uma equipe, um designer digital ou de aprendizado virtual (*e-learning*), um instrutor autônomo, um consultor de desenvolvimento autônomo; talvez trabalhe com desenvolvimento organizacional; talvez seja um coach, um professor primário, secundário ou universitário, ou alguém que desenvolve conhecimentos técnicos ou habilidades com colegas de trabalho como parte de outra função. Você pode ser alguém que está aprendendo por conta própria, seguindo o caminho da educação formal para o trabalho ou até por prazer, e quer algumas ideias para manter a motivação, ajudar a assimilar informações e fazê-las perdurar na memória para que possa aplicá-las quando necessário.

Você pode ensinar habilidades de comunicação como confiança, persuasão ou negociação, ou comerciais, de apresentação, de liderança, de supervisão, ou talvez relacionadas às funções particulares como atendimento ao cliente ou vendas. Pode estar trabalhando com transferência de informações, e portanto está ensinando conhecimentos sobre produtos ou dando treinamento operacional em campos como saúde e segurança, compliance ou novidades financeiras. Pode estar criando experiências digitais, on-line, ou projetando ambientes de realidade virtual. Talvez passe tempo trabalhando em salas de aula virtuais, usando tecnologias que permitem organizar seminários ou vídeo-conferências. Talvez ocupe seu tempo trabalhando em mudanças de atitudes e de crenças, em nível sênior ou mais amplamente em um programa de mudança. Pode ser que seja um coach e esteja estimulando outras pessoas a elaborar ideias, opções e possibilidades. Talvez esteja trabalhando no chão da fábrica com aprendizes que podem ser desde estudantes de doutorado até executivos de alto escalão, e com certeza estará lidando com uma ampla gama de idades, nacionalidades e culturas. Ou trabalhe digitalmente e elabore e transmita aulas remotas, workshops em vídeo em realidade virtual ou on-line. Seja lá como trabalham, para quem e para o que quer que seja que projetem, treinam ou ensinam, esses profissionais têm uma coisa em comum: estão provocando mudanças em cérebros, seja essa sua intenção ou não.

E você não é um neurocientista totalmente capacitado, embora possa ou não ter algum conhecimento de Psicologia, memória, aprendizagem ou princípios educacionais. Como eu, você está com curiosidade sobre as novas ideias que pode adotar para desenvolver sua prática e habilidades. Afinal, é por isso que está lendo este livro.

Em geral, vou usar a palavra genérica "instrutor" para descrever leitores como você, que ajudam as pessoas a aprender, desenvolver ou mudar seus comportamentos. Trata-se de uma palavra mais fácil de ler, e é melhor do que ter que ficar lidando com os termos profissionais de A&D, profissionais de RH, designers digitais, facilitadores de aprendizagem, educadores, coaches, palestrantes, ou seja lá como você se refere a si mesmo. Espero que isso funcione para você; caso contrário, por favor, toda vez que vir a palavra "instrutor", troque-a pela que preferir.

Vou usar os termos "aprendizado", "treinamento" e, às vezes, "educação", mas qualquer que seja a palavra que eu use, gostaria que pensasse no seu papel como profissional que está lá para ajudar os outros a aprender. Você não pode aprender por eles; só pode criar um ambiente que facilite a aprendizagem, e compreender alguns dos resultados da pesquisa neurocientífica pode ajudar a ser mais eficaz. Espero que depois de ler este livro, você possa mudar algumas coisas que faz, desenvolver o que faz, começar algo novo ou mesmo largar algo porque terá uma estrutura e algumas evidências para fundamentar e apoiar aquilo que funciona para os alunos, as organizações deles e você.

Por que este livro foi escrito agora

Durante muito tempo, treinamento, aprendizado e educação foram um pouco como os primos pobres de finanças, vendas e operações. Com frequência, eles são o primeiro departamento ou atividade a ser cortada quando há reduções de custos. Embora não seja impossível, é difícil medir o retorno do investimento em treinamento porque muitos outros fatores contribuem para melhorar o desempenho, portanto às vezes os instrutores lutam para conseguir financiamentos ou persuadir outros colegas a levar seus serviços a sério. Tenho certeza de que não sou a primeira instrutora a chegar a um workshop e ser informada de que um ou mais participantes foram chamados para um "assunto operacional urgente", ou que "preciso ir a uma reunião importante; espero que você não se importe". Isso deixa você se sentindo impotente, porque todas as pessoas no ambiente veem o treinamento como algo "bom de ter", e não como algo "necessário".

Algumas coisas são mais difíceis de medir do que outras. Todos reconhecem que os pilotos de linhas aéreas precisam ser ensinados a decolar e aterrissar com precisão, mas há menos ênfase em garantir que suas habilidades sejam satisfatórias. Robert Cialdini (2001), em seu livro *Influence: Science and Practice* [Influência: ciência e prática], fala sobre a "capitanite": a tendência de os outros membros da tripulação permitirem que sua própria experiência, treinamento e senso comum sejam anulados pelo comando do capitão, o que muitas vezes leva a erros graves e até a acidentes. Se lhes fosse dado mais treinamento nas chamadas "habilidades comportamentais" de reconhecer e contestar o comportamento humano, é possível que evitassem alguns desses acidentes.

Felizmente, agora há mais provas do valor do traquejo social, que inclui as habilidades de elaborar, treinar e ensinar que você já tem. Um relatório de pesquisa publicado em 2015 (AllThingsic) sugeriu que o traquejo social vale £88 bilhões somente para a indústria britânica, e, portanto, há mais evidências crescentes de que o treinamento nessas áreas é vital, e o treinamento dos instrutores deveria estar no topo desta lista.

É claro que hoje temos a pesquisa neurocientífica, assim como os dados e a análise lógica, para mostrar que as habilidades comportamentais não são brandas de maneira alguma. Elas são fundamentadas em Neuroplasticidade, Preparo, Pesquisa de Memória, Psicologia Cognitiva, Psicologia Social, e as bases do que se passa em sua cabeça quando se comunica com alguém. Há numerosos livros publicados sobre Neuroliderança, Neuroeconomia e como seu cérebro funciona no trabalho. As organizações estão começando a reconhecer que a maneira como aprendemos é tão importante quanto o que aprendemos. O Chartered Institute of Personnel and Development (CIPD) apresentou três relatórios de pesquisa entre 2012 e 2014, os quais descrevem o impacto que a Neurociência vai ter no aprendizado. No terceiro relatório, *Neuroscience in Action: Applying Insight to*

L&D Practice [Neurociência em ação: aplicando os insights à prática de A&D, 2014], as conclusões finais dizem:

> Apesar dos grandes exemplos de estudo de caso apresentados neste relatório, descobrimos que existem muito poucas organizações que utilizam abertamente a Neurociência na prática. Há duas explicações para isso. Em primeiro lugar, talvez seja muito cedo para uma adoção generalizada, e existe uma lacuna entre conhecimento e aplicação. Ou, em segundo lugar, que muitos dos princípios gerais da Neurociência estão sendo usados na prática de A&D sem serem rotulados como tal. (CIPD, 2014, p. 31)

Atualizando esta segunda edição, o CIPD e outros órgãos promovem ativamente a aplicação prática da Neurociência como um de seus tópicos centrais e estão trabalhando para desbancar muitos neuromitos e modelos de aprendizagem mais antigos, menos fundamentados em evidências. Portanto, este livro está aqui para ajudar a preencher algumas dessas lacunas.

As razões pelas quais estou interessada na Neurociência da aprendizagem

Esta área me fascina porque sou curiosa e fui educada fazendo perguntas sobre aprendizado. Há muito tempo, meu pai, que era professor, trouxe para casa alguns blocos de madeira coloridos para me ajudar com meus "vínculos numéricos", porque eu estava tendo dificuldades com a multiplicação. Lembro-me da sensação deles, das cores brilhantes, do som que eles faziam enquanto os embaralhava e até do cheiro. Usar esses blocos me ajudou a superar a dificuldade que eu tinha com os números, e ainda faço multiplicação trabalhando em blocos de números. Ter um pai professor significava que falávamos muito sobre aprendizado em casa. Meu pai sabia que as crianças precisavam "fazer" para aprender, mas seus métodos nem sempre eram populares. Ele não tinha muitas provas mensuráveis para apoiar o que dizia — além das crianças que prosperavam. Assim, passei anos ouvindo meu pai e inconscientemente aprendendo sobre como as pessoas aprendem, mas de jeito nenhum eu me tornaria uma professora, porque a maior parte da minha experiência de aprendizagem formal foi alguém falando e escrevendo pontos-chave em um quadro negro — o que é conhecido como "giz e conversa".

Na universidade, estudei Psicologia e Comunicação, e fiquei fascinada pela maneira como nosso cérebro trabalha, tanto o verdadeiro hardware físico quanto o processamento, ou software. Mas, apesar do interesse pelo cérebro, fiz um desvio e comecei a vida profissional como programadora de computadores. Como muitos outros programadores, na época passei por vários cursos de treinamento de duas semanas de duração, durante os quais ficávamos ansiosos para voltar ao trabalho para que pudéssemos fazer experiências por conta própria e continuar a aprender. Achávamos que ser ensinado por meio de capturas de tela de computador fosse tão ineficaz como ferramenta de aprendizado quanto o método de giz e conversa.

Minha carreira me levou na direção da assistência técnica, e no fim me foi dado o posto de "gerente de treinamento", algo que eu não queria porque minha experiência nessa área até aquele momento não tinha sido cativante e eu não queria fazer com que meus colegas passassem por experiências semelhantes. Eu tinha me mantido atualizada com relação ao mundo da Psicologia e estava curiosa para ver como essa área poderia ser útil, mas não tinha um caminho claro para tornar o treinamento mais envolvente, até que, em um treinamento, me deparei com um navio pirata!

O navio pirata estava cheio de instrutores que utilizavam métodos de aprendizagem acelerada para dar treinamento em assuntos que algumas pessoas consideravam tradicionalmente enfadonhos, como finanças e contabilidade. Mas esses "piratas" deram vida a seus temas e os tornaram fascinantes e fáceis de aprender. De repente, percebi que havia uma forma de trazer Psicologia e Neurociência para a sala de instrutores, e ainda sou muito grata a eles por terem me lançado no fascinante, entusiasmante e colaborativo mundo do aprendizado. Desde então, tenho trabalhado com milhares de pessoas e treinadores interessados em introduzir a aprendizagem favorável ao cérebro em seus métodos de trabalho. Criei o *Brain Friendly Learning Group* [Grupo de Aprendizado Favorável do Cérebro, em tradução livre] como maneira de compartilhar pesquisas, boas ideias e desafios, e as pessoas têm perguntado se há algo que possam ler e que reúna tudo isso.

Quero compartilhar pesquisas, histórias e exemplos práticos de como a Neurociência já está sendo utilizada em treinamento e aprendizagem, estimulando novas maneiras de implementá-los em sua prática — onde e com quem quer que seja.

Esse é apenas o início de uma jornada para todos nós que ensinamos aos outros. Ainda estou curiosa quanto ao que mais podemos aprender, como podemos aplicar isso e quais são os resultados para nossos alunos, organizações, comunidades e, talvez, até nações.

A definição de Neurociência para este livro

Parece que a Neurociência mudou ao longo dos anos. Quando falo com pessoas que estudaram Psicologia nos anos 1980, mais ou menos na mesma época que eu, a visão delas é a de que se tratava do cérebro real e de como ele funciona. Ela era vista como a ciência do que podia ser observado e medido no cérebro físico e no sistema nervoso; eram as atividades elétrica e química, a anatomia e a estrutura, neurotransmissores e hormônios que tinham um efeito sobre o cérebro. Os neurocientistas podiam fazer registros a partir de eletrodos, colocados nas células nervosas de caramujos e outros organismos simples, a fim de entender como os neurônios funcionavam. Eles elaborariam modelos matemáticos para a transmissão de sinais elétricos em neurônios do axônio gigante de uma lula. Fariam experimentos com o cérebro de ratos e veriam o que isso fazia com seu comportamento, dissecariam cérebros para identificar as estruturas ou olhariam os resultados de escâneres cerebrais para identificar a atividade em certas áreas. Em resumo, a biologia de como o cérebro funciona.

Nos últimos anos, no entanto, essa definição se expandiu consideravelmente. A Wikipédia sugere que é "o estudo científico do sistema neural" e se tornou uma mistura de muitas disciplinas, como Psicologia, Fisiologia, Filosofia e até Ciência da Computação, Engenharia e Física. Pode ser que tenham sido os resultados dos escâneres do cérebro que expandiram essa visão da Neurociência. Algumas pesquisas sugerem que as pessoas dão mais credibilidade às imagens dos escâneres cerebrais do que qualquer descoberta da Psicologia Cognitiva igualmente útil, portanto outros cientistas interessados em como o cérebro funciona talvez tenham usado o rótulo de "Neurociência" quase para validar as próprias descobertas com o público em geral (Munro, 2014).

O que você vai encontrar nesta viagem

Neste livro, vamos adotar essa visão mais ampla da Neurociência, porque alguns dos estudos que nos ajudam a entender o aprendizado e o treinamento são comportamentais, cognitivos e sociais, e não puramente biológicos; portanto, você obterá uma visão muito mais ampla e realista das informações atualmente disponíveis para nós. (Consulte o Capítulo 2 para saber mais sobre Neurociência.)

À medida que você ler, vai deparar-se com o hardware um tanto bagunçado e mole do cérebro. O hardware está relacionado com a biologia e a fisiologia de seu cérebro, seu sistema nervoso e as interações químicas de neurotransmissores e hormônios.

Você também se aprofundará em alguns dos softwares de seu cérebro no que diz respeito à aprendizagem e ao que a Psicologia Cognitiva, a Psicologia do Desenvolvimento e a Psicologia do Comportamento têm a dizer sobre a aprendizagem. O que há de mais recente em pesquisa de memória? Como a compreensão da Psicologia Social o ajudará a criar ambientes de aprendizagem mais eficazes, presenciais ou digitais? Como sua percepção consciente e inconsciente do mundo ao seu redor afeta o que percebe, quão bem você aprende e como se comporta?

O foco será a aplicação dessa Neurociência ao mundo prático da aprendizagem, da educação e do treinamento. Como você melhorará a memória das pessoas para informações? Como ajudará as pessoas a desenvolver novos hábitos? Como elas poderão abandonar os velhos hábitos? Como a Neurociência pode influenciar clichês como a maneira de envolver os gestores no treinamento, e como você elabora e treina tópicos técnicos ou de compliance sem ser enfadonho ou ficar preso aos detalhes? O que o mundo do aprendizado digital e virtual pode apreender da aplicação da Neurociência (apesar dos avanços na tecnologia, você continua trabalhando com cérebros físicos e confusos, que não mudaram muito ao longo dos milênios)?

Peço que use este livro como ponto de partida e que leia blogs, jornais e outros livros que se estendem sobre o assunto. Converse com seus colegas; encontre-se com neurocientistas e outros acadêmicos; participe de grupos de discussão; participe de "não conferências"; participe de conferências, desafie, questione e experimente por conta própria. Faça o que puder para melhorar seu treinamento e ajudar outras pessoas a aprender. Aprenda a explorar e aplicar segredos científicos para o sucesso no aprendizado.

Outras vozes

Você também vai ouvir de algumas outras pessoas que trabalham em alguns dos mesmos lugares que você — pessoas que aplicaram ideias da Psicologia e da Neurociência e as testaram em seus ambientes. Pedi a elas que contribuíssem com suas próprias palavras para que você saiba da história em primeira mão, e espero que as ache inspiradoras e esclarecedoras. Elas gostariam que você pegasse emprestado e compartilhasse suas ideias também. Muitas usarão o termo "aprendizagem favorável ao cérebro", que definirei mais detalhadamente no Capítulo 4. Algumas aplicaram as ideias de maneira mais ampla do que apenas em um ambiente de aprendizagem e descobriram que elas permeiam muito do que fazem tanto em casa quanto no trabalho.

Eis a primeira "Outra Voz". Pam Welsby dirige uma consultoria de treinamento na Eslovênia e é uma daquelas pessoas para quem pensar sobre como as pessoas aprendem e pensam tem permeado todo o seu negócio.

Outras vozes

Pam Welsby, *CEO e fundadora, Fast Forward International*

Há mais de vinte anos, na região de East Midlands, tive meu primeiro contato com o Aprendizado Acelerado, que se encaixou imediatamente no meu estilo de treinamento Centrado no Aluno, Altamente Participativo e Interativo.

Muitos anos depois, já no comando de minha própria Consultoria de Aprendizagem em toda a Europa Central, eu estava procurando algum desdobramento adicional nesse campo e descobri Stella Collins e o Aprendizado Favorável ao Cérebro. Convenci Stella a vir para a Eslovênia, e ela forneceu o programa Aprendizado Favorável ao Cérebro para Treinadores para minha equipe e alguns de nossos clientes. Adorei.

Essa abordagem nova e atualizada me inspirou não apenas a pensar em como poderíamos atualizar nosso estilo e abordagem de treinamento e desenvolvimento, como também de que forma poderíamos integrar os princípios do Aprendizado Favorável ao Cérebro em nossa marca, bem como nossa abordagem ao longo de todo o processo de vendas, marketing e aprendizagem. Isso, pude ver, foi um modo fundamental de nos diferenciarmos em nosso mercado e, ao mesmo tempo, inspirar nossos clientes em cada contato com eles a compreender e perceber a importância de alinhar o aprendizado e a comunicação com o modo como nosso cérebro trabalha, como aprendemos como seres humanos e como indivíduos.

Assim, dois anos depois, desenvolvi um processo de vendas que inclui documentos e ofertas para o cliente. O processo é composto por cores, fotos, imagens ou símbolos para explicar e mostrar de modo mais simples nossa maneira de trabalhar. Nas apresentações de vendas aos clientes, nunca fazemos uma apresentação, mas pegamos brinquedos e artigos sentimentais para defender determinados argumentos, usamos cartazes e atividades para deixá-los experimentar nossa abordagem e utilizar mais de seus sentidos e usamos música para colocá-los no "estado" certo durante nosso curto período de tempo juntos.

Em nosso primeiro contato com clientes em potencial, procuramos imediatamente compartilhar algo sobre a Aprendizagem Favorável ao Cérebro e como isso é parte essencial de nossa maneira de trabalhar, como e por que funciona. Criamos uma campanha de marketing que não vendia nada diretamente, desafiando o pensamento e introduzindo uma forma mais criativa de trabalhar. A campanha consistia em e-mails, cartas e telefonemas, mas também incluía o envio de um cartão-postal, um livro gratuito sobre mudanças, um lápis e um cérebro (para quando precisassem de algum poder cerebral extra). Algumas das comunicações que enviamos incluíam como nosso cérebro funciona, o impacto que nossas crenças podem ter em nossas ações, como cada um de nós percebe o mundo de maneira diferente e muito mais.

Tudo isso é um precursor da experiência que eles têm quando vêm aprender conosco, e também trabalhamos duro para incorporar cada vez mais ferramentas e técnicas favoráveis ao cérebro, mas começar a usá-lo em nossas atividades de vendas e marketing tem um impacto positivo em nossos clientes, aumentando as chances de eles nos escolherem como parceiro de aprendizado.

Um começo sobre o "Como posso...?"

Você já descobriu que a dopamina é liberada quando estamos curiosos, mas como é possível deixar as pessoas curiosas, e será que existe um efeito discernível em seu aprendizado? Perguntas como essas vão ajudar? Vamos explorar uma pesquisa científica genuína e uma muito mais prática em um ambiente de aprendizado real e ver o que descobrimos que pode ser aplicado em seu ambiente.

Quando lhe é feita uma pergunta, você tenta adivinhar a resposta? Ou estimula os outros a adivinhar quando faz as perguntas? É uma boa prática adivinhar, ou existe o perigo de que as pessoas adivinhem a resposta errada e depois se lembrem dela?

Parece, talvez de modo ilógico, que aprendemos melhor depois de adivinhar, mesmo que adivinhemos a resposta errada primeiro. Pesquisadores da Universidade da Califórnia (Yan *et al.*, 2014) testaram se as pessoas aprendiam melhor quando lhes eram mostradas duas informações ligadas ou tinham que adivinhar a resposta a uma pergunta como "Qual é a capital do Brasil?". Eles tiveram que adivinhar a resposta por oito segundos e depois lhes foi mostrada a resposta correta, Brasília, por cinco segundos, ou lhes foi mostrada a informação vinculada "Brasil — Brasília" por quinze segundos. Qual condição você acha que melhorou a lembrança da resposta correta quando as pessoas foram testadas mais tarde? Aconteceu que, mesmo quando as pessoas adivinharam a resposta errada para a pergunta, frequentemente Rio de Janeiro, sua recordação foi melhor do que quando lhes foi mostrada a informação correta. E esse efeito persistiu por até 61 horas depois (eles não mediram mais do que isso).

Colocamos essa teoria à prova em um workshop chamado "Aula Magna Favorável ao Cérebro" (obrigada a Sue Daly, da Resolution for Change, por nos pedir que participássemos), e nossa experiência pareceu corroborar a pesquisa. Em nosso experimento em pequena escala, foi-nos feita primeiramente uma pergunta difícil, e nos disseram para adivinhar a resposta, mas para não a revelar. Depois, foi-nos dada a oportunidade de fazer outro palpite com quatro opções. Finalmente, foi-nos mostrada a resposta para que verificássemos se estávamos corretos. Identificamos aquelas perguntas que adivinhamos corretamente e aquelas que adivinhamos incorretamente.

Quatro horas depois, após uma quantidade significativa de outras novas informações, fomos mais uma vez testados sobre as mesmas questões. Embora o nosso não tenha sido um experimento cientificamente rigoroso, os resultados foram muito parecidos com os dos pesquisadores; pudemos nos lembrar das respostas corretas que tínhamos adivinhado quatro horas depois. A explicação atual para essa descoberta parece ser o que se chama "ativação semântica", por meio da qual uma "teia" mental de conhecimentos e fatos associados à resposta correta é ativada e leva a um melhor armazenamento das informações corretas. Os pesquisadores da Universidade da Califórnia disseram: "A ideia básica é que essa ativação [relacionada à adivinhação] [...] permite uma codificação mais rica do objetivo apresentado posteriormente."

Uma pergunta que surge é: as pessoas ficaram curiosas ao adivinhar qual foi a resposta certa e isso liberou uma dose de dopamina que de algum modo tornou os fatos mais agradáveis e memoráveis? Não sabemos, porque isso não estava sendo investigado por esse conjunto de pesquisadores e não se pode criar hipóteses em retrospectiva, mas é um pensamento interessante.

E daí? — ideias para adotar e com as quais experimentar

Vamos começar a colocar isso no seu contexto. A pesquisa científica é ótima, mas o que isso significa para você em uma situação de aprendizagem prática?

Tente esta experiência: em vez de dizer algo a um colega de trabalho e esperar que ele se lembre daquilo, faça uma pergunta e convide-o a adivinhar a resposta. Sem importar se adivinhem certo ou errado, mostre-lhes a resposta correta. A pesquisa indica que eles se lembrarão de suas informações com mais precisão se os estimular a adivinhar primeiro antes de revelar as informações corretas. E não importa se eles adivinharem errado no início — desde que apresente as informações corretas rapidamente após a adivinhação, há uma possibilidade maior de eles se lembrarem com mais precisão mais tarde.

Essa também é uma tática fácil de implementar em um ambiente digital. Faça a pergunta e peça ao aluno que adivinhe antes de clicar ou revelar a resposta. Você não precisa nem registrar se eles acertaram ou erraram, porque a adivinhação por si só aumentará suas chances de lembrar.

Como se orientar neste livro

Se você tem tempo de sobra ou isso é importante para você, leia o livro do começo ao fim. Cada capítulo tem uma visão geral, trechos de pesquisas relacionadas ao tema, e você encontrará "curiosidades" — pesquisas fascinantes, potencialmente desafiadoras, ou que apenas parecem ser inesperadas para nossos níveis atuais de conhecimento.

Há estudos de caso que mostram que os humanos se identificam mais com histórias, que normalmente são mais "duradouras" do que fatos, mas vamos apresentar muitos fatos também. Há muitas perguntas para estimular seu pensamento e ajudar com a memória — você consegue lembrar qual neurotransmissor é liberado quando está curioso? Há ideias que podem ser adotadas, dicas muito boas e ideias a experimentar, que você pode implementar com seus alunos. Algumas serão específicas para áreas particulares de aprendizagem ou treinamento, outras serão mais aplicáveis, quer você esteja trabalhando cara a cara, quer seja digital ou remotamente.

No final de cada capítulo, você encontrará pontos-chave para ajudar a resumir o que leu a fim de estimular a memória.

Ou pode entrar e sair, escolhendo subtítulos de capítulos que se relacionam com o que faz, ou usar resumos ou subtítulos como outra maneira de identificar o que esse capítulo talvez lhe reserva, com base em seu papel e interesses.

Se você optar por seguir uma ordem cronológica, explorará alguns dos fundamentos da Neurociência, algumas das terminologias e ideias que se relacionam com a aprendizagem. Também questionaremos o que fazer se alguém decidir cegá-lo com a ciência ou o "neuroestardalhaço" e lhe disser "pesquisas indicam". Depois disso, consideraremos algumas das áreas-chave no processo de aprendizagem e que evidências existem para nos mostrar como as pessoas prestam atenção, adaptam-se a diferentes formas de aprendizagem ou criam memórias intensas. Você também descobrirá a Neurociência por trás de algumas das outras áreas que podem afetar o aprendizado, como os ambientes presenciais ou digitais, ou o impacto que pessoas como gestores podem ter no aprendizado bem-sucedido.

Resumo

As coisas mais importantes que você leu neste capítulo:

- A dopamina, uma substância química cerebral, é liberada quando há curiosidade — ela é viciante.
- Você está em uma jornada para descobrir em que a Neurociência pode ajudá-lo na prática.
- A Neurociência está alcançando um reconhecimento mais amplo nos campos do treinamento e da aprendizagem.
- A Neurociência é um tópico amplo que cobre muitos aspectos de como nosso cérebro funciona — e vamos nos concentrar em aplicações práticas para o aprendizado.
- Pedir às pessoas que adivinhem uma resposta as ajuda a lembrar melhor.
- Você pode escolher como se orientar por este livro.

Referências e leituras adicionais

The Value of Soft Skills to The UK Economy. Allthingsic, 2015. Disponível em: www.allthingsic.com/wp-content/uploads/2015/01/The-Value-of-Soft-Skills-to-the-UK-Economy.pdf. Acesso em: 30 jun. 2015. (Arquivado em perma.cc/G484-H2HG.)

Cialdini, R. *Influence*: Science and Practice. Boston: Allyn and Bacon, 2001.

Neuroscience in Action: Applying Insight to L&D Practice 2014. CIPD, 2014. Disponível em: www.cipd.co.uk/hr-resources/research/neuroscience-action.aspx. Acesso em: 2 set. 2020. (Arquivado em perma.cc/CBA7-QF7W.)

Munro, G.; Munro, C. 'Soft' Versus 'Hard' Psychological Science: Biased Evaluations of Scientific Evidence that Threatens or Supports a Strongly Held Political Identity. *Basic and Applied Social Psychology*, v. 36, n. 6, p. 533-543, 2014.

Yan, V. X. *et al.* Why Does Guessing Incorrectly Enhance, Rather than Impair, Retention? *Memory and Cognition*, v. 42, n. 8, p. 1.373-1.383, 2014.

A ciência do seu cérebro 02

Quando foi seu último momento de eureca?

Você se lembra do que aconteceu na história de Arquimedes quando subitamente descobriu como medir o volume de um objeto irregular? Ele saiu de um banho público e correu nu para casa gritando "Eureca!" ("Descobri!"). E os seus momentos de eureca? Você consegue se lembrar de como foram? Espero que não tenha sentido a necessidade de correr nu pelas ruas, mas para a maioria de nós é uma experiência muito particular. Quando você tem um momento de eureca, está literalmente tendo uma onda cerebral. Sabe que tipo de onda cerebral é essa?

Seu cérebro cria padrões elétricos que variam em frequência, dependendo do que está se passando em sua cabeça. À medida que você faz coisas diferentes, algumas ondas cerebrais são mais predominantes do que outras; algumas são mais rápidas e outras, mais lentas. Parece que, quando você tem um pensamento novo ou conecta duas ideias, a experiência de um momento de eureca pode ser detectada como uma onda cerebral de frequência particularmente alta, chamada onda gama. As ondas gama têm uma frequência entre cerca de 40 Hz e 100 Hz, em comparação com as ondas beta (de 12 Hz a 40 Hz) ou as ondas delta emitidas em sono profundo (de 0 Hz a 4 Hz). Curiosamente, de modo um tanto ilógico, as ondas gama também foram detectadas quando as pessoas estão em um estado de meditação profunda, o que talvez não lhe pareça imediatamente a mesma experiência de um momento de eureca, mas pode estar relacionado a ele, já que as pessoas que meditam regularmente relatam insights intensos durante a meditação.

Essa contradição em potencial nos levará, no Capítulo 3, a uma discussão sobre como a ciência funciona e como avaliar o que é uma boa Neurociência e o que não é. Mas, enquanto isso, vamos considerar alguns dos pilares da Neurociência que podem ser úteis para você pensar em aprender.

Leia este capítulo se...

Você quer entender algumas noções básicas do cérebro, como elas se relacionam com a aprendizagem, e quer ser capaz de reconhecer algumas das ferramentas e termos usados no estudo do próprio cérebro, o que surgirá mais tarde no livro. Se já está familiarizado com células cerebrais, anatomia básica do cérebro, neurotransmissores e técnicas de pesquisa, então talvez queira passar para o próximo capítulo. A Figura 2.1 é seu guia visual para o que será abordado:

Figura 2.1 Ciência do cérebro

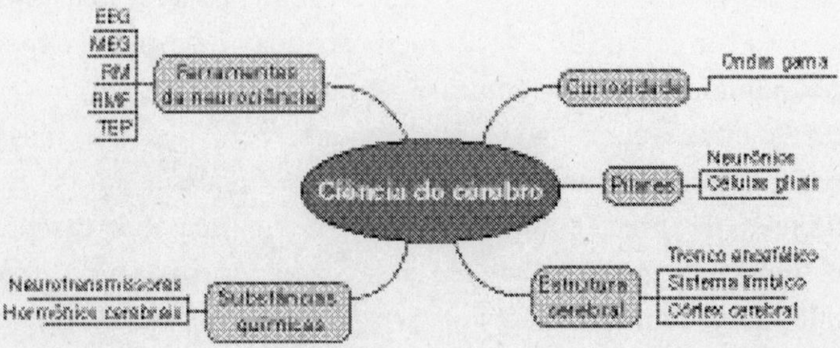

Pilares

Neurociência é o estudo do cérebro e do sistema nervoso. Neste livro, você vai se concentrar principalmente no cérebro. Isso porque muito do que acontece no aprendizado acontece naquele órgão, embora o resto do sistema nervoso claramente tenha um efeito significativo sobre ele, e vice-versa — e nossos corpos aprendem também. Mas o cérebro é por onde vamos começar.

Células cerebrais

De que é feito o cérebro?

Seu cérebro é feito de diferentes tipos de células cerebrais, incluindo vários tipos de neurônios e células gliais que compõem a maior parte de sua estrutura física.

Neurônios

Até recentemente, ninguém tinha contado quantos neurônios temos, embora as estimativas tendessem a estar na linda e redonda marca dos cem bilhões (você descobrirá no Capítulo 3 por que é preciso ter cuidado com os números bonitos e redondos). Em 2009, a neurocientista Suzana Herculano-Houzel e sua equipe transformaram o cérebro de quatro homens recém-falecidos em "sopa cerebral" (é como ela chama), usando uma nova técnica chamada "fracionamento isotrópico". Eles mediram o número de neurônios em amostras da sopa, depois fizeram um cálculo proporcional e descobriram que, "em média, o cérebro humano tem 86 bilhões de neurônios". Em uma TED Talk, em 2013, ela explicou: "Nenhum [dos cérebros] que examinamos até agora tem os cem bilhões. Mesmo que possa parecer uma diferença pequena, os catorze bilhões de neurônios equivalem praticamente ao número de neurônios que um cérebro de babuíno tem, ou a quase metade do número de neurônios no cérebro de um gorila. Portanto, essa é uma diferença bastante grande, na verdade."

Mesmo com apenas 86 bilhões de neurônios, cada um deles capaz de fazer múltiplas conexões, você obtém muito rapidamente trilhões de possibilidades sobre como seu cérebro se conecta. O neurônio é a unidade básica de processamento de informações de um cérebro, e, como o aprendizado é uma forma de processamento de informações, essa é, portanto, uma unidade bastante importante, sobre a qual deveríamos saber um pouco.

Os neurônios foram claramente descritos pela primeira vez por um pesquisador espanhol, Santiago Ramón y Cajal, em 1888, o que lhe rendeu o Prêmio Nobel. Antes disso, pensava-se que o sistema nervoso poderia ser uma rede contínua. Cajal expandiu o trabalho de Camillo Golgi, que inventou uma técnica de coloração, em 1873, que chamou de *la reazione nera* (a reação negra). Essa técnica é utilizada até hoje para examinar as células cerebrais, que parecem pretas contra um fundo amarelo. Golgi e Cajal tinham ideias conflitantes sobre a estrutura das células cerebrais, até que a microscopia eletrônica, nos anos 1950, provou que as células cerebrais eram de fato células separadas, conectadas por sinapses. Cajal também era um artista brilhante, então vale a pena procurar suas belas e detalhadas pinturas de neurônios.

Os neurônios são compostos por um corpo celular que contém um núcleo e um número de ramos que se irradiam (ver Figura 2.2). O ramo mais longo é chamado axônio, alguns dos quais são curtos, com apenas alguns micrômetros, enquanto outros podem ter até um metro e percorrem o comprimento de sua coluna vertebral. Os axônios têm uma camada externa adiposa chamada bainha de mielina que é mais estreita em vários pontos, o que faz com que se pareça um pouco com uma tira de linguiças. Os axônios terminam em ramos chamados terminais sinápticos, os quais transmitem impulsos nervosos de um neurônio para outro.

Os ramos mais curtos são os dendritos, que variam em comprimento de algumas dezenas de micrômetros até vários milímetros. Os dendritos coletam informações recebidas como padrões de atividade elétrica de outros neurônios, enquanto os axônios enviam informações do corpo celular para outros neurônios.

As sinapses são as junções entre diferentes neurônios pelas quais as informações são transmitidas. A informação percorre o neurônio como energia elétrica, mas muitos neurônios não chegam a tocar a sinapse e a informação é transmitida pelo movimento de "portadores" químicos chamados neurotransmissores (falaremos mais sobre eles depois).

Figura 2.2 Um neurônio

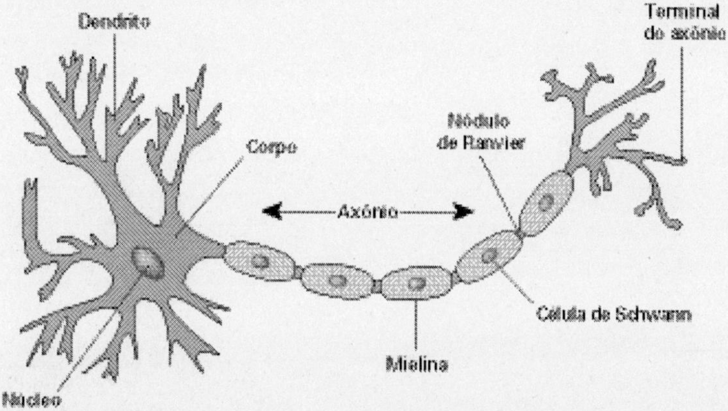

Atualmente, reconhece-se que os mamíferos também têm sinapses que são tocadas pelos neurônios. Assim, os estímulos elétricos podem ser transmitidos diretamente por eles.

Células gliais

As células gliais são as coadjuvantes dos neurônios e as células cerebrais mais abundantes em nós. Temos aproximadamente o mesmo número de células gliais do que de neurônios (apesar de alguns mitos sobre a existência de dez vezes mais células gliais). A proporção de distribuição de células gliais para os neurônios muda visivelmente de 3:1 partes do córtex para apenas cerca de 0,01 no cerebelo. Elas fornecem apoio estrutural, trazem substâncias como nutrientes dos vasos sanguíneos aos neurônios e podem ajudar na amplificação da atividade elétrica (mas isso ainda não foi comprovado). Ao contrário dos neurônios, podem se dividir e crescer após o nascimento — talvez sejam os elementos estruturais em tumores cerebrais de crescimento lento, bem como os neurônios de apoio que foram danificados. Entretanto, elas não formam sinapses, e até recentemente se pensava que não transmitiam impulsos. Hoje, parece que elas de fato transmitem sinais, mas que são muito mais difíceis de detectar do que os sinais neuronais. Seu papel no aprendizado é como o das equipes de apoio de que todos precisamos para criar grandes oportunidades de aprendizado. Se você é um instrutor autônomo, talvez seja a sua própria equipe de apoio; então, imagine as células gliais como aqueles outros trabalhos que você mesmo tem que fazer para executar um grande programa de treinamento.

Redes

Seus neurônios formam redes neurais extremamente complexas que se conectam, desconectam e reconectam conforme aprendemos, desaprendemos e reaprendemos. Suas redes neuronais são incrivelmente importantes. Mesmo que você encontre informações que sugiram que uma parte de seu cérebro faz uma coisa e outra faz outra, em geral é mais correto falar sobre redes ou sistemas que fazem o trabalho.

Vasos sanguíneos

Seu cérebro também está repleto de vasos sanguíneos; na verdade, Hercule Poirot estava errado quando se referia a suas "pequenas células cinzentas" — cérebros vivos não são realmente cinzentos, mas têm um tom de rosa. No entanto, ainda existem partes do cérebro tecnicamente chamadas de "matéria cinzenta", que consistem principalmente em neurônios não mielinizados, células gliais e corpos celulares. Há também a matéria branca, que é composta sobretudo de células gliais e das bainhas adiposas de mielina dos axônios, de modo que pode causar confusão — em um cérebro recém-cortado, elas parecem levemente rosadas também.

Qual é a estrutura?

O cérebro é um órgão faminto e consome cerca de vinte por cento dos recursos energéticos do corpo, ao mesmo tempo que representa consideravelmente menos de vinte por cento do peso corporal. Um cérebro humano pesa cerca de um quilo a um quilo e meio.

O cérebro é uma estrutura complexa com múltiplas áreas interligadas que desempenham funções específicas. Muitas pesquisas ainda estão em andamento para tentar identificar o que está acontecendo, onde, quando e como, à medida que realizamos nossas atividades normais. Áreas e sistemas significativos para diferentes atividades foram identificados, e você irá explorar determinadas áreas relevantes para sua prática de aprendizagem durante a leitura deste livro.

Muitas vezes há controvérsia com relação a qualquer tentativa de simplificar estruturas e funções do cérebro, porque não se trata de algo simples. No entanto, se você estiver lendo este livro, suponho que esteja mais interessado em como isso se aplica ao aprendizado, do que nos pormenores mais específicos, como seria o caso de um neurocientista profissional. Por isso, encontrará alguns modelos simplificados, já que, caso contrário, o livro teria que ser muito mais longo, e você precisaria obter um doutorado em Neurociência.

Um dos modelos mais comuns para pensar sobre a estrutura cerebral é o cérebro trino de MacLean (1990). Originalmente, MacLean falava disso como um modelo evolutivo para o desenvolvimento do nosso cérebro, sugerindo que ele tinha evoluído em uma forma particular, o que de fato é debatido calorosamente. No entanto, os modelos podem ser muito úteis se os considerarmos como tais — modelos, em vez de uma explicação precisa de como o mundo funciona. Em seu trabalho, você provavelmente usa inúmeros modelos para explicar conceitos e ideias às pessoas para que elas possam compreender a ideia geral rapidamente. Você e seus alunos sabem que o modelo é apenas uma representação do mundo real que nos ajuda a compreendê-lo.

De início, vou usar o modelo trino do cérebro para explicar suas estruturas de alto nível. À medida que percorrer o livro, serão apresentadas áreas específicas com mais detalhes e como se relacionam com o aprendizado, de modo que você se tornará muito familiarizado com algumas delas.

O modelo de cérebro trino o divide em três áreas básicas (ver Figura 2.3): o tronco encefálico (MacLean chamou-o de cérebro reptiliano), o sistema límbico e o neocórtex (que chamaremos de córtex cerebral ou córtex).

Figura 2.3 Estrutura cerebral simples

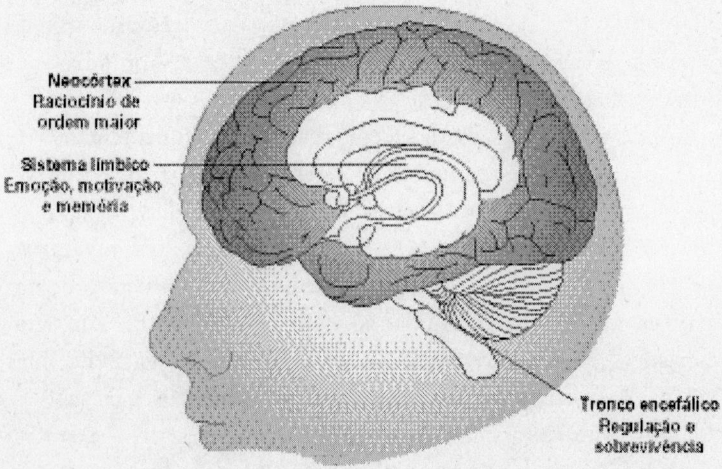

Tronco encefálico

Essa é a parte do cérebro que ajuda a regular suas funções mais básicas e a mantê-lo vivo. Sua respiração, fome, regulação da temperatura, mobilidade básica e equilíbrio são todos monitorados e controlados nessa parte do cérebro; estamos em grande parte inconscientes do que acontece lá, a menos que estejamos com problemas com seu funcionamento normal. Lesões no tronco encefálico resultam em problemas de mobilidade, de controle motor e das funções centrais, como respiração, sono e alimentação.

Para fins de aprendizagem, não costumamos pensar especificamente no tronco encefálico, mas, como você verá em capítulos posteriores, manter essas funções "satisfeitas" pode evitar interferências que podem nos impedir de desempenhar atividades da melhor maneira possível. Basta pensar na qualidade do aprendizado quando você está com fome, sentindo cansaço ou com muito calor.

As áreas significativas do tronco encefálico e suas principais funções são:

- Hipotálamo — regula a temperatura, o apetite, a sede, as secreções hormonais e as fibras musculares.
- Tálamo — uma área de comunicação que transmite mensagens de nossos sentidos para o resto do cérebro (exceto o olfato — falaremos mais disso depois).
- Glândula pineal — nosso relógio biológico para regular o sono, a vigília e os ritmos diários.
- Mesencéfalo — mantém-nos seguros ao coordenar nossos reflexos.
- Ponte — uma área de transmissão entre o cerebelo e o córtex que é importante para o movimento coordenado.
- Medula — controla e monitora a respiração e os batimentos cardíacos.
- Cerebelo — é crucial para o equilíbrio e outras características do movimento.

Sistema límbico

O sistema límbico é central para nós, localiza-se embaixo do córtex e acima do tronco encefálico. Sua função principal parece ser a preservação do indivíduo e possivelmente da espécie — ou seja, garante a segurança e é também crucial na reprodução e na nutrição de nossos filhos. Se você tiver interesse em aprender, essa é uma área na qual talvez queira prestar atenção ativa, porque está particularmente associada com a memória e a emoção, cruciais para um aprendizado eficaz e de longo prazo. Você lerá mais sobre o sistema límbico em capítulos posteriores.

As principais partes do sistema límbico para o aprendizado são:

- Hipocampo — processa memórias (falaremos muito mais dele posteriormente).
- Toda uma gama de núcleos diferentes, incluindo a amígdala — que está ligada à emoção, particularmente ao medo, à raiva, à agressão e à sexualidade.
- Corpo caloso — conecta os dois lados do córtex cerebral.
- Bulbo olfatório — processa cheiros.

Córtex cerebral

Quando você assiste a um programa de TV sobre cérebros ou vê fotos de cérebros, aquela cúpula cinza ou rosa e enrugada é o córtex. É a parte que a maioria das pessoas imagina quando diz "cérebro". O cérebro humano não é o maior do mundo — essa honra pertence à baleia cachalote, cujo órgão pesa cerca de oito quilos. Mas, em relação ao tamanho do cérebro, temos o maior córtex cerebral entre todos os mamíferos, e se você removesse o córtex cerebral e estendesse todas aquelas rugas (cada uma delas é chamada de sulco), veria uma área do tamanho de um pequeno guarda-chuva. Nosso cérebro é mais enrugado do que os dos outros animais, então temos uma superfície maior do córtex para fazer todos os nossos raciocínios complexos.

Seu córtex cerebral é quem trata do processamento de nível superior das informações sensoriais, da comunicação, do raciocínio complexo, como a tomada de decisões, e é incrivelmente importante para o aprendizado.

Ele está dividido em diferentes áreas ou lóbulos, cada um com funções específicas, embora muitas vezes conectadas (ver Figura 2.4). A começar pela de trás, eis os lóbulos principais e suas funções mais relevantes. Pense sobre as implicações para o aprendizado, e veja mais sobre elas à medida que ler este livro:

- Lóbulo occipital — trata em grande parte do processamento visual.
- Lóbulo parietal — parece ser muito importante para cálculos, movimento e orientação, assim como para processar dor, temperatura, toque e pressão.
- Lóbulo temporal — coordena seus sentidos, particularmente o som e a compreensão da fala, e trata de alguns aspectos da memória.
- Lóbulo frontal — não tem conexões diretas com o mundo exterior, e é onde raciocínio, planejamento, tomada de decisões e outras funções de nível superior acontecem.

O córtex cerebral está dividido em dois — os famosos hemisférios esquerdo e direito. Nos anos 1960, Roger Sperry e colaboradores pesquisaram as funções dos diferentes hemisférios e descobriram que eles processam coisas diferentes, o que de alguma forma resultou em múltiplos mitos sobre o cérebro esquerdo e direito, e até mesmo mitos sobre esses mitos (veremos mais sobre isso posteriormente) (Gazzaniga *et al.*, 1962).

Seu cérebro é o órgão mais complexo do planeta. Embora tendamos a atribuir funções específicas a certas áreas por simplicidade, na realidade as coisas não são tão simples assim — o cérebro se conecta de múltiplas maneiras até para fazer tarefas bastante triviais. Mas não estamos treinando para ser neurocientistas, então, por necessidade, vou me ater às versões simplificadas, exceto em pontos nos quais é de fato importante apontar uma anomalia específica ou um trecho de pesquisa. Este livro trata das aplicações práticas da Neurociência ao aprendizado.

Ver imagens de cérebros com suas diferentes áreas mapeadas faz tudo parecer relativamente simples. No entanto, se quiser ver como é realmente difícil identificar diferentes partes do cérebro na vida real, a Wellcome Foundation tem um vídeo incrível da dissecção de um cérebro no YouTube: www.youtube.com/watch?v=OMqWRlxo1oQ. Acesso em: 3 set. 2020. (Arquivado em perma.cc/AWH2-LZF4.)

Figura 2.4 Os lóbulos do cérebro

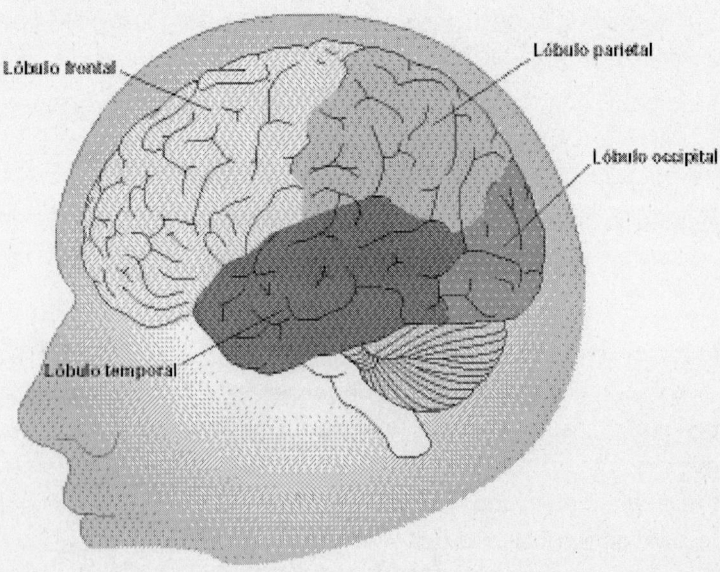

Os mensageiros do cérebro — neurotransmissores e hormônios

Para que atuemos como humanos, nosso corpo e nosso cérebro precisam se comunicar. Há um fluxo constante de mensagens que percorrem todo o sistema nervoso, que entram e saem do cérebro e do corpo. As mensagens químicas são transportadas por neurotransmissores e hormônios, sobre os quais veremos os principais tipos e suas respectivas funções. Assim como com os outros pilares da Neurociência, tenha em mente como eles podem ser valiosos para você quando estiver atuando em um ambiente de aprendizagem — voltaremos a falar deles depois.

Há muitos tipos de substâncias químicas que interagem com o sistema nervoso. Dependendo da forma como você os conta, os cientistas dizem que entre trinta e cem neurotransmissores foram identificados. Trata-se de um novo campo de pesquisa emergente e muito empolgante. No entanto, abordaremos apenas os mais importantes e relevantes para o aprendizado.

Neurotransmissores, como acetilcolina, dopamina e noradrenalina, assim como hormônios como oxitocina e adrenalina, são mensageiros químicos. Em geral, os neurotransmissores são gerados por neurônios e funcionam dentro do cérebro, enquanto os hormônios cerebrais são liberados pelas glândulas no corpo e distribuídos pelo sangue, embora tenham um efeito sobre o cérebro. Os neurotransmissores tendem a agir muito rapidamente e mais diretamente em comparação com os hormônios, enquanto o efeito dos hormônios é mais duradouro, ainda que essa duração possa variar de alguns segundos a vários dias.

Os neurotransmissores excitatórios aumentam as chances de que um neurônio dispare, enquanto os neurotransmissores inibidores reduzem essa probabilidade. Precisamos dos dois tipos, porque às vezes partes do cérebro precisam ser "silenciadas" para permitir que outras funcionem adequadamente. O cérebro nem sempre quer ser estimulado.

A *dopamina* ativa os sistemas de recompensa (lembre-se daqueles pobres ratos que preferiam doses de dopamina em vez de comida). Ela controla os níveis de excitação no cérebro, é vital para a motivação física e psicológica e está relacionada com o vício. Como você já ficou sabendo, ela parece ser liberada quando estamos curiosos, e por isso é tão útil para o aprendizado.

A *serotonina* é o que faz com que você se sinta bem, o neurotransmissor inibitório que afeta o humor. Níveis elevados dela estão associados ao otimismo, e também é importante para o sono. Os níveis reduzidos estão relacionados com a depressão. Aparentemente, o chocolate amargo de boa qualidade pode aumentar os níveis de serotonina — sempre constatamos que esse é um fato apreciado em nossos workshops de "Treinamento de Instrutores".

A *acetilcolina* foi o primeiro composto a ser identificado como neurotransmissor por Otto Loewi, que inicialmente o chamou de *vagusstoff* porque era liberado no estômago pelo nervo vago. Você precisa dela para estar a par do mundo à sua volta, para aprender e lembrar, e ela pode ajudar a sonhar, além de controlar seus músculos. As pessoas com doença de Alzheimer sofrem com a falta de acetilcolina.

O *glutamato*, ou ácido glutâmico, é o que dá sabor aos pratos que você pede em restaurantes chineses. Em 1906, um pesquisador japonês evaporou o caldo de combu e encontrou cristais marrons com um sabor característico que ele chamou de umami. Depois, ele passou a produzir um tipo sintético do composto, o glutamato monossódico. Este mesmo composto químico, o glutamato, é o transmissor excitatório mais abundante em seu cérebro, vital para conectar seus neurônios, e está intensamente relacionado tanto ao aprendizado quanto à memória.

A *noradrenalina*, também conhecida como norepinefrina, é, na verdade, um hormônio sintetizado a partir da dopamina e liberado pelas glândulas suprarrenais. Ela tem inúmeras funções em todo o corpo, como atuar no estresse e aumentar o fluxo sanguíneo para o cérebro. No próprio cérebro, ela ajuda a prestar atenção vigilante, um fator-chave na aprendizagem.

GABA (*gamma-Aminobutyric acid*, ácido gama-aminobutírico) é em geral um neurotransmissor inibitório que ajuda a manter o equilíbrio e o tônus muscular, podendo atuar no relaxamento físico, bem como na epilepsia. Enquanto o GABA é um transmissor inibitório no cérebro maduro, suas ações são principalmente excitatórias nos cérebros em desenvolvimento.

Outros hormônios cerebrais são as ***encefalinas*** e ***endorfinas***, que às vezes são chamadas de nossos opiáceos naturais. Isso porque elas regulam a dor, reduzem o estresse e podem produzir uma sensação de calma e relaxamento. Assim como a dopamina, eles são um tanto viciantes. Pesquisas recentes sugerem que os endocanabinoides podem desempenhar um papel mais importante no aprendizado do que se pensava anteriormente. Esses são alguns dos neurotransmissores que, assim como as endorfinas, estão associados à euforia sentida pelos praticantes de corrida. Entretanto, como você lerá mais adiante, podem ser de vital importância para a formação de hábitos.

O que mais está acontecendo no cérebro?

Ondas cerebrais

Você já pensou em ondas cerebrais logo no início deste capítulo. Ondas cerebrais são a atividade elétrica desencadeada quando os neurônios são estimulados por neurotransmissores e hormônios. As ondas cerebrais podem ser detectadas como padrões de atividade elétrica por eletroencefalografia (EEG). A atividade é causada por pulsos sincronizados de eletricidade dos neurônios comunicando-se à medida que você pensa, aprende, dorme, sonha e se dedica a suas atividades diárias em geral. Elas variam em frequência desde as ondas delta muito lentas, que predominam enquanto você dorme, até as ondas gama, as quais você já leu que são predominantes quando você tem um momento de eureca (veja Figura 2.5). Vamos explorar mais adiante a seção "E daí?" — por que poderia ser útil considerar diferentes tipos de ondas cerebrais ao planejar o aprendizado.

Figura 2.5 As frequências das ondas cerebrais

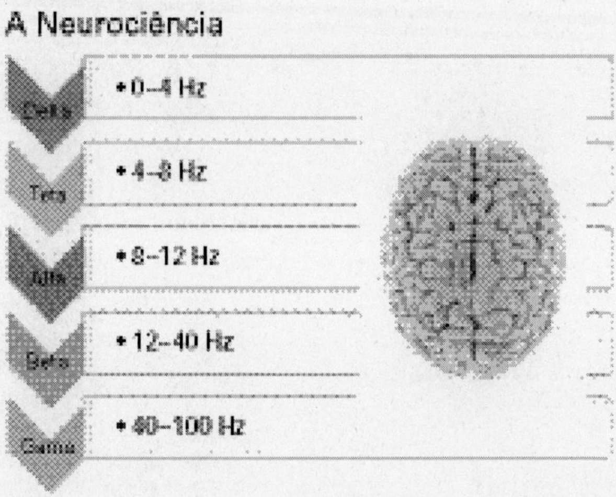

FONTE: © Stellar Learning 2014

Quais são algumas das ferramentas da Neurociência?

Quando você considera a definição mais ampla de Neurociência (ver Capítulo 1) que estamos usando neste livro, as ferramentas são muitas e variadas. No entanto, aqui você encontrará algumas das ferramentas de pesquisa usadas para espiar dentro do cérebro. Encontrará também referências a elas em muitos estudos; portanto, é útil que tenha uma ideia do que elas são.

Eletroencefalografia (EEG)

Você já ficou sabendo sobre a EEG quando leu sobre ondas cerebrais. Os neurocientistas essencialmente colocam pequenos eletrodos por todo o crânio e medem os padrões elétricos que ocorrem em seu cérebro. Na EEG moderna, são feitas múltiplas leituras de todo o cérebro, podendo ser comparadas para que se forme uma imagem da atividade que está ocorrendo. Algumas formas de EEG até captam determinados padrões relacionados a um estímulo específico, como um toque particular ou mesmo uma única palavra.

Magnetoencefalografia (MEG)

A MEG capta sinais da oscilação dos neurônios, mas, neste caso, são pequenos pulsos magnéticos que são detectados em vez de sinais elétricos. A MEG tem potencial para ser muito útil porque é rápida, mas está sujeita às interferências, e os sinais são fracos.

Ressonância magnética (RM)

A RM usa ímãs enormes para alinhar átomos no tecido corporal e depois os bombardeia com ondas de rádio. Diferentes tipos de tecidos emitem sinais de rádio em reação a esse bombardeio, e sistemas de computador convertem as informações em imagens tridimensionais. Um exame de RM cerebral se parece um pouco com uma radiografia acinzentada que mostra diferentes tipos de tecido no cérebro e cria uma excelente imagem anatômica.

Ressonância magnética funcional (RMF)

A RMF se baseia no sistema básico de ressonância magnética ao mostrar também os níveis de uso de oxigênio como medida da atividade cerebral. Isso significa que se obtém uma combinação de informações anatômicas e metabólicas. Quando neurônios específicos estão excitados, eles precisam de glicose e oxigênio, e o fluxo sanguíneo é direcionado para aquela parte específica do cérebro. Esse fluxo sanguíneo pode ser detectado por aparelhos de RMF, permitindo aos pesquisadores ver a atividade sofrer flutuações à medida que o cérebro processa a informação e reage aos estímulos. Entretanto, nenhum desses sistemas faz medidas em um ambiente natural. Assim, enquanto um exame de RMF pode dizer o que está acontecendo dentro de sua cabeça no momento em que lê um livro dentro do aparelho, não podemos ter certeza de que isso seja de fato o que acontece enquanto você está lendo um livro em casa. Mas os neurocientistas reconhecem que é uma oportunidade incrível de ver nosso cérebro durante o tempo que estamos trabalhando em tarefas reais.

Tomografia por emissão de pósitrons (TEP)

Os exames de TEP usam marcadores radioativos para ver como os recursos estão sendo usados em seu cérebro enquanto você realiza tarefas específicas, mas a desvantagem é que é necessário injetar um marcador radioativo em sua corrente sanguínea, então a quantidade de exames que uma pessoa pode fazer é limitada. Eles não são tão detalhados quanto os exames de RMF, mas como as imagens são muitas vezes bem claras e chamativas, você frequentemente as verá publicadas. São aquelas imagens em tons brilhantes de vermelho, azul, verde e amarelo que parecem científicas e, por serem atraentes, são usadas para vender de tudo, desde "jogos para cérebro" até "xampu seguro para o cérebro". Isso faz com que alguns neurocientistas fiquem muito irritados, porque sentem que os adereços da ciência estão sendo usados de maneira inadequada para vender produtos que não têm, necessariamente, nenhuma pesquisa que os embase.

Graças aos computadores, os resultados dos sistemas de escaneamento podem ser combinados para criar imagens cada vez mais robustas da anatomia e dos processos metabólicos em nosso cérebro, e novos sistemas continuarão a ser desenvolvidos.

Outras definições

Eis algumas outras expressões cujas definições serão úteis, porque você as encontrará de novo em capítulos posteriores ou em suas outras pesquisas sobre a aplicação da Neurociência.

Neuroplasticidade

A plasticidade cerebral é um dos conceitos mais entusiasmantes no aprendizado, porque vai contra a antiga crença de que nosso cérebro seria formado em períodos críticos da infância e não poderia mudar depois disso. Na verdade, agora que conhecemos a plasticidade, parece difícil imaginar como podíamos explicar o aprendizado antes. A neuroplasticidade é o conceito de que suas conexões sinápticas e vias neurais mudam em reação ao mundo à sua volta, sejam essas mudanças resultantes do ambiente, dos comportamentos, do raciocínio, das emoções, da aprendizagem ou dos danos físicos. Seu cérebro tem literalmente a capacidade de refazer o circuito elétrico, mas não fique pensando que isso é fácil. Se você já teve que mudar um hábito, sabe que refazer o circuito elétrico do cérebro pode exigir algum tempo e esforço. É preciso ficar atento.

Paul Bach y Rita é considerado um dos primeiros defensores da neuroplasticidade e fez um trabalho pioneiro no campo da substituição sensorial. Paul era neurocientista radicado em Nova York; seu irmão George era psiquiatra; e seu pai, Pedro, era um poeta catalão. Certo dia, Pedro sofreu um AVC, popularmente conhecido como derrame, catastrófico e, como era comum nos anos 1950, foi dito à família que ele não voltaria a andar, falar ou agir normalmente. No entanto, seus filhos acreditavam que, se conseguissem fazer com que ele refizesse o circuito elétrico do cérebro, poderiam ajudá-lo a recuperar a mobilidade. Assim, George trabalhou extensivamente com seu pai para fazê-lo falar e se mover de novo. Inicialmente, Pedro não podia fazer muito mais do que se arrastar, e você pode imaginar os rostos escandalizados dos vizinhos enquanto seus filhos forçavam um homem doente a se arrastar pelo jardim. No entanto, com o tempo, Pedro recuperou muito de sua funcionalidade anterior e viveu por mais muitos anos. Quando morreu, uma autópsia revelou que o tecido original danificado, em grande parte localizado em seu tronco encefálico, não havia sido substituído, mas ele havia criado novas vias para permitir que reaprendesse as habilidades anteriores.

Um dos conceitos mais significativos em neuroplasticidade, particularmente na aprendizagem associativa, é o da Lei de Hebb, o qual, em sua forma mais simples, diz que "as células que disparam juntas estão conectadas". Em sua forma mais básica, propõe que, quando dois neurônios se conectam de forma regular, acabam ficando permanentemente ligados — quando um "dispara", o outro também o faz. Você vai se deparar de novo com esse princípio neste livro.

Ian Robertson, professor de Psicologia da Dublin University, escreveu um livro bem acessível chamado *Mind Sculpture* [Escultura da mente, 1999] que analisa detalhadamente a neuroplasticidade. Uma das coisas sobre as quais ele fala é da pesquisa do professor Michael Merzenich, de São Francisco, a qual mostra que, para mudarmos ou refazermos o circuito elétrico do nosso cérebro, precisamos prestar atenção ativa aos estímulos que podem alterá-lo. Isso pode parecer bastante óbvio, mas até que algo possa ser provado por pesquisas, os neurocientistas ficam relutantes em fazer tais afirmações com firmeza.

Neurogênese

Outra crença anteriormente comum era a de que novas células cerebrais não podiam ser criadas, o que levou àquela ideia um pouco deprimente de que, depois de nascer, o resto de sua vida era apenas um processo de espera até que suas células cerebrais fossem destruídas. Entretanto, os pesquisadores agora sabem que existe uma capacidade de criar algumas novas células cerebrais. A zona subventricular (as pesquisas indicam que esse pode ser seu propósito principal) e o hipocampo (principalmente envolvido com a memória) parecem ter uma capacidade particular de gerar novas células cerebrais, o que é uma ótima notícia para todos nós. No entanto, não é possível regenerar todas as células cerebrais, então, é preciso cuidar do cérebro. Taças de vinho em excesso, falta de sono ou pancadas na cabeça não são recomendadas.

E daí? — ideia para adotar

Embora seja fascinante pesquisar as funções e a estrutura do cérebro, esse provavelmente não é de fato o seu trabalho do dia a dia. Então, qual é a vantagem de entender um pouco sobre como o cérebro se encaixa e algumas das atividades básicas que acontecem nele? Como você aplicará o que leu aqui no trabalho com pessoas reais que precisam aprender alguma coisa? Como pode aplicar isso a programas de treinamento que irá elaborar e transmitir?

Gaste alguns minutos pensando no que leu e identifique se há algo que ainda vai provocar uma mudança naquilo que faz ou no modo como o faz. Talvez até agora tudo o que o texto fez foi esclarecer alguns termos de que já ouviu falar ou possivelmente confirmar que a maneira como você ensina, treina ou ajuda as pessoas a aprender já é o caminho certo.

Isso é bom, porque este livro não está aqui necessariamente para mudar tudo o que você faz. Um de seus objetivos é dar-lhe uma estrutura para fundamentar o que você faz atualmente em termos de pesquisa, dados e lógica, para que tenha justificativas, provas e dados a embasar seu trabalho da mesma forma que os contadores têm medidas para apresentar ao conselho de administração de uma empresa. Você não quer cegar seus colegas com ciência, mas é importante que tenha confiança para falar sobre aprender e ensinar as pessoas com base no que se passa na cabeça delas, e não em hipóteses vagas ou nas últimas tendências. Isso contribuirá para o status profissional de todos que trabalhamos em qualquer campo do aprendizado.

Eis outra voz compartilhando sua experiência. Talvez você já esteja fazendo um pouco do que Emmanuel está fazendo, ou talvez adote algumas de suas ideias, mas o que ele ganhou foi a confiança de saber por que está fazendo o que faz.

Outras vozes

Emmanuel Emielu, *sócio-gerente/CEO, Oil and Gas Soft Skills Limited, Nigéria*

Cerca de dois anos antes de meu primeiro contato com o treinamento favorável ao cérebro, eu tinha dificuldades em corrigir uma falha percebida na elaboração e na transmissão do meu treinamento. Sentia que, cada vez mais, poderia fazer um trabalho melhor de conexão com os participantes. Talvez, mais importante ainda, eu me preocupava com a maneira de fazer o treinamento perdurar. Felizmente, as coisas ficaram claras para mim após dois eventos de desenvolvimento de instrutores de que participei, com um espaço de uma semana entre um e outro.

Em um deles, fui apresentado à maneira como o entendimento de como o cérebro assimila, processa e retém informações tem um papel fundamental na formação e na aplicação do aprendizado. Descobri aplicações já prontas dos princípios de aprendizagem favorável ao cérebro em meus cursos de habilidades comportamentais, bem como no curso mais técnico de conscientização sobre petróleo e gás que também dou, portanto compartilho os dois casos aqui.

Os dez cargos gerenciais citados por Mintzberg são bem conhecidos na literatura. Ensinando isso a uma classe de 35 gerentes de nível médio, a maioria na casa dos cinquenta anos, percebi que ficar projetando uma série de slides de PowerPoint seria muito entediante. Felizmente, eu sabia que, para sair dali me sentindo realizado, podia me valer do meu repertório de técnicas favoráveis ao cérebro. Mas, primeiro, eu precisava "contagiar" os participantes, fazendo-os saber com antecedência que nossa sessão exigiria muita atividade e movimento, e pedi que se pusessem em prontidão para participar.

Queria que eles fizessem um "esquete" sobre os cargos para reforçar o que tínhamos discutido. Mas calhou de essa ser uma palavra nova para toda a turma! Portanto, a primeira tarefa deles era descobrir o que isso significava, sem que eu lhes dissesse. Acho que essa atividade inicial deve ter contribuído para estimular suas explosões criativas quando chegou a hora de eles bolarem os próprios esquetes. Eles tiveram um desempenho muito surpreendente, que foi muito comentado por vários dias! Um lado positivo foi que quando chegamos ao módulo de Criatividade e Inovação, alguns dias depois, era muito natural que se conectassem com o argumento de que todos são ou podem ser criativos.

Em meu curso de petróleo e gás, o desafio era como não sobrecarregar os participantes com jargões em excesso, e em uma velocidade muito rápida. Antigamente, costumava gastar uma quantidade excessiva de tempo adicional além do previamente reservado, o que fazia com que tivesse que apressar as etapas posteriores! Mas ao adaptar um *press release* de uma empresa de produção local como um estudo de caso no qual eles tinham que encontrar o significado de novos termos, jargões e abreviações que não entendiam, e ainda adicionar algumas perguntas para testar o conhecimento deles sobre o contexto, a sessão se tornou menos intimidadora e meu tempo foi utilizado de modo mais eficaz.

Em minha experiência, ao longo do último ano, descobri nítidas vantagens na aplicação de insights da Neurociência para elaborar e ministrar minhas sessões de treinamento favorável ao cérebro. Nessas sessões, testemunhei especificamente: um aumento no nível de engajamento dos participantes; o reavivamento de sessões/tópicos aparentemente entediantes; e o fato de me tornar menos "o sábio no palco" ao tentar conscientemente ser menos "revelador", e mais facilitador. Isso também me ajudou a gerir de modo mais eficaz minha turma grande de 35 alunos.

Resumo

Ao ler este capítulo, você aprendeu que:

- Os neurônios são os pilares do cérebro.
- Eles recebem apoio das células gliais.
- Os neurônios se conectam por sinapses e criam uma complexa rede neuronal que processa informações internas e recebidas para manter-se vivo, comunicando, pensando e aprendendo.
- As funções do cérebro são auxiliadas por determinadas substâncias químicas chamadas neurotransmissores e hormônios cerebrais, cada qual com suas próprias especialidades.
- Um dos resultados desta estimulação são as ondas cerebrais, que podem ser medidas por máquinas EEG.
- Os diferentes tipos de escaneamento ajudam a formar uma imagem da anatomia e das funções do cérebro.
- Temos muito conhecimento atual, mas os cientistas ainda têm muito a aprender sobre o órgão mais complexo que temos.

Referências e leituras adicionais

Gazzaniga, M. S.; Bogen, J. E.; Sperry, R. W. Some Functional Effects of Sectioning the Cerebral Commissures in Man. *Proceedings of the*

National Academy of Sciences of the United States of America, v. 48, n. 10, p. 1.765-1.769, 1962.

MacLean, P. The Triune Brain in Evolution. In: MacLean, P. *The Triune Brain in Evolution*: Role in Paleocerebral Functions. Nova York: Springer, 1990.

May, K. T. Lesson from Brain Soup: Suzana Herculano-Houzel at TEDGlobal 2013. TED Blog, 12 jun. 2013. Disponível em: http://blog.ted.com/lessons-from-brain-soup-suzana-herculano-houzel-at--tedglobal-2013/. Acesso em: 30 jun. 2015. (Arquivado em perma.cc/R8L4-ZVVX.)

Robertson, I. *Mind Sculpture*. Londres: Bantam, 1999.

O que fazer quando alguém fala "a Neurociência diz..." 03

Às vezes as coisas não são o que parecem

Por muito tempo, era comum pensar que a memória ficava pior à medida que você envelhecia, e isso parecia ser sustentado por múltiplas pesquisas. Ao observar os efeitos do envelhecimento na memória, os pesquisadores frequentemente medem o desempenho das pessoas mais velhas nos testes de memória em comparação com o das pessoas mais jovens. Cynthia May, Lynn Hasher e Ellen Stoltzfus (1993), pesquisadoras da Duke University, na Carolina do Norte, Estados Unidos, estavam fazendo um estudo de metanálise dos dados de algumas dessas pesquisas quando chegaram a uma observação interessante. Não apenas a metade dos participantes das pesquisas era jovem, como os próprios pesquisadores eram frequentemente graduandos, ou seja, também jovens. Um dos resultados dessa observação foi que as pesquisadoras analisaram os horários em que os experimentos foram feitos. Os estudantes que vivem vidas típicas de estudantes tendem a planejar seus experimentos para a tarde, depois que já dormiram bastante, acordaram para o dia e estão se sentindo alertas. Os mais velhos, ao contrário, tendem a se levantar mais cedo, e à tarde já estão prontos para tirar um cochilo.

Assim, em 1993, elas refizeram alguns desses experimentos, mas dessa vez convidaram os "participantes" a vir no início do dia, quando os estudantes estavam se sentindo grogues e as pessoas mais velhas estavam mais alertas. A lacuna anteriormente grande nos resultados, que havia sido atribuída à perda de memória devido ao envelhecimento, se fechou. O envelhecimento teve um efeito sobre a memória, mas igualmente significativo foi o efeito dos padrões de sono das pessoas e do momento em que elas se sentiam alertas. As pessoas mais velhas testadas pela manhã tinham melhor desempenho nos testes de memória do que quando eram testadas à tarde, e os mais jovens testados de manhã se saíram pior do que quando testados à tarde. Portanto, para aqueles que têm se preocupado com o fato de sua memória piorar significativamente à medida que envelhecem, podem se animar — não vai ser tão ruim quanto a pesquisa inicialmente sugeriu.

Visão geral

Existe alguma pesquisa científica que "prove" que o aprendizado é melhorado pela repetição espaçada ou que aprendemos melhor quando estamos no "estado de espírito" certo? É claro que não. É quase como perguntar se existe alguma pesquisa que prove quantas estrelas há no céu ou por que as crianças pequenas gostam de sorvete. Há muitas evidências práticas que fundamentam a boa prática de treinamento, muitas que podem ser encaixadas em qualquer teoria que você preze. Inversamente, pode haver coisas que você faz porque elas funcionam, mas que, por enquanto, não há nenhuma evidência confiável que as fundamente.

Alguns dos desafios do uso da pesquisa são:

- Avaliar quais pesquisas estão relacionadas ao que você faz e quais não estão.
- A leitura de parte da literatura acadêmica pode ser muito intimidante.
- Resolver o que fazer com a pesquisa depois que fica sabendo dela.

Então o que um instrutor responsável deve fazer quando confrontado com uma quantidade avassaladora de pesquisas científicas, sem tempo suficiente para avaliá-las, e pessoas com orçamentos pedindo que você "prove o que está falando" quando sugere que a sala de treinamento que lhe foi destinada no porão é muito pequena, muito escura, e tem pouca probabilidade de ser um ambiente de treinamento ideal? Ao longo deste livro, você encontrará dicas de pesquisa e de treinamento prático com base nessas pesquisas e na experiência do mundo real, mas se tiver uma experiência diferente ou uma visão alternativa, faça o que os bons cientistas fazem e conteste suas descobertas.

O que você vai estudar neste capítulo

Como verá na Figura 3.1, você lerá sobre de que forma a ciência funciona na prática e por que os cientistas constantemente contestam, mudam e fazem com que suas ideias evoluam. Você vai explorar alguns dos perigos da pesquisa, como:

- O que é pesquisa, afinal?
- A pesquisa nem sempre é realista.
- A pesquisa altera os resultados.

Figura 3.1 A Neurociência diz...

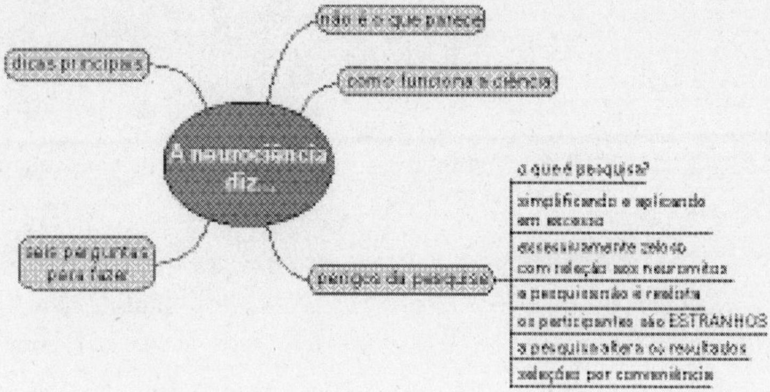

- A simplificação e a generalização em excesso dos resultados muitas vezes resultam em neuromitos.
- Contestações dos neuromitos e como você pode ser excessivamente zeloso na sua busca por eles.
- Modelos e pesquisas confusos.

Serão dadas seis perguntas úteis a fazer quando alguém disser que "pesquisas indicam" e você quiser se aprofundar um pouco mais nas afirmações delas.

Perigos da pesquisa

É útil para saber como funciona a ciência

Se você vai usar regularmente a pesquisa fundamentada no cérebro para aumentar sua credibilidade, recomendo que leia primeiro *Bad Science* [*Ciência picareta*, 2009], de Ben Goldacre, que o ajudará a avaliar o que é boa ciência e o que não é. Trata-se de uma excelente introdução a como as estatísticas podem ser usadas e mal utilizadas na busca da ciência. É muito provável que desafie algumas de suas suposições ou crenças. Esteja preparado porque Goldacre é mordaz e igualmente desdenhoso de algumas das alegações dos profissionais alternativos e das grandes empresas farmacêuticas.

Na condição de designer de aprendizagem, instrutor, professor ou palestrante, você é frequentemente visto como o especialista — a pessoa que os outros esperam que tenha todas as respostas. Afinal, está sendo pago para ficar diante delas e ajudá-las a aprender. Portanto, às vezes é um pouco intimidante se alguém faz uma pergunta para a qual não sabe a resposta, ou o desafia a sustentar o que você acabou de dizer com alguma evidência. Quando sabe mais sobre como a ciência funciona, mesmo que não seja um cientista, você sente mais confiança para dizer "não sei" ou "nada ainda foi provado", ou "é complexo e está mudando".

Em Neurociência, as coisas raramente são provadas com cem por cento de certeza e permanecem assim para sempre. É uma disciplina confusa, desafiadora e entusiasmante que muda, se desloca e se move, às vezes em pequenos passos imperceptíveis e às vezes em enormes tropeços que mudam a maneira como todos pensam.

A ciência em geral funciona quando alguém cria uma hipótese com base no que já sabe e em uma curiosidade de saber mais. Eles testam suas hipóteses procurando evidências para prová-las ou refutá-las. Uma vez que a evidência é encontrada, ela é submetida a um processo de revisão por pares, e outras pessoas tentam repetir ou expandir os experimentos para provar ou desmentir a teoria. No fim, dados suficientes são acumulados, e as pessoas podem começar a dizer que uma hipótese em particular parece ser robusta. É claro que a qualquer momento pode surgir uma nova pesquisa que questione as ideias originais. Não há problema nisso, porque é assim que a ciência funciona — ela é uma mudança e coleta contínua de evidências, dados e informações para chegar a um ponto de concordância antes da próxima descoberta.

Em 2012, me lembro de ouvir um pesquisador entusiasmado nos laboratórios da Organização Europeia para a Pesquisa

Nuclear, conhecida como Cern (antiga sigla de Conseil Européen pour la Recherche Nucléaire, atualmente Organisation Européenne pour la Recherche Nucléaire), ser entrevistado pouco antes de eles estarem prestes a descobrir se o bóson de Higgs existia. O jornalista sugeriu que o cientista ficaria desapontado se as provas apontassem que eles estavam errados e mostrassem que o Bóson de Higgs não existia. Mas o físico explicou que ficaria igualmente entusiasmado se a existência do bóson fosse refutada, porque isso geraria uma forma completamente nova de pensar a física. Para ele, fazer uma boa ciência era muito mais importante e interessante do que qualquer teoria em particular. Isso não quer dizer que os cientistas não discutam acaloradamente quando suas teorias em particular são contestadas — isso faz parte da natureza humana.

Como seres humanos, nem sempre nos sentimos cômodos com a incerteza, especialmente quando não temos conhecimento suficiente para nos sentir à vontade com o desconhecimento. Portanto, procuramos soluções e modelos simples e fáceis que nos ajudem a explicar o mundo. A mídia torna isso ainda pior por querer manchetes simples e relevantes. Um artigo repleto de "talvez" e "mas" e probabilidades estatísticas não aumenta as vendas de jornais. É mais provável que você consiga atrair a atenção do leitor se puder anunciar: "Os neurocientistas dizem que a tecnologia moderna muda nosso cérebro!"

Perigos da pesquisa — o que queremos dizer com "pesquisa"?

O interesse em Neurociência no mundo do aprendizado deve ter um impacto na maneira como todos trabalhamos. Isso nos dará credibilidade adicional com todas aquelas outras disciplinas mensuráveis, como finanças e vendas, e nos ajudará a contestar os gestores ou outras partes interessadas que queiram que amontoemos grandes quantidades de conteúdo em um espaço de tempo mais curto. Com as evidências certas, podemos explicar que não adianta mostrar trinta slides cheios de dados em vinte minutos, se quisermos que as pessoas se lembrem deles. O aprendizado é mais complexo, e podemos começar a provar isso. Mas há um potencial uso excessivo do termo "Neurociência", e particularmente da expressão "pesquisas indicam". Nem tudo o que se propõe a ser Neurociência ou pesquisa é ciência de qualidade. Mesmo que seja boa ciência, pode não ser relevante ou prática para você que trabalha em um ambiente de aprendizagem da vida real. Além disso, quando as pessoas lhe dizem "minha pesquisa indica", o que elas querem dizer com pesquisa?

Será que falam de pesquisa no sentido de pesquisa de mercado, com estudos e questionários para descobrir o que as pessoas pensam? Falam de pesquisa acadêmica rigorosa? Ou querem dizer que deram uma olhada no Google e na Wikipédia e perguntaram a seus colegas? Todas essas formas de pesquisa são legítimas no sentido de que são maneiras de descobrir coisas sobre o mundo, mas não são todas Neurociência e, às vezes, o termo "pesquisa" pode ser confuso, ou pior, usado para enganar.

Outra preocupação é que a pessoa que lhe disse isso pode não ter tido a intenção de enganar. Ela quis mesmo dizer que revirou seus arquivos e o Google para encontrar algo para o qual queria uma resposta, mas você pode ter interpretado mal o que ela quis dizer com "pesquisa". Você pode então contar a uma terceira pessoa sobre uma pesquisa da qual ouviu falar e que, depois, repassa isso para uma quarta pessoa, como se fosse uma pesquisa da qual ela própria ouviu falar, e isso é interpretado por alguém em um programa de treinamento como algo completamente diferente — e assim nascem os mitos.

Perigos da pesquisa — simplificação e aplicação excessiva dos resultados — pobre Albert Mehrabian

Você já viu o filme mudo *O Artista*, que foi muito aclamado em 2011? Ele nos mostra que podemos nos comunicar quase inteiramente por meio da linguagem corporal, porque ninguém diz nada no filme. Há até pesquisas que respaldam essa sugestão.

Você pode ter ouvido números que sugerem que comunicamos 55 por cento do que queremos dizer com nossa linguagem corporal e que as palavras representam apenas sete por cento do que comunicamos, o que pode explicar por que um filme mudo pode ter êxito. Mas você provavelmente teve uma de duas reações se ouviu essa estatística. Ou está assentindo e dizendo "sim, ouvi isso", ou está pensando "mas isso não é verdade!", e pode estar prestes a fechar este livro. Por favor, não me abandone.

Essa estatística foi mitificada, o que pode ter acontecido por um processo semelhante ao da seção anterior. Estamos procurando respostas rápidas, os trabalhos acadêmicos são difíceis de ler e interpretar. Então, muitas vezes simplificamos demais ou aplicamos em demasia os resultados ao mundo mais amplo, externo à pesquisa, e as pessoas repetem algo que pegaram pelo caminho até que isso começa a soar como uma verdade.

A estatística é um resultado genuíno de um cientista chamado professor Albert Mehrabian, que publicou sua pesquisa em 1971 e, inadvertidamente, deu princípio ao mito. De alguma forma, ela foi separada de todas as outras pesquisas sobre comunicação e linguagem corporal, e é usada regularmente, de modo inadequado, para explicar a comunicação normal quando, na verdade, a pesquisa original se tratava de um experimento de laboratório sob condições específicas, que examinava determinada hipótese. A pesquisa original estudou uma gama limitada de comunicações relacionadas com o gostar. Foram mostradas às pessoas fotos em preto e branco de um rosto com uma gama de expressões. Elas também ouviram uma gravação de uma só palavra, que contrastava com a expressão facial e os tons de voz. Por exemplo, na gravação, alguém ouvia a palavra "triste", mas o tom da voz e a expressão facial eram "felizes". Quando os participantes viram e ouviram as vinhetas das mensagens contrastantes, ficaram mais inclinados a acreditar na comunicação não verbal (expressão facial e tom de voz), e ignoraram a mensagem verbal — a única palavra.

Albert Mehrabian passou muitos anos explicando que nunca pretendeu que esse resultado se aplicasse à comunicação humana normal, na qual em geral as expressões, o tom e as palavras das pessoas estão transmitindo a mesma mensagem. Tratou-se de um experimento de laboratório. Não era mesmo muito realista. O próprio Albert Mehrabian disse:

> [...] Comunicações incoerentes — a importância relativa das mensagens verbais e não verbais: minhas descobertas sobre esse tema têm recebido considerável atenção na literatura e na mídia popular. *Silent Messages* [*Mensagens silenciosas*, obra fundamental de Mehrabian] contém uma discussão detalhada de minhas descobertas sobre mensagens inconsistentes de sentimentos e atitudes (e a importância relativa das palavras *versus* sinais não verbais) nas páginas 75 a 80.
>
> Agrado Total = 7% Agrado Verbal + 38% Agrado Vocal + 55% Agrado Facial
>
> Observe que essa e outras equações relacionadas à importância relativa das mensagens verbais e não verbais foram derivadas de experimentos que tratam da comunicação de sentimentos e atitudes (ou seja, gosto e desgosto). A menos que um comunicador esteja falando sobre seus sentimentos ou atitudes, tais equações não são aplicáveis. Veja também as referências 286 e 305 em *Silent Messages* — estas são as fontes originais das minhas descobertas. (Albert Mehrabian. Disponível em: www.kaaj.com/psych/smorder.html. (Arquivado em perma.cc/6WXD-T7TJ.)

Se voltarmos ao filme O *artista*, toda a comunicação é congruente — a música, a atuação e as palavras ocasionais na tela estão todas trabalhando para lhe transmitir a mesma mensagem. Você consegue discernir o que as pessoas parecem estar dizendo, até certo ponto, apenas a partir da música e das imagens, mas quando alguém diz algo mais complexo, isso não é suficiente — precisamos das palavras também.

Ser zeloso demais com os neuromitos

Você também pode ter ouvido alguns dos argumentos sobre mitos do cérebro que usa mais o lado esquerdo ou o direito, e espero que tenha ouvido o suficiente para ter dissipado o mito de que as pessoas ou usam mais o lado direito e são criativas, ou usam mais o lado esquerdo e são lógicas. Às vezes, um pouco *mais de conhecimento pode ser uma coisa perigosa.*

No Twitter, recentemente houve um debate acalorado entre dois colegas sobre esse mesmo tópico. Clare mencionou diferenças entre o cérebro esquerdo/direito e outro colega, vamos chamá-lo de Jack, respondeu muito rapidamente, acusando-a de perpetuar o mito das pessoas de cérebro esquerdo/direito. Isso não era o que Clare havia dito, mas era como se só o fato de ver as palavras "cérebro esquerdo" e "cérebro direito" fizesse com que Jack automaticamente rejeitasse os comentários dela sem sequer lê-los ou entender o que ela estava dizendo. Parece que Jack tinha rotulado qualquer informação sobre os lados esquerdo e direito de nosso cérebro como um mito e, portanto, descartou qualquer coisa que leu sem verificar o que estava lendo. Na realidade, há alguns excelentes neurocientistas estudando semelhanças e diferenças sobre como os dois hemisférios processam informações, mas isso não significa que eles estejam sugerindo que você use apenas um lado do cérebro ou o outro.

Algumas atividades são processadas predominantemente utilizando o processamento no hemisfério esquerdo e, outras, no direito. Por exemplo, nos jogos de caça-palavras, tendemos a usar o esquerdo, ao passo que os exercícios de imagens rotativas geram maior atividade no direito. Psicólogos e neurocientistas elaboram exercícios para testar esses princípios e podem ver o que está acontecendo no cérebro com escâneres e outros sistemas de detecção. Mas é claro que no mundo real raramente você se concentra em uma atividade limitada por qualquer período de tempo — mesmo que faça uma atividade em que o hemisfério direito é dominante, pode precisar acessar seu hemisfério esquerdo (predominante no processamento da linguagem) a fim de dizer a alguém o que fez. É evidente que algumas pessoas acham algumas atividades mais fáceis de fazer do que outras, mas isso não significa que tenham o hemisfério esquerdo ou direito dominantes.

O que significam para você mitos e fatos em sua função de elaborar e transmitir aprendizagem? Ambos deviam fazer você misturar atividades e exercícios para estimular o cérebro de maneiras diferentes, mas sem acesso a um aparelho de RM, não vai saber se está fazendo uma atividade em que os hemisférios esquerdo ou direito são os dominantes. E mesmo se pudesse saber, de que isso serviria, já que o nosso cérebro normalmente conecta os dois hemisférios?

Perigos da pesquisa — a pesquisa nem sempre é realista

Nem toda a enorme quantidade de pesquisas excelentes feitas sobre o estudo da aprendizagem se aplica à aprendizagem no local de trabalho e/ou a qualquer aprendizagem no mundo real. Você estudará mais sobre a ciência do aprendizado no próximo capítulo, mas saiba que grande parte dela foi feita em um laboratório. E aprender sequências de letras ou a apertar botões em um laboratório é muito diferente de aprender sobre compliance ou atendimento ao cliente no trabalho. A pesquisa de aprendizagem também é frequentemente feita com crianças e pode ser confundida com pesquisa de desenvolvimento, ou seja, aprendizagem que ocorre naturalmente no processo de desenvolvimento, como aprender a falar sua língua nativa. É mais difícil fazer pesquisas de aprendizagem com adultos no local de trabalho, porque há muitos fatores que não podem ser controlados e as organizações em geral não têm tempo para realizar pesquisas de caso e controle.

Outras vozes

Ben Ashton, *estudante do terceiro ano de Psicologia, Universidade de Exeter*

Como estudante de Psicologia, tive contato com o lado acadêmico da Neurociência por meio de palestras e trabalhos de faculdade, e nunca de fato me senti envolvido de maneira adequada com o conteúdo. A partir da Neurociência que me foi mostrada ao participar do programa de Aprendizagem Favorável ao Cérebro, percebi as aplicações práticas da Neurociência Básica (e mais complexa) na vida cotidiana.

Duas das aplicações mais simples do Aprendizado Favorável ao Cérebro que já apliquei são mapas mentais e formas mais físicas de abordar o aprendizado. Eles me deram muitas oportunidades em termos de diferentes formas de aprendizagem e revisão, que tornaram a revisão mais eficiente e quase agradável. Também tentei incorporar o modelo de múltiplas inteligências em meu aprendizado, pois aprendi que quanto mais inteligências você usa, mais fácil é processar e lembrar informações. Ainda estou descobrindo mais sobre como aprendo, e acho que seguirei assim por muito tempo, mas, por meio da Neurociência, sinto que estou indo na direção certa.

Eu já tinha alguma noção sobre mapas mentais e já os tinha usado antes, mas, para ser sincero, só quando os professores mandavam. Agora comecei a usar os mapas mentais com mais frequência tanto na minha universidade quanto na vida profissional. Fui um pouco exagerado e os utilizei para estruturar minha revisão, minha vida cotidiana, minhas tarefas e, mais recentemente, meu trabalho durante um estágio de verão. Aprendi que, com algumas indicações e dicas simples, os mapas mentais podem ser uma ferramenta útil para estruturar pensamentos e planos de ação em várias esferas da vida, sendo aplicados em qualquer lugar de maneira eficaz tanto como uma ferramenta estruturante quanto para relembrar como referência.

O que Stella e o Aprendizado Favorável ao Cérebro me mostraram é que, com uma compreensão básica dos processos de nosso cérebro e de como ele funciona lá em cima, podemos adaptar o aprendizado para promover uma aprendizagem e uma memória mais eficientes. Embora eu não esteja nem perto de me sentir um especialista, sinto que agora sei o suficiente para causar um impacto positivo em meu aprendizado na universidade e no futuro.

Perigos da pesquisa — os participantes são ESTRANHOS

Você já ouviu falar do povo mais ESTRANHO [WEIRD, na sigla em inglês] do mundo? Este acrônimo em inglês refere-se aos ocidentais, instruídos, industrializados, ricos e democráticos. Uma pesquisa de 2008 sobre as principais revistas de Psicologia descobriu que 96 por cento dos sujeitos de pesquisas eram de países ocidentais industrializados, o que representa apenas doze por cento da população mundial (Henrich; Heine; Norenzayan, 2010). Setenta por cento dessa população vinha somente dos Estados Unidos, além de uma alta proporção das pessoas incluídas na pesquisa em Neurociência serem, na verdade, graduandos de Psicologia, porque são os sujeitos mais fáceis de obter. A aplicação desses resultados a personalidade, comportamento, Neurociência e Psicologia das pessoas em geral torna-se, portanto, um pouco menos realista. Relembre a história do início deste capítulo, que tratava exatamente desse tipo de problema (se você tem mais de 35 anos, talvez queira tentar lembrar pela manhã; caso contrário, faça isso à tarde). A maioria das pesquisas em Neurociência foi feita inicialmente com pessoas que tinham algum tipo de distúrbio ou dano cerebral, porque elas tinham mais necessidade e eram elas que se apresentavam aos pesquisadores.

Perigos da pesquisa — a pesquisa altera os resultados — só por se tratar de uma pesquisa

Os exames de neuroimagem parecem atraentes e é terrivelmente tentador pensar que, porque algo aparece em um exame, podemos estar confiantes de que é verdade — afinal, podemos vê-lo. Se os pesquisadores gastaram tempo analisando e comparando resultados, podemos ter certeza de que eles são verdadeiros. Eles podem até ser verdadeiros, mas são realistas? Como já discutimos, uma varredura cerebral não é um modo normal de fazer qualquer coisa, e os efeitos de ser estudado podem mudar os resultados.

Nos anos 1920 e 1930, uma série de experimentos parecia mostrar que os trabalhadores de fábricas se tornavam mais produtivos quando a intensidade da luz era aumentada. Entretanto, análises feitas por Henry A. Landsberger em 1950 mostraram que os ganhos de produtividade pareciam dever-se mais aos efeitos motivacionais de os operários serem estudados do que à intensidade da luz. O trabalho das pessoas melhorava quando se demonstrava mais interesse por elas. Isso ficou conhecido como efeito Hawthorne, um dos fatores que precisam ser considerados na análise dos dados de estudos da vida real.

Perigos da pesquisa — cuidado com a seleção por conveniência

Assim como eu, você provavelmente tem modelos favoritos que usou para ilustrar um argumento ao longo dos anos e talvez tenha verificado se existe algum rigor científico por trás deles — o que pode não importar, caso se trate de um modelo que ajuda a contar uma história de modo eficaz. Você provavelmente também usa metáforas, analogias e histórias para que a informação seja absorvida com mais facilidade, usada e lembrada, e todas elas são formas úteis de transmitir informações. Ninguém espera que uma história seja necessariamente verdadeira.

O mais importante é que, quando alguém diz que seu modelo ou suas metodologias foram pesquisadas, você precisa ter certeza de que os resultados não foram escolhidos por conveniência, para provar seu princípio, ignorando outras pesquisas que possam fornecer uma visão diferente. Essa seleção por conveniência é um tipo de atenção seletiva e um exemplo de viés de confirmação; uma tendência perfeitamente normal de buscar, interpretar ou lembrar informações de maneira que confirme suas próprias crenças ou hipóteses. Nos círculos científicos, as pessoas analisam uma série de resultados para tirar conclusões sólidas. Muitas vezes, você vai se deparar com metanálises de estudos científicos em que todas as pesquisas sobre o tema são consideradas, tanto as que vão a favor quanto as que vão contra a hipótese, e as conclusões são tiradas com base no peso das evidências. Isso ajuda a evitar que se escolham as pesquisas individuais.

Apenas para ser clara, os modelos são uma forma útil de explicar o mundo — mas são diferentes da ciência propriamente dita. Eles não são a realidade; somente uma possível descrição que pode ser útil para ajudar a explicar algo, portanto não precisam necessariamente ser provados. Eles são melhores quando testados para verificar se se encaixam em múltiplas situações. Mas, desde que você deixe claro que se trata de um modelo, eu os considero úteis. O que você pode questionar é se qualquer pesquisa que lhe mostram para embasar um modelo é uma ampla análise das evidências disponíveis ou apenas um único resultado escolhido para confirmar a sua utilidade.

Seis perguntas a fazer quando alguém diz "pesquisas indicam"

Com a boa ciência, esses perigos em potencial são combatidos por boas práticas como análise estatística, controles rigorosos, ensaios clínicos duplos-cegos e revisão por pares. Eis seis perguntas a serem feitas quando alguém diz "pesquisas indicam", porque nem tudo o que é citado, mesmo a pesquisa científica, é tão rigoroso quanto poderia ser. Veja aqui como verificar por si mesmo se o que tem diante de si de fato é uma pesquisa.

Essas perguntas são comumente reconhecidas como formas úteis de contestar pesquisas, informações e hipóteses, e você encontrará perguntas muito semelhantes feitas regularmente em toda a comunidade científica. Embora cada pergunta por si só possa não ser útil, ao fazer todas as seis, você verá padrões que aumentam ou diminuem a credibilidade de uma pesquisa.

1. Quem fez a pesquisa?

Há dois elementos a serem considerados aqui. Quem aparece como pesquisador principal e qual organização fez a pesquisa?

Quando a pesquisa é respaldada por uma grande instituição como uma universidade ou uma grande empresa científica, podemos ficar bastante confiantes de que ela terá se valido de auditorias, um sistema de pesos e contrapesos, artigos publicados e revisões por pares para demonstrar o rigor científico.

Quem parece ter feito a pesquisa? A pessoa indicada como pesquisadora principal (seu nome será o primeiro nome no artigo caso haja algum publicado) foi citada em outros artigos ou outras pesquisas, ou essa é sua primeira publicação?

Nada impede que grandes instituições cometam erros. Há um caso bem documentado de um renomado pesquisador da Harvard University, o dr. Marc Hauser, que vinha obtendo um reconhecimento significativo por seus estudos de longo prazo com macacos enquanto pesquisava a evolução cognitiva. Ele teve de pedir demissão da universidade em 2011 depois de ter sido considerado culpado de má conduta científica, pois havia inventado dados em um estudo, manipulado resultados em múltiplos experimentos e descrito incorretamente como os estudos haviam sido conduzidos. Curiosamente, um de seus projetos era um "Teste de Senso Moral", no qual era apresentada aos participantes uma série de dilemas morais hipotéticos, e eles tinham de julgar cada um.

Só porque a pesquisa vem de uma empresa menor, de pesquisadores menos conhecidos, ou de universidades das quais você nunca ouviu falar antes, isso não é necessariamente um motivo para desvalorizá-la, porque todos têm que começar em algum lugar, mas vale a pena fazer a pergunta.

2. Quais são as intenções dos pesquisadores?

Quando o marketing de uma organização diz que "pesquisas indicam que o nosso produto é melhor do que os outros", é relativamente fácil estar ciente do elemento de interesse declarado. Entretanto, quando se trata de uma pesquisa científica a qual mostra que uma ferramenta específica de treinamento melhora o desempenho cognitivo, não é fácil identificar isso como uma ação de marketing ou de relações públicas. No entanto, muitas pesquisas são feitas e financiadas por grandes empresas que têm um produto a vender, e as pesquisas ajudam a dar credibilidade e estimular as vendas. Isso é normal, por isso regulamos as indústrias com processos complexos de compliance e regulamentação para verificar se suas pesquisas são cientificamente rigorosas e éticas.

Todos temos algum tipo de interesse pessoal e não podemos dispensar uma pesquisa só porque ela vem de uma fonte particular que tem algo a vender. No entanto, é importante estar atento e perguntar a si mesmo, e a eles, se existem interesses particulares nos resultados...

3. Onde a pesquisa foi publicada primeiro?

A pesquisa científica em geral é publicada primeiro em revistas científicas de renome, para que colegas, pares e outras pessoas possam examinar sua metodologia, os resultados e a interpretação deles, e este é o processo de revisão por pares. Normalmente, os cientistas tentarão replicar o trabalho para verificar se ele é confiável, aperfeiçoarão e melhorarão as metodologias. Pense nisso um pouco como advogados que adoram encontrar brechas nos contratos uns dos outros; os cientistas adoram analisar e encontrar falhas nas metodologias e nos resultados de outros cientistas com o objetivo de fazer avançar a ciência.

As pesquisas divulgadas primeiro aos meios de comunicação de massa e não revistas por pares tendem a ser menos bem-vistas pela comunidade científica. Dito isso, há um debate acalorado entre autores científicos sobre como fazer a revisão por pares agora que a internet é tão disseminada. Eles devem publicar primeiro e permitir que a revisão pelos pares seja feita on-line, ou devem passar pelo procedimento mais tradicional?

Quando algo é publicado nos meios de comunicação de massa, necessariamente vai ser simplificado, porque a maioria de nós não terá tempo para explorar os detalhes. Mas, assim como documentos legais, os pormenores muitas vezes contêm advertências e corolários importantes que podem significar que a pesquisa só é aplicável sob certas condições e não pode ser generalizada.

4. Quando ela foi publicada?

Verifique quando uma pesquisa foi publicada. Se ela tem vinte anos, isso não significa que seja inválida, mas pergunte-se o que aconteceu desde então. Trata-se de uma pesquisa revolucionária a que todos deferem e foi replicada muitas vezes, ou é uma pesquisa feita apenas uma vez e, desde então, outras pesquisas enfraqueceram ou desmentiram a teoria? Hermann Ebbinghaus, por exemplo, fez seu trabalho inicial sobre retenção de memória no final do século XVIII, e você provavelmente conhece a "curva do esquecimento". Se repetisse a experiência dele agora, provavelmente obteria resultados bastante semelhantes, mas há trabalhos muito mais recentes sobre como lembramos e esquecemos. E você pode se surpreender ao saber que Ebbinghaus não estava memorizando informações interessantes, interligadas e relevantes — ele estava se lembrando de séries aleatórias de palavras. Tenha isso em mente, porque é útil lembrar que os estudos científicos normalmente não reproduzem a vida real. Na verdade, eles não podem, porque ser estudado muda o comportamento das pessoas de qualquer maneira (efeito Hawthorne).

5. A pesquisa foi feita com metodologia científica?

Os resultados foram devidamente analisados? Os pesquisadores conduziram ensaios duplos-cegos, ou eliminaram o potencial de ocorrência do efeito placebo ou do efeito Hawthorne?

A análise estatística dos resultados é vital para verificar se eles são válidos, e não o resultado de uma coincidência ou de um acidente. Os resultados foram comparados com algum dado básico necessário? Surpreendentemente, os neurocientistas que usam a varredura por RMF têm que calibrar seus dados em comparação com os de um salmão morto. Se você estiver curioso sobre isso, procure o Prêmio IgNobel de Neurociência: o estudo do salmão morto (Jha, 2012).

As estatísticas nos ajudam a superar nossa tendência de criar padrões onde não existem — as estatísticas podem ajudar a discernir um padrão genuíno de uma coincidência. Um fenômeno psicológico chamado saliência ajuda a explicar por que muitas vezes prestamos mais atenção a algumas coisas do que a outras, pois elas parecem mais importantes ou mais familiares, e é uma das razões pelas quais precisamos de estatísticas para identificar os padrões reais.

Qual é o tamanho da amostra do experimento? Um dos desafios da varredura cerebral é que ela é cara, então muitos experimentos são feitos apenas com um pequeno número de pessoas. Isso significa que é mais difícil argumentar que os efeitos ou resultados se aplicam a todas as pessoas. Lembre-se de que a maioria das pesquisas é feita com casos atípicos e ESTRANHOS [da sigla em inglês que refere-se àquelas pessoas ocidentalizadas, instruídas, de democracias industrializadas e ricas], ou pessoas com problemas. Isso se torna um desafio quando tomamos uma só pesquisa e depois sugerimos que os "seres humanos" aprendem desta ou daquela maneira.

6. O que os resultados indicam?

Quando os cientistas publicam pesquisas, tendem a protegê--las com probabilidades estatísticas e advertências, porque sabem que é muito improvável apenas uma pesquisa demonstrar qualquer coisa que seja definitiva. Em geral, trata-se apenas de mais uma peça em um complexo quebra-cabeças, e isso é particularmente verdadeiro em relação à Neurociência, porque o cérebro é muito complexo. Os resultados que indicam números redondos e bonitos merecem ser questionados quanto à sua validade científica, mesmo que pareçam ser um bom modelo a ser aplicado. Um exemplo disso que você talvez conheça é o modelo 70:20:10, o qual sugere que setenta por cento do aprendizado deve advir da prática, vinte por cento de outras pessoas e apenas dez por cento de leituras ou "cursos". Trata-se de um modelo útil para trabalhar e fundamentado em boas práticas, mas a pesquisa em que ele se baseia não seria considerada cientificamente robusta.

Evite procurar "a única resposta verdadeira" — a pesquisa real evolui, muda e se baseia em pesquisas anteriores, e às vezes as refuta completamente.

Portanto, se uma pesquisa sugere que é uma varinha mágica ou a resposta definitiva que vai resolver todos os seus problemas, volte para as cinco perguntas anteriores e obtenha respostas melhores.

Eis uma pergunta adicional: a pesquisa é relevante para o que faço e posso ou devo aplicá-la? O fato de algo estimular seu "córtex cingulado anterior" pode parecer impressionante, mas é relevante para o que está tentando fazer? E como você seria capaz de dizer se seu exercício cuidadosamente elaborado estimulou ou não o "córtex cingulado anterior" de outra pessoa? (Caso esteja se perguntando, o córtex cingulado anterior ajuda a concentrar a atenção e a entrar em sintonia com os próprios pensamentos; parece desempenhar um papel na depressão, fazendo com que os pacientes se aferrem a seus próprios sentimentos de tristeza).

Como você trabalha no mundo do aprendizado e não no das pesquisas, é mais provável que encontre informações de segunda ou terceira mão em blogs ou revistas. Você normalmente não encontrará pesquisas lendo um artigo de pesquisa original, e artigos que vêm diretamente da academia podem ser muito intimidantes. A ciência do cérebro é mesmo complicada, por isso existem milhares de cientistas em todo o mundo estudando pequenas partes em separado. Nós, como profissionais de outra esfera, não podemos esperar que vamos entender tudo isso. Então, precisamos de pessoas que exemplifiquem essas coisas para nós, mas também precisamos ser cuidadosos para não sermos cegados pela ciência e enxergarmos a "Neurociência" como uma panaceia para tudo relacionado ao nosso universo de atuação.

É útil para todos nós manter uma mente aberta e questionar as pesquisas. Isso nos ajuda a separar o significativo do insignificante, o real do hipotético, ajuda a preservar um rigor e a assegurar que vamos reconhecer a diferença entre algo que é meramente interessante e algo que foi provado.

Principais dicas para usar a pesquisa fundamentada no cérebro

Evite procurar "a única resposta verdadeira" — a pesquisa real evolui, muda e se baseia em pesquisas anteriores, e às vezes as refuta completamente. É preciso reavaliar regularmente, questionar o que se descobre e comparar com todos os dados disponíveis.

Mantenha a mente aberta — se a evidência parece mudar, você pode ter que mudar sua prática ou suas razões para fazer algo. Como profissionais, também precisamos estar abertos ao aprendizado.

Adote uma abordagem pragmática — se algo parece ser eficaz para seus alunos, continue fazendo isso. As pesquisas às vezes confirmam o que você sempre soube intuitivamente.

Os artigos de pesquisa que vêm diretamente da academia podem ser muito intimidantes, portanto utilize recursos que já destrincham o assunto para você. Use fontes confiáveis como as revistas New Scientist, The British Psychological Society Research Digest, ou livros que reúnem grande parte das pesquisas como *Brain Rules* [*Aumente o poder do seu cérebro,* John Medina, 2008], *Make Your Brain Work* [Bote o seu cérebro para trabalhar, Amy Brann, 2013], *Mapping the Mind* [Mapeando a mente, Rita Carter, 1998], *Your Brain at Work* [Seu cérebro em ação, David Rock, 2009].

Sabemos muito pouco sobre como o cérebro funciona, então não há problema em dizer “ainda não sei”.

Resumo

A Neurociência é complicada, e, como profissionais de aprendizagem, não temos tempo para nos tornar neurocientistas. Em vez disso, podemos nos tornar mais conscientes de como a ciência funciona, de como os cientistas formulam hipóteses para conduzir experimentos e contestar as descobertas uns dos outros. Familiarize-se com os perigos da pesquisa, tenha clareza quanto ao que as pessoas querem dizer com a palavra pesquisa e sobre como ela é regularmente simplificada e aplicada em demasia. Pense em como surgem os neuromitos e como existem até mitos sobre os neuromitos. E considere como as condições das pesquisas não condizem de fato com as do mundo real. Elas são frequentemente conduzidas em situações irreais e repletas de participantes ESTRANHOS [WEIRD em inglês, referindo-se às pessoas ocidentalizadas, instruídas, de democracias industrializadas e ricas]. A própria pesquisa altera os resultados do que está sendo pesquisado e as pessoas podem estar escolhendo por conveniência os resultados para influenciar suas opiniões.

Tenha um conjunto de seis perguntas reservadas para fazer quando ouvir “A Neurociência indica”:

1 Quem fez a pesquisa?
2 Quais são as intenções dos pesquisadores?
3 Onde a pesquisa foi publicada primeiro?
4 Quando ela foi publicada?
5 A pesquisa foi feita com metodologia científica?
6 O que os resultados indicam?

Referências e leituras adicionais

Brann, A. *Make Your Brain Work:* How to Maximize Your Efficiency, Productivity and Effectiveness. Londres: Kogan Page, 2013.

Carter, R. *Mapping the Mind*. Berkeley: University of California Press, 1998.

Goldacre, B. *Bad Science*. Londres: Fourth Estate, 2009.

Henrich, J.; Heine, S. J.; Norenzayan, A. The Weirdest People in the World? *Behavioral and Brain Sciences*, v. 33, n. 2-3, p. 61-83, 2010.

Jha, A. Ig Nobels Honour Dead Salmon's 'Brain Activity' in Improbable Research Awards. *The Guardian*, 21 set. 2012. Disponível em: www.theguardian.com/science/2012/sep/21/ig-nobel-awards-dead-dea-de-morto-salmon. Acesso em: 30 jun. 2015. (Arquivado em perma.cc/8UMJ-7NU7.)

Maio, C. P.; Hasher, L.; Stoltzfus, E. R. Optimal Time of Day and the Magnitude of Age Differences in Memory. *Psychological Science*, v. 4, n. 5, p. 326-330, 1993.

Medina, J. *Brain Rules*: 12 Principles for Surviving and Thriving at Work, Home, and School. Seattle: Pear Press, 2008.

Rock, D. *Your Brain at Work*. Nova York: Harper Business, 2009.

A ciência do aprendizado 04

Pensar em si enquanto aprende pode inibir seu desempenho

Estou fazendo um treinamento de squash, e isso está arruinando o meu jogo. Jogadas que eu conseguia acertar antes estão dando errado, e as novas jogadas que estou aprendendo parecem ser inúteis. Estou me concentrando na posição dos meus pés, em como seguro minha raquete e como balançar o corpo até o ponto em que perco lances fáceis e deixo de ganhar pontos demais. Talvez seja um fenômeno que você também reconheça, e espero que esse efeito inesperado do treinamento passe logo!

Já tem algum tempo que os pesquisadores sabem que o foco no movimento corporal pode prejudicar o desempenho. Isso acontece porque estamos dirigindo uma atenção conscientemente inútil ao controle do corpo, antes inconsciente. Entretanto, agora até refletir sobre o seu desempenho, o que intuitivamente parece uma boa ideia, pode prejudicar, porque também pode interferir em suas habilidades motoras.

Em um estudo realizado em 2015, os pesquisadores descobriram que pessoas que estavam aprendendo a jogar alguns jogos novos com bolas tinham um desempenho pior do que um grupo de controle, quando lhes foi pedido que refletissem sobre suas experiências posteriormente. Após o aprendizado da habilidade, solicitou-se que os participantes pensassem ou escrevessem sobre seus atributos pessoais como atletas, ou sobre suas experiências emocionais relacionadas com o aprendizado. Pediu-se ao grupo de controle que pensasse ou escrevesse sobre algo não relacionado a eles mesmos. Após a reflexão, os grupos que haviam refletido foram menos precisos e cometeram mais erros do que os grupos de controle quando jogaram o próximo jogo. Os cientistas pensam que o foco no que você está fazendo enquanto aprende pode impactar o desempenho por causa de algo chamado "autoesquema". Esse sentido de *self* não é apenas um construto psicológico ou filosófico; parece ser encontrado em redes neurais funcionais como a junção temporoparietal (envolvida na integração sensorial) e a região do corpo extrastriado (que processa pensamentos sobre o corpo). Essa pesquisa é nova e há muitas coisas que precisam ser exploradas com mais profundidade, mas os pesquisadores pensam que as redes de autoesquemas estão interferindo no controle motor necessário para desempenhar atividades em um nível superior. Essa é uma reflexão interessante para quem, no nosso meio, acredita que perguntar às pessoas como foi o desempenho delas é uma atividade de aprendizagem útil.

Visão geral

Neste capítulo, você aprenderá o que é aprendizado, mas começaremos pelo que ele não é. Em seguida, aprenderá sobre partes da biologia cerebral envolvida na aprendizagem e explorará alguns tipos diferentes de aprendizado que já foram identificados e estudados. Isso o ajudará a identificar com que tipos de aprendizagem você está lidando e, portanto, como obter os melhores resultados. Você também descobrirá um modelo para o processo de aprendizado que fornecerá uma estrutura para os próximos capítulos do livro, uma forma prática de ajudar a pensar na elaboração e na transmissão de treinamento e na criação de ambientes de aprendizagem digitais ou presenciais. A Figura 4.1 fornece um guia visual para o capítulo.

Figura 4.1 Ciência do aprendizado

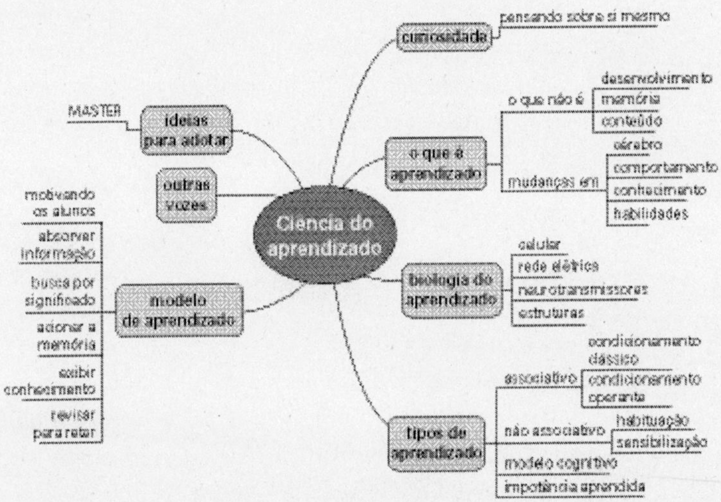

O que o aprendizado não é

Não é a mesma coisa que desenvolvimento

Vamos começar com a exploração do que não é aprendizado, ou pelo menos daquilo em que você não vai se concentrar neste livro. Desde antes do nascimento, você foi exposto a diferentes estímulos e aprendeu razoavelmente a reagir de modo adequado a eles. Parte do que aprendeu está relacionada ao desenvolvimento, faz parte de seu processo normal de amadurecimento e iria acontecer de qualquer jeito. Os bebês aprendem a falar uma língua, a andar, a desenvolver um conceito de *self* e a se tornar adultos, quer queiramos, quer não.

Quão bem eles aprendem e como se encaixam nas normas de comportamento da sociedade pode variar dependendo das experiências que os moldam, mas isso faz parte do desenvolvimento e acontecerá inevitavelmente.

No entanto, estamos interessados no tipo de aprendizado que acompanha esse processo de desenvolvimento e que continua muito tempo depois. Estamos interessados em como aprendemos habilidades, conhecimentos e comportamentos que não acontecem apenas mediante um processo normal de crescimento, embora sejam fundamentalmente afetados por tudo o que vivemos.

Não é exatamente a mesma coisa que memória

A memória e a aprendizagem estão intimamente relacionadas e, se você tiver um interesse particular na memória, há um capítulo inteiro (9) dedicado a ela. Além disso, você encontrará inúmeros livros, programas, cursos universitários completos, blogs e opiniões de especialistas disponíveis. Precisamos de nossas memórias para aprender, mas o simples fato de ter uma memória não é o suficiente para que se caracterize o aprendizado. Posso me lembrar do fato de que Henrique I está enterrado na Abadia de Reading, mas isso não muda nada com relação à maneira como me comporto ou as coisas em que acredito.

Como parte do processo de aprendizagem, você precisa criar ou codificar e armazenar memórias (você explorará diferentes tipos de memórias mais adiante); precisará se lembrar dessa memória mais tarde a fim de demonstrar seu aprendizado, mas uma memória por si só não é o suficiente para contar como aprendizado.

Não é informação ou conteúdo

Como instrutor, você pode ser solicitado regularmente a acrescentar mais conteúdo ao seu treinamento porque alguém, em algum lugar, acha que todos precisam saber mais do que sabem atualmente. Esse é o engodo do "conteúdo" — você inclusive ouvirá a frase "o conteúdo é soberano", mas não é. Não se você quiser que o aprendizado ocorra. O conteúdo em geral envolve a transmissão de fatos ou ideias que podem ser apresentados a alguém de formas múltiplas, complexas, multissensoriais, multimidiáticas e variadas. Entretanto, fatos e ideias não se tornam aprendizado a menos que haja uma mudança permanente no cérebro das pessoas. Talvez você tenha que examinar profundamente o que está apresentando como treinamento e ver se, na realidade, isso é tudo o que está fazendo — transmitir informações e criar sobrecarga cognitiva no lugar de possibilitar o aprendizado.

No Dia dos Namorados, na escola, costumávamos brincar uns com os outros sobre como o carteiro ia precisar de um carro grande e como a caixa de correio teria que ser ampliada a fim de que nela coubessem todos os lindos e apaixonados cartões que receberíamos. Como designer ou instrutor, talvez o que você tenha feito até agora é ser o carteiro com todos aqueles cartões, quem sabe até alguns presentes, e aparecer na porta pronto para entregar todas aquelas expressões de carinho, porém ninguém pensou em ampliar a caixa dos correios. Você tem que entregar os cartões porque esse é seu trabalho, então, tem que deixá-los na soleira da porta, mas não faz ideia se alguém vai abri-los, lê-los ou viver um romance maravilhoso por causa deles. De qualquer maneira, apenas alguns cartões especiais eram desejados. Na verdade, pode ser que aquele cartão que era esperado com um coração ansioso não estivesse em seu carro do correio, mas tenha sido entregue por alguém que subiu a montanha de cartões abandonados, tocou a campainha e entregou o cartão pessoalmente. Ou, mais provavelmente, talvez o cartão importante tenha se perdido em meio à pilha e sido jogado fora sem ser lido, ou lembrado, e sem ter tido nenhum impacto.

Antes de terminar de ler este livro, gostaria que começasse a desafiar as pessoas que lhe pedem que transmita mais conteúdo. Como profissional, seu trabalho é entregar a única carta do verdadeiro amor, ou possivelmente encontrar a chave que abrirá a porta, e não continuar a entregar as cartas só porque alguém as postou.

O que é o aprendizado

O aprendizado é um processo pelo qual as mudanças em seu cérebro permitem que você se comporte e reaja de determinadas maneiras. Todos os animais, desde o mais simples até o mais complexo, aprendem, e hoje até as máquinas podem aprender. Para nossos propósitos, vamos nos concentrar na aprendizagem humana, mas não posso lhe prometer que os experimentos ocasionais com chimpanzés, coelhos, ratos e caracóis não apareçam sorrateiramente de tempos em tempos, porque muitas vezes os mesmos processos que ocorrem nos animais ocorrem nos humanos.

O aprendizado acontece em nível celular (ou mesmo no nível das subpartículas), de modo que os tipos de processos que podemos ver em criaturas simples como lesmas, que só têm coleções de células chamadas de gânglios, em vez de cérebros, podem muitas vezes nos ensinar algo útil sobre o que está acontecendo em nosso próprio cérebro, ainda que as aplicações disso possam às vezes ser difíceis de extrair em um contexto de trabalho ou educacional.

O aprendizado cria mudanças estruturais no cérebro que ajudam a expandir seus conhecimentos com base no que já sabe e a mudar seus comportamentos com base no que já faz. Se estiver mudando suas preferências, hábitos ou crenças, pode haver algum desaprendizado a fazer.

Ao longo de sua vida, você vai aprender muitas coisas diferentes. Pode aprender qual rei inglês teve seis esposas, a ordem da tabela periódica ou a fazer uma torta de maçã. Aprenderá comportamentos culturalmente apropriados, como o modo de falar com sua avó quando ela vier visitar ou como se comportar em uma entrevista. Aprenderá a praticar esportes e a andar de bicicleta.

Pode aprender a pintar, cantar ou fazer equações quadráticas. Aprenderá quem são seus amigos e quem deve evitar, ou como lidar com conflitos se não puder evitá-los. Aprenderá a ir de um lugar ao outro e a usar um GPS. Aprenderá a se entreter, talvez fazendo palavras cruzadas ou jogando sudoku. Aprenderá a ler, escrever e rabiscar. Talvez aprenda coisas que não queria aprender, como jingles bobos que não consegue tirar da cabeça, e provavelmente aprenderá a lidar com a felicidade e a tristeza e, talvez, como saber qual carregador pertence a qual equipamento elétrico.

Então, o que está acontecendo em sua cabeça enquanto aprende todas essas coisas diferentes?

Parte da Biologia que é útil

Em nível celular

Em qualquer tipo de aprendizagem, você conecta os neurônios, muda a maneira como suas células cerebrais se comunicam, cria novas sinapses e muda a maneira como seu cérebro está organizado.

O que as lesmas-do-mar nos ensinaram sobre o aprendizado

Quando você aprende algo, está deixando que novas conexões se formem em seu cérebro, e pode estar enfraquecendo algumas das mais antigas, que já não são muito úteis.

Então, como os neurônios se conectam? Os cientistas não têm certeza sobre todo o processo, mas a pesquisa com lesmas-do-mar tem se mostrado útil. Embora você tenha uma relação longínqua com a lesma-do-mar, parece que os processos celulares básicos de aprendizagem são bastante similares. As lesmas-do-mar não podem aprender a tocar piano ou os numerosos fatos sobre um novo processo de fabricação, mas podem se orientar em labirintos e reagir de maneira distintas a diferentes estímulos.

Elas não têm cérebros como você os conhece, apenas coleções de células cerebrais chamadas de gânglio, mas os mecanismos básicos no nível celular parecem ser os mesmos. Isso foi descoberto de modo um tanto controverso por Eric Kandel, que acabou ganhando o Prêmio Nobel em 2000 por seu trabalho sobre a compreensão do mecanismo pelo qual os neurônios se conectam. A controvérsia surgiu porque aplicar o que ele havia aprendido sobre as lesmas ao aprendizado humano era considerado algo indigno. Agora que identificamos que compartilhamos quantidades significativas de DNA com as lesmas, talvez seja mais fácil acreditar que as células cerebrais das lesmas-do-mar funcionam de modo parecido o suficiente com as nossas para tornar isso uma comparação razoável.

O que Kandel e outros (Mayford *et al.*, 2012) demonstraram é que, quando você aprende, muda a maneira como suas células cerebrais, os neurônios, interagem umas com as outras. Com um novo aprendizado, as extremidades de um neurônio parecem se inchar, oscilar e, depois, se dividir em duas, formando novas projeções que se conectam com outros neurônios. Kandel trabalhou no reflexo de retração das guelras de suas lesmas-do-mar, descobriu armazenamento de memória distintos, de curto e longo prazos, e que o armazenamento de longo prazo podia ser observado em mudanças estruturais. As conexões celulares foram reorganizadas de forma funcional dependendo do que estavam aprendendo.

Assim, quando você aprende algo, talvez lendo este livro, seus neurônios estão se inchando, oscilando e criando novas conexões que não existiam antes.

O que os neurotransmissores e os hormônios têm a ver com a aprendizagem

Nos espaços entre seus neurônios, chamados de sinapses, numerosos neurotransmissores e outras substâncias químicas também estão se deslocando para desempenhar diferentes papéis.

Por exemplo, o bloqueio dos efeitos do glutamato interrompe um processo chamado *potenciação de longa duração (PLD)*, que é a melhora constante do funcionamento das sinapses com base em padrões recentes de atividade. É uma parte vital do modo como você cria memórias. O glutamato ativa substâncias químicas na célula pós-sináptica, como o monofosfato cíclico de adenosina (MFCA), e proteínas quinases que ajudam você a sintetizar novas proteínas como parte da formação de memórias de longo prazo. Essas novas proteínas são vitais para formar essas conexões neuronais. Elas literalmente ajudam você a "colar" os seus neurônios uns nos outros.

A *serotonina* é um neurotransmissor inibitório que, aparentemente, afeta o humor, assim como parece ser necessária para a formação da memória. Seu papel na memória é menos definido e talvez mais modulatório do que o do glutamato, mas ela está envolvida no mal de Alzheimer. É a serotonina que necessita do *triptofano* para a sua produção, substância obtida com o consumo de chocolate amargo.

O *cortisol*, um hormônio necessário para lidar com o estresse, pode reduzir o aprendizado, ao passo que a oxitocina pode ajudar a pensar de maneira mais ampla ou criativa. Você pode aumentar seus níveis de oxitocina dando um abraço em alguém, então talvez da próxima vez que quiser ficar um pouco mais criativo, dê primeiro um abraço em alguém. Mas esteja ciente de que o efeito não dura muito tempo; apenas o suficiente para que a oxitocina surta um efeito antes de ser absorvida de novo por seus neurônios. A oxitocina, talvez, seja também aquilo que te ajuda a aprender a confiar.

A *noradrenalina* e a *acetilcolina* ajudam a prestar atenção; você aprenderá mais sobre atenção no Capítulo 7 e encontrará acetilcolina de novo no Capítulo 9, sobre memória.

A rede elétrica e a importância da Lei de Hebb

Donald Hebb foi um psicólogo canadense que publicou pela primeira vez um livro chamado *The Organization of Behavior*

[*A organização do comportamento*, em tradução livre], em 1949, e é comumente considerado o pai da Neuropsicologia e das redes neuronais (Hebb, 2002). Ele estudou em uma escola montessoriana, foi professor e, em certo momento, lecionou em uma escola para crianças que eram consideradas "difíceis". Ele adotou uma abordagem um pouco diferente da dos princípios severos do sistema escolar de Quebec, e costumava passar tarefas mais interessantes, das quais fazia um privilégio, pois enviava os alunos que se comportavam mal para fora da sala de aula (presumivelmente isso era considerado mais um castigo naquela época do que talvez seja agora). Após passar pelas universidades de Yale, Harvard e Chicago, começou a trabalhar no Montreal Neurological Institute (Instituto Neurológico de Montreal), onde descobriu que os cérebros das crianças que haviam sido danificados podiam de fato se recuperar, mas que isso não era tão fácil assim para os adultos. Ele foi um dos pioneiros a propor, o que na época era inovador, que podemos explicar o comportamento por meio das funções cerebrais.

Você já deve ter ouvido falar da Lei de Hebb (1949), a qual essencialmente afirma que "as células que disparam juntas estão conectadas". Essa é de fato uma descrição da neuroplasticidade e do que se chama de aprendizagem associativa (veremos mais sobre isso posteriormente). O trabalho de Eric Kandel e suas lesmas-do-mar ajudaram a explicar parte do princípio de "disparar juntas".

A teoria hebbiana procura descrever como, uma vez estabelecida uma nova conexão, ela se torna mais forte, veloz e eficiente quanto mais frequentemente ela é "relembrada". Assim, a fim de aprender qualquer coisa de forma "duradoura", você precisa repassar o aprendizado repetidas vezes — essas conexões precisam ser revisitadas até que as células se unam em rede elétrica.

A *potenciação de longa duração* é descrita como o aumento da intensidade e da velocidade dos impulsos nervosos ao longo das vias que foram usadas anteriormente. Parece que, uma vez estabelecida uma via neural, há inúmeros mecanismos estabelecidos para garantir que os impulsos nervosos sejam transmitidos de maneira mais eficaz.

Você sabia que a gordura é boa para o cérebro e um dos mecanismos da potenciação de longa duração? As células não só se unem em rede elétrica, como também começam a transmitir informações de modo mais eficiente graças à gordura. Nosso cérebro precisa de gordura, e as pessoas que estão severamente desnutridas têm pior desempenho em tarefas cognitivas do que aquelas que estão bem alimentadas. Você obtém energia da gordura, mas seu cérebro também usa proteínas fosfolipídicas graxas para proteger seus neurônios com uma bainha de *mielina* para que menos energia elétrica seja desperdiçada — um pouco como revestir com fita isolante os canos de água quente. Conforme você aprende algo e os neurônios começam a se conectar, a bainha graxa que recobre os axônios longos de seus neurônios permite que as mensagens passem ao longo dos axônios de um neurônio para outro mais rapidamente.

Em um nível de aprendizagem celular, em vez de um nível centrado na pessoa, há algumas novas pesquisas que indicam que a lei de Donald Hebb pode ter de ser revisitada. A Lei de Hebb explica o aprendizado que ocorre ao modificar a força e a velocidade dos sinais pela sinapse (a lacuna entre os neurônios). Essa nova pesquisa sugere que o aprendizado adaptativo também pode ocorrer em vários dendritos próximos ao neurônio, um tipo de aprendizado mais rápido e nodal (Bar-Ilan University, 2018). Isso está relacionado com o modo como o aprendizado foi modelado no aprendizado de máquinas. Entretanto, embora seja algo potencialmente inovador no campo da Neurociência, é improvável que esse nível de complexidade profunda tenha algum impacto sobre o que fazemos no mundo do trabalho ou da educação. Trata-se de um ótimo exemplo de como a Neurociência está fazendo novas descobertas o tempo todo, e talvez no futuro possa influenciar o modo como treinamos as pessoas, mas é difícil ver as implicações atualmente.

Padrões de rede elétrica

Todos esses neurônios se conectando formam padrões de rede elétrica. Cada pessoa tem um padrão distinto de rede elétrica, mas há semelhanças quanto ao que pode ser conectado e onde. Experiências com ilusões de ótica mostram que determinadas áreas do cérebro são conectadas de modo específico, na maioria das pessoas, para reconhecer rostos em vez de outros objetos.

A famosa ilusão do vaso e dos rostos ativa um grupo particular de neurônios nas suas vias de reconhecimento visual quando você vê o rosto, mas assim que vê o vaso, um grupo de neurônios totalmente diferente se ativa (ver Figura 4.2). Assim, quase todas as pessoas usam áreas semelhantes para reconhecer rostos, mas cada pessoa terá sua própria configuração para rostos específicos. John Medina, em seu livro *Aumente o poder do seu cérebro* (2008), fala de um homem que passou por uma cirurgia no cérebro e que tinha um neurônio específico que disparava sempre que via uma foto da atriz Jennifer Aniston. Não temos todos um neurônio para Jennifer Aniston no mesmo lugar em nossas cabeças (talvez você nem tenha ouvido falar de Jennifer Aniston), mas a maioria das pessoas tem uma área semelhante do cérebro que é específica para o reconhecimento de rostos humanos. Suas próprias experiências e aprendizagens definem quais padrões específicos de rede elétrica você tem, mas você vai descobrir que o seu padrão geral e estruturas são semelhantes aos meus.

As evidências do trabalho com pacientes que sofreram derrame cerebral contribuíram para nosso conhecimento de como a neuroplasticidade nos permite criar novos padrões se os antigos se tornarem inutilizáveis. Embora nem sempre seja possível recuperar uma habilidade ou função após um AVC, as pessoas podem "aprender" a usar diferentes vias neurais para alcançar o mesmo resultado, mas precisam trabalhar duro para estabelecer esses novos padrões de rede elétrica.

Figura 4.2 Uma ilusão de ótica — o que você vê?

Estruturas para aprendizagem

Quase todo o cérebro está implicado de algum modo no aprendizado. No entanto, uma estrutura que será mencionada repetidas vezes é o *hipocampo*. Isso porque ele é muito importante para a memória, e vamos explorar esse conceito em detalhes no Capítulo 9. Ele é também uma parte relativamente diferenciada do cérebro adulto porque parece capaz de neurogênese, ou seja, de criar novos neurônios — algo que antes era considerado impossível.

Seu *córtex frontal* faz a maior parte da tomada de decisão e processamento mental que lhe permite decidir o que quer aprender e lhe indica que está aprendendo. É claro que você nem sempre decide o que vai aprender, ou sequer que vai aprender alguma coisa, mas se está tomando decisões conscientes, essa é a parte do cérebro que está ajudando.

Diferentes partes de seu *córtex sensorial* e o *córtex motor* são vitais, quer você esteja aprendendo habilidades ou informações, e as estudaremos mais detalhadamente no Capítulo 6, sobre os sentidos.

O *sistema límbico* e, particularmente, a *amígdala* são cruciais para muitos tipos de aprendizagem por causa do papel das emoções no aprendizado. Se você não fizer mais nada depois de ler este livro além de incluir as emoções em seu treinamento, mesmo que seja só em assuntos técnicos, já terá feito algo para ajudar seus alunos.

Também é preciso prestar atenção enquanto estiver aprendendo, para que o seu *sistema ativador reticular*, o *colículo superior*, o *córtex parietal* e o *giro do cíngulo* tenham um papel a desempenhar.

Voltaremos a ver todas essas áreas em capítulos posteriores. Por ora, tome nota de seus nomes e funções, para que seus sistemas de atenção as detectem mais tarde.

Mudanças estruturais ocorrem em seu cérebro conforme você aprende em parte porque o número de conexões sinápticas é aumentado. O próprio Darwin notou que algumas áreas do cérebro de animais selvagens eram de quinze a trinta por cento maiores do que em animais domesticados. Presumivelmente, os animais selvagens têm que aprender mais para sobreviver do que os domesticados, que podem simplesmente se deitar e relaxar. Os violinistas profissionais têm um córtex motor maior na área de controle de movimentos finos do que as pessoas menos dotadas musicalmente. E há o caso bem documentado de taxistas londrinos que prestaram o *The Knowledge* (uma prova especial sobre todas as ruas de Londres) que têm hipocampos maiores do que os motoristas de ônibus londrinos que seguem uma rota predefinida e, portanto, não precisam conhecer todas as ruas. Você voltará a ler sobre o cérebro dos motoristas de táxi neste livro porque é um caso muito famoso.

Capacidade mental

O aprendizado é um conjunto de mudanças físicas em seu cérebro que inclui a síntese de novas proteínas, a liberação de neurotransmissores e a alteração de seus neurônios para gerar novas conexões. Você também pode ter que romper conexões anteriores e isso é feito enquanto você ainda está usando parte de sua capacidade mental para respirar, para se sentar com a coluna ereta e prestar atenção à pessoa ao seu lado. É um trabalho duro que requer energia.

Um professor de Psicologia, Paul E. Gold, e seus colegas E. McNay e T. Fries (2000) mediram os níveis de glicose em ratos que estavam aprendendo a se orientar em labirintos e descobriram que, somente em seus hipocampos, as reservas de energia haviam sofrido uma perda de até trinta por cento. Essa perda se agravou quando a tarefa se tornou mais difícil, e também no caso dos ratos mais velhos em relação aos mais novos.

Aprender é um trabalho árduo, e estamos inerentemente atentos à quantidade de energia que consumimos: não queremos usar recursos preciosos para fazer mudanças em nosso cérebro a menos que isso seja necessário. Portanto, temos que estar motivados para querer aprender algo novo, consciente ou inconscientemente, porque, caso contrário, você pode estar desperdiçando recursos que poderiam ser mais bem utilizados em outra coisa.

Tipos de aprendizagem

Agora que você considerou algumas das bases biológicas da aprendizagem, talvez ache útil considerar também que tipos de aprendizagem pode estar fazendo ou está esperando de seus alunos. Às vezes você pode se deparar com ideias da Neurociência que podem parecer contraditórias, mas, se souber que tipo de aprendizado está esperando, isso pode ajudar a avaliar quais ideias funcionarão melhor no seu caso.

Como vimos, aprender é uma tarefa complexa, e, ao longo do tempo, foram elaboradas inúmeras teorias e uma enorme quantidade de pesquisas sobre o aprendizado. Todas elas continuam a ser debatidas, e novas ideias frequentemente suplantam as antigas.

As primeiras teorias psicológicas do Behaviorismo nos deram alguns modelos úteis de aprendizagem que ainda são úteis, mas que não conseguiram explicar tudo. Então, no final do século XX, a Psicologia Cognitiva pareceu vir para ajudar a explicar algumas anomalias com as quais o Behaviorismo não conseguia lidar, particularmente com relação à motivação.

A Psicologia Cognitiva adota uma abordagem que está mais relacionada ao processamento de informações e reconhece a importância dos estados mentais em vez de se concentrar somente no comportamento.

Mais recentemente, o estudo da biologia cerebral trouxe mais informações sobre as mudanças físicas em nosso cérebro à medida que aprendemos. Algumas delas são classificadas como neuroeducação. Essa abordagem, da qual você já estudou alguns princípios, concentra-se em como os neurônios se conectam, em como você cria redes e vias neuronais e gera mudanças de longa duração no seu cérebro.

Conforme mencionado, a maioria dos estudos biológicos sobre aprendizagem é feita com base no exame de animais, de pessoas com cérebros danificados, ou de como crianças e jovens aprendem. Há muito menos pesquisas feitas sobre a biologia da aprendizagem normal de adultos. Entretanto, com o envelhecimento crescente da população, tem havido muito mais pesquisas sobre cérebros mais velhos e memória, o que remonta à aprendizagem. Infelizmente, ainda há uma lacuna significativa com relação a como a aprendizagem acontece no mundo do trabalho, que é o que nos interessa; portanto, em grande parte, temos que extrapolar a partir de outras pesquisas sobre o que pode estar acontecendo com relação aos adultos que estão aprendendo no trabalho.

Como regra, os psicólogos comportamentais dividem o aprendizado em dois tipos básicos: associativo e não associativo.

Aprendizagem não associativa

A aprendizagem não associativa ocorre quando um estímulo se associa a uma resposta específica. Ela costuma ser relativamente inconsciente, e não é o que normalmente planejamos com relação aos tipos de aprendizagem consciente que tendemos a fazer no trabalho. Mas você pode ter certeza de que as pessoas farão algum aprendizado inconsciente.

A aprendizagem não associativa se divide em habituação e sensibilização.

Habituação é quando você aprende a se acostumar a alguma coisa, quando o estímulo já não suscita a sua reação natural. Por exemplo, se mostrar uma coruja empalhada a um canário, ele entrará em modo defensivo, mas se a coruja empalhada for deixada no mesmo lugar por tempo o suficiente e nada de ruim acontecer, o canário se acostumará com ela e retomará suas atividades normais. Talvez você mesmo já tenha passado por isso — por exemplo, se, a princípio, achou que ao trabalhar em um escritório sem divisórias teria muitas distrações por causa dos telefonemas para outras pessoas, ou por causa das pessoas passando em frente à sua mesa, mas depois deixou de perceber o que acontecia à sua volta, você se habituou. Isso não parece aprendizagem, mas é. A pergunta a se fazer como instrutor é: os hábitos que você incutiu em seus alunos estão contribuindo ou atrapalhando o aprendizado deles? Seu sistema ativador reticular deixa de prestar atenção a qualquer coisa que não seja nova ou inédita, de modo que aquelas incríveis frases inspiradoras que você mandou pintar nas paredes de sua sala de treinamento logo não terão mais impacto do que a pintura lilás monótona que antes revestia as paredes.

A *sensibilização* é um tipo de aprendizagem igualmente importante, porque é quando o estímulo cria uma resposta ampliada. As conexões neuronais são estabelecidas de modo que disparam repetidamente e começam a envolver outras vias, como o sistema de atenção. Pode muito bem ser algo que você faz sem perceber. Lembro-me de um instrutor com quem trabalhei e que, ao tentar não alienar nenhum de seus espectadores, conseguia me alienar e distrair com relação ao assunto que debatíamos. Ele quase sempre usava a frase "Isso faz sentido?", em vez de "Vocês entendem o que quero dizer?", "Como isso soa?", ou qualquer outra frase do gênero. Nas primeiras vezes em que o ouvi dizer "Isso faz sentido?", achei que fosse uma frase muito inteligente e pensei em passar a usá-la. Entretanto, depois de trabalhar com ele por alguns dias, fiquei sensibilizada, e cada vez que ele dizia isso, eu sentia que ficava tensa e irritada. "Por que ele não muda de frase?", pensava. Quanto mais irritante aquilo se tornava, mais atenção eu dava à frase e minha reação se amplificava. Todos temos nossos próprios tiques, hábitos e frases de estimação que podem estar provocando sensibilização em nossos alunos, o que pode muito bem distraí-los. Ou você pode ter ficado sensibilizado com relação a algo que os alunos fazem involuntariamente e talvez reaja de modo exagerado, como na centésima vez em que ouve a frase "Mas foi meu chefe quem me mandou vir para cá".

Aprendizagem associativa — condicionamento clássico e operante

O exemplo mais famoso de aprendizagem por meio do condicionamento clássico é o de Ivan Pavlov, um fisiologista russo que considerou a reação natural dos cães a um estímulo, ou seja, salivar quando comem, e os ensinou a ter a mesma reação quando ouviam um estímulo completamente não relacionado, uma campainha. No fim, os cães salivavam tão prontamente quando ouviam a campainha quanto quando comiam. Esse tipo de aprendizado ocorre o tempo todo sem que necessariamente tenhamos consciência disso, mas ele pode ser usado para ajudar conscientemente as pessoas a aprender, caso já exista uma via de estímulo/reação que pode ser moldada.

As fobias são um bom exemplo de condicionamento clássico — muitas vezes tememos as coisas porque em algum momento houve um estímulo aliado a uma experiência desagradável. Se você tem muito medo de aranhas, é provável que, quando criança, tenha convivido com um adulto com um intenso medo de aranhas. Assim, você acabou associando o medo dessa pessoa, o que, para uma criança, por si só já é uma experiência assustadora, com o estímulo da aranha. Fobias como o medo de falar em público (aparentemente, um número significativo de pessoas teme isso mais do que a morte) também podem ser curadas pelo condicionamento clássico. As pessoas são levadas a passar por uma série de experiências nas quais aprendem a relaxar em situações de apresentação até se apresentarem com confiança. É possível ensinar as pessoas a criar associações úteis, para que, quando se depararem com um estímulo que ocorre com frequência, elas pensem automaticamente no novo aprendizado. Em um de nossos programas de "Treinamento de Instrutores", ensinamos as pessoas a associar chocolate à função cerebral, de modo que, cada vez que elas virem chocolate, comecem a pensar no que está acontecendo no cérebro das pessoas.

O condicionamento operante é outro modo de aprendizagem associativa, descrito pela primeira vez por B. F. Skinner — e às vezes é chamado de condicionamento skinneriano. Skinner propôs que o aprendizado acontece como resultado da recompensa ou da punição por comportamentos particulares. Comportar-se de determinada maneira acarreta uma consequência que reforça ou diminui esse comportamento. A gamificação se vale de muitos dos atributos do condicionamento operante, como o uso de recompensas para mudar seu comportamento no jogo.

Psicologia Cognitiva, processamento de informações e motivação para aprender

No entanto, nada desse aprendizado ajuda no domínio de informações, que é o assunto em que a Psicologia Cognitiva se envolveu e começou a enxergar o aprendizado como processamento de informações. Não é coincidência que ela tenha surgido junto com o crescente interesse por computadores e tecnologia da informação.

A Psicologia Cognitiva também analisa as nossas motivações para aprender e não considera a aprendizagem um puro procedimento de reação a estímulos. Muito do que aprendemos no trabalho em um sentido formal envolve informação.

Até mesmo quando estamos aprendendo sobre habilidades comportamentais, em geral há um componente teórico significativo a aprender, como modelos de liderança. Enquanto você pode aprender a se comunicar de modo eficaz, observando e praticando habilidades de comunicação, quase todos os programas de treinamento no trabalho exigem que aprendamos algum fato, nome, modelo ou conceito novo.

Há também outras habilidades que você aprende no trabalho que requerem mais processamento cognitivo, como usar o mais recente sistema de tecnologia da informação (TI), programar um computador, usar a cafeteira. Tudo isso exige que aprendamos novas informações, que as transformemos de memória de curta duração em memória de longa duração e que depois as guardemos e as utilizemos pelo tempo necessário.

Impotência aprendida

Outro aprendizado que pode explicar alguns tipos de comportamento é a impotência aprendida. Os pesquisadores descobriram que animais que se sentiam impotentes para escapar de choques elétricos acabavam aprendendo a ficar parados e recebê-los, mesmo quando podiam de fato escapar para uma área em que não levariam choques. Eles tinham aprendido a ser impotentes.

Fazer isso com seus alunos é terrível, mas acho que isso acontece com frequência no mundo real. Mandam você fazer um curso, você não sabe o por quê, ninguém se mostra interessado quando você o termina e depois lhe pedem apenas que siga com seu o trabalho. No início você tenta, mostra interesse e quer implementar as novas técnicas que aprendeu, mas não tem oportunidade. Então, a mesma coisa acontece de novo, e você se questiona se aquele é o curso certo para você, mas mandam fazê-lo de qualquer maneira. Ainda assim ninguém toma conhecimento das suas novas ideias. No fim, ao passar pelo terceiro processo de mudança em sua organização, você aprende a não fazer perguntas ou demonstrar qualquer iniciativa, somente a fazer o que lhe dizem, participar do curso e voltar ao trabalho. Como instrutor, este é seu pior pesadelo — as pessoas que dizem "me mandaram vir para cá" quando você pergunta por que estão fazendo o seu workshop. Isso na verdade é impotência aprendida. Equipes eficazes de A&D fazem o possível para ter certeza de que não estão instilando a impotência aprendida em seus participantes.

O desaprendizado é tão importante quanto a aprendizagem

Como parte de seu processo normal de aprendizagem, você também precisa ocasionalmente desaprender. Ficamos sobrecarregados se aprendemos e nos lembramos de tudo. Houve um caso descrito por A. Luria, em seu livro *A mente e a memória*, de um paciente que não conseguia esquecer o que tinha aprendido, o que significava que ele tinha dificuldade para executar tarefas simples como ler uma passagem de um texto, porque não conseguia filtrar o que era importante. A informação o sobrecarregara. Parece que o processo de aprender e esquecer ou desaprender pode resultar de um equilíbrio complexo entre duas proteínas no cérebro: a aducina, que estimula o aumento das conexões sinápticas, e a proteína musashi, que inibe a estabilização das conexões. Em nosso mundo atual, no qual o ritmo das mudanças parece acelerar constantemente, precisamos aprender e desaprender muito mais rápido do que era necessário no passado. É possível que tenhamos que reter menos "conhecimento", mas precisamos aprender mais habilidades de aprendizagem ágeis para que possamos nos adaptar rapidamente.

Novas ideias sobre o aprendizado

Atualmente, a Psicologia Cognitiva está sendo desafiada com conceitos como cognição incorporada. A Psicologia Cognitiva enfatiza o que acontece em seu cérebro, ao passo que a cognição incorporada está começando a analisar as conexões entre o cérebro e o corpo quando você está aprendendo, e há alguns estudos fascinantes sobre como nossos corpos podem ter efeitos em nosso cérebro que nunca havíamos considerado.

O que nos interessa, porém, é encontrar aplicações práticas de toda essa teoria para o mundo real da elaboração de aprendizagem, treinamento, ensino, coaching e facilitação do aprendizado. A Neurociência ainda não chegou ao estágio em que pode dizer que qualquer tipo específico de treinamento/aprendizagem/coaching/facilitação é definitivamente o caminho certo. Então, muitas vezes temos de continuar fazendo o que funciona, mas levando em conta o que a pesquisa está sugerindo.

Os aspectos que parecem ser considerados genuinamente úteis, e que vêm tanto da Neurociência quanto da prática do aprendizado, são:

- repetição;
- aprendizagem espaçada;
- aprendizagem em grupos menores;
- recompensa;
- estado emocional e físico.

Talvez nenhuma delas seja surpresa, porque um bom treinamento sempre incluiu essas ideias, mas pelo menos agora estamos obtendo evidências para respaldar nossas boas práticas. Você vai se deparar com todas elas ao longo deste livro.

Outras vozes

Sue Daly, *Resolution for Change, Reino Unido*

Usando o 3D no aprendizado favorável ao cérebro

Algo que me impressionou ao entrar em meu primeiro ambiente de aprendizado favorável ao cérebro foi quão interessante ele parecia desde o início. Não eram só o papel e as canetas de costume, os doces, os brinquedos e os livros de referência que estavam expostos. Havia também uma extensa galeria de citações relevantes e ilustradas, artigos e estudos de caso — para ler de imediato e/ou livremente durante o resto do evento. Fiquei particularmente impressionada com as pequenas plantas em vasos — um toque caseiro — e alguns balões de gás suspensos no teto. As peças gigantes de Lego no canto também despertaram minha curiosidade — aquele com certeza não seria um curso de treinamento comum!

Desde aquela primeira experiência de aprendizagem favorável ao cérebro, já participei de muitos eventos, organizados por diferentes instrutores, e sempre saio com ideias novas e criativas para melhorar a experiência dos meus próprios alunos. Todas elas se encaixam de alguma maneira no modelo MASTER de aprendizagem acelerada de Colin Rose, e magicamente seu ambiente de aprendizagem é transformado das duas dimensões usadas pelos cavaletes com blocos de papel, apresentações em PowerPoint, e folhetos para um mundo 3D muito mais envolvente.

Algumas de minhas ideias favoritas são:

- Substituir fotos por miniaturas/brinquedos para representar ideias-chave.
- Disponibilizar objetos/material de papelaria/materiais de artesanato para que os participantes possam "construir" suas ideias de maneira mais criativa.

- Aplicar fita-crepe no chão para criar uma estrutura para atividades como a jornada do cliente em sessões de atendimento ao cliente, ou o funil de questionamento nos módulos de comunicação. (Na verdade, a fita-crepe pode ser usada de muitas maneiras para gerar movimento — horizontal ou vertical — para processos e para demonstrar modelos de negócios).
- Usar o ambiente — especialmente ao ar livre, se houver, e se o clima permitir — para que os participantes coletem (ou expliquem) os itens que para eles significam um elemento de seu aprendizado.
- Usar cartões laminados, cada um com uma informação-chave, escondidos no espaço de trabalho, para criar uma caça ao tesouro e uma discussão posterior.

Isso me leva de volta aos balões: cada balão trazia um cartão laminado com informações sobre o modelo, e pediu-se que os participantes organizassem as informações nos cartões em um processo lógico. Essa abordagem simples e criativa incluía todos os elementos do modelo MASTER:

M*otivar as mentes despertando a curiosidade e criando um ambiente diferente.*

A*bsorver informações por meio dos sentidos da visão, do tato e da audição.*

S*entido foi extraído da informação mediante as inteligências corporal/física, visual/espacial, interpessoal, linguística e lógica/matemática.*

I*nstigar (****T****rigger) a memória — toda vez que vejo balões de gás, lembro-me desse evento.*

E*xibir a aprendizagem — pudemos usar os balões para recriar a mnemônica mais tarde.*

R*ever para reter — os balões foram um lembrete constante durante os três dias do modelo MASTER.*

Trabalhando com um modelo de aprendizagem

Aprendizagem favorável ao cérebro — um modelo

Quaisquer que sejam as teorias que você adote sobre o aprendizado, está bastante claro que se trata de um processo de mudanças que acontece no cérebro e que em geral afeta o comportamento e, portanto, o desempenho. Existem vários modelos de aprendizagem. Vou lhe apresentar uma extensão de um modelo testado e comprovado que se mistura com a Neurociência e, portanto, o faz pensar em como você elabora o treinamento que facilita a aprendizagem dos seus alunos e melhora os resultados. O modelo estendido é chamado Aprendizagem Favorável ao Cérebro, ou às vezes Treinamento Favorável ao Cérebro. Prefiro a versão que contém o termo "aprendizagem", pois a aprendizagem envolve o que se passa em seu cérebro, ao passo que o treinamento é algo que é feito com você. Algumas pessoas não acham o nome particularmente útil, o que é um comentário bastante justo, mas ele se popularizou, e todos os modelos têm que ter algum tipo de nome. Essa estrutura influenciará alguns dos capítulos seguintes deste livro, por isso quero apresentá-la aqui como um modo de dar orientação e fornecer um esquema.

Imagine uma ponte com dois pilares. Um dos pilares é representado por um cérebro, a Neurociência sobre a qual você tem lido, que fundamenta o aprendizado. O outro pilar é representado por uma lâmpada elétrica, a criatividade que você como instrutor pode demonstrar, mas também representa a criatividade dos alunos de criar seu próprio aprendizado. A parte final da ponte é a sua extensão em arco, o processo de aprendizagem (ver Figura 4.3).

Figura 4.3 O modelo da ponte da Aprendizagem Favorável ao Cérebro

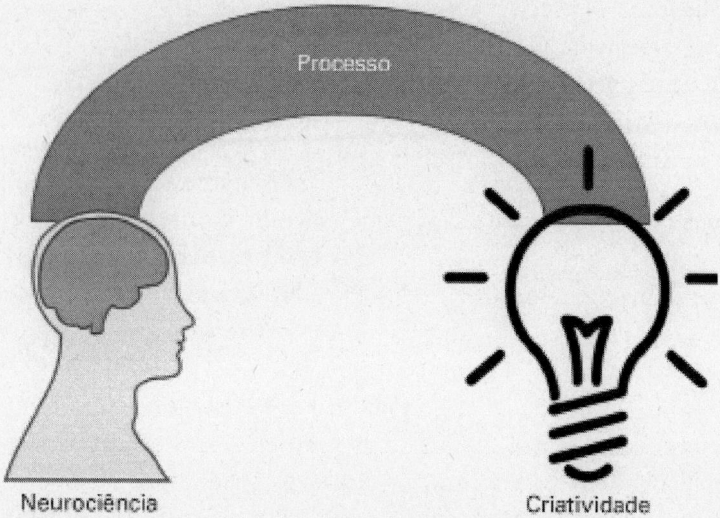

Você já deve estar familiarizado com o modelo do processo de aprendizagem: o modelo de Aprendizado Acelerado de Colin Rose (Rose, 1998). Se esse for o caso, pule esta visão geral e vá para os próximos capítulos para se aprofundar. Se você não o conhece, continue lendo. Há outros modelos de aprendizagem, entre eles o próprio Aprendizado Acelerado, e todos são úteis. Entretanto, em uma pesquisa que fizemos sobre outros modelos, descobrimos que este é o mais popular e mais conhecido entre os praticantes de treinamento no Reino Unido. (Observação: a amostra da pesquisa era pequena e limitada, então não seria considerada uma pesquisa cientificamente precisa ou válida).

O modelo tem sido bem pesquisado e adaptado à luz da pesquisa, mas, assim como muitos modelos, não tem necessariamente uma correlação direta com modelos biológicos específicos. No entanto, é uma estrutura útil para guardar ideias e começar a considerar diferentes aspectos da Neurociência em relação a ela.

Antes de começar a estudar o modelo, acho que é útil compartilhar minhas maiores críticas ao modelo de Aprendizado Acelerado, que é o seu nome. Ele sugere que o aprendizado pode ser mais rápido, mas o aprendizado claramente requer tempo. Também dá a impressão, àqueles que estão interessados nos resultados e não na metodologia, de que eles podem estar prestes a estudar mais conteúdo em menos tempo, mas ficarão desapontados. O aprendizado não é, em geral, um processo instantâneo, como já dissemos, e é nosso papel como profissionais do aprendizado começar a educar patrocinadores, gestores ou outras pessoas que pedem "treinamento" sobre como o aprendizado legítimo é totalmente diferente da transmissão de informações (como no exemplo dos cartões do Dia dos Namorados).

O modelo MASTER, de Colin Rose, é aproximadamente assim:

Motive as mentes

Em primeiro lugar, é preciso querer aprender — deve haver uma razão para que você mude, porque gastar toda aquela energia necessária para que os neurônios se reconfigurem pode levar à exaustão. Precisa querer aprender e tem de estar em estado físico e mental adequados para tanto. Você vai ler mais sobre a Neurociência da motivação dos alunos no Capítulo 5.

Absorva informações

Depois que você souber que quer aprender, poderá prestar mais atenção às informações para aprendê-las e começar a absorvê-las. A maior parte das informações sobre o mundo entra em nosso cérebro por meio dos nossos sentidos, embora também nos baseemos em outras informações que já estão em nossas cabeças, advindas de experiências anteriores. De qualquer modo, há informações que precisam ser tratadas, e, nos capítulos sobre atenção e informações sensoriais, você aprenderá mais sobre esses processos.

Busque o significado

Uma vez que a informação está dentro de sua cabeça, como você pode dar sentido a ela? Rose se baseia no trabalho das "múltiplas inteligências" de Howard Gardner (2011), que fornece outra estrutura valiosa para elaborar e ministrar intervenções de aprendizagem no mundo real. Há um pouco mais de controvérsia a ser desencavada aqui, mas, como eu disse logo no início deste livro, a ciência avança por um processo de hipóteses, testes e críticas. Muitas pessoas, inclusive eu, acham o trabalho de Gardner surpreendentemente fácil de aplicar na prática.

Incite a memória

Tendo processado as informações, você vai ter que rememorá-las quando precisar delas. Então, como funciona a memória? O que torna as informações de qualquer tipo memoráveis e como é possível acessar as memórias das pessoas para ajudá-las? Afinal, parece que oitenta por cento das informações são esquecidas cerca de 24 horas depois, se você acreditar no que Hermann Ebbinghaus tinha a dizer nos longínquos anos 1880, e a pesquisa dele foi bastante replicada. Aprenderemos mais sobre ele e muito mais sobre a memória em um capítulo posterior.

Exiba a aprendizagem

Como as pessoas sabem que aprenderam alguma coisa, e como você, na condição de instrutor/designer, sabe que elas aprenderam alguma coisa? Você precisa verificar se elas entenderam tudo corretamente e testar as novas habilidades delas contribui para que elas se sintam mais confiantes, caso tenham oportunidades seguras para praticar e testar seu aprendizado. Lembre-se de que, quando um novo neurônio se conecta, essa conexão é fraca — e você está tentando fortalecer a conexão ao estimular a lembrança ativa, a repetição e laços emocionais positivos e vigorosos para que as pessoas se sintam inclinadas a manter seu novo hábito em vez de recair no costume antigo e seguro, cuja conexão é forte e agradável. No Capítulo 11, sobre revisão, você se aprofundará em um pouco mais de Neurociência, e terminará com muitas maneiras práticas de ajudar seus alunos a testar seu próprio aprendizado.

Reveja para reter

Um dos maiores desafios no aprendizado organizacional é garantir que as pessoas retenham e utilizem o que aprendem nas reuniões, em cursos de treinamento, por meio de tecnologias de aprendizagem, e no trabalho.

Demonstrou-se de modo consistente que a repetição espaçada parece melhorar a aprendizagem. Com o tempo, precisamos repetir novas informações, comportamentos e atividades para que esses vínculos entre os neurônios sejam fortes. O capítulo sobre revisão fornecerá insights sobre o que está se passando em nossas cabeças e sobre como é possível garantir que o aprendizado perdure no trabalho.

Há outras ideias que circundam esse modelo e que também afetam o aprendizado. Então, você as considerará, assim como a Neurociência que se encaixa em volta delas, enquanto lê o resto do livro.

Resumo

O que você precisa se lembrar deste capítulo:

- O aprendizado ocorre em nível celular, utiliza recursos, neurotransmissores e glicose na conexão de neurônios e na construção de redes neurais.
- Aprender não equivale a transmitir conteúdo — é um processo que ocorre ao longo do tempo na cabeça e no corpo das pessoas.
- Existem diferentes tipos de aprendizagem, e quando você está criando, treinando, ensinando ou fazendo com que outras

pessoas trabalhem ou se comportem de maneira diferente, vale a pena estar ciente do tipo de mudança que está buscando.

- O Aprendizado Favorável ao Cérebro é uma estrutura que engloba Neurociência, um modelo de aprendizagem e um pouco de criatividade.
- Use o modelo MASTER como um processo para elaborar e fornecer um treinamento eficaz — vincule-o à Neurociência para examinar de modo mais rigoroso o aprendizado.

Referências e leituras adicionais

Bar-Ilan University. The Brain Learns Completely Differently than We've Assumed since the 20th Century. *NeuroscienceNews*, 23 mar. 2018. Disponível em: http://neurosciencenews.com/brain-learning-8677/. Acesso em: 4 set. 2020. (Arquivado em perma.cc/ RCH7-5G2Y/.)

Gardner, H. *Frames of Mind*: The Theory of Multiple Intelligences. Nova York: Basic Books, 2011.

Hebb, D. *The Organization of Behavior*. Mahwah, NJ: L Erlbaum Associates, 2002.

Luria, A. *The Mind of a Mnemonist*: A Little Book about a Vast Memory. Nova York: Basic Books, 1987.

McNay, E.; Fries, T.; Gold, P. Decreases in Rat Extracellular Hippocampal Glucose Concentration Associated with Cognitive Demand during a Spatial Task. *Proceedings of the National Academy of Sciences*, v. 97, n. 6, p. 2.881-2.885, 2000.

Mayford, M.; Siegelbaum, S.; Kandel, E. Synapses and Memory Storage. *Cold Spring Harbor Perspectives in Biology*, v. 4, n. 6, p. a005751, 2012.

Medina, J. *Brain Rules*: 12 principles for surviving and thriving at work, home and school. Seattle: Pear Press, 2008.

Rose, C. *Accelerated Learning for the 21st Century*: The Six-Step Plan to Unlocking Your Mastermind. Nova York: Bantam Doubleday Dell, 1998.

McLeod, S.A. Skinner — Operant Conditioning. Simply Psychology, 21 jan. 2018. Disponível em: www.simplypsychology.org/operant-conditioning.html. Acesso em: 4 set. 2020. (Arquivado em perma.cc/KZ6F-7EBY.)

Motivando alunos da curiosidade à persistência

05

"Quando você está sorrindo..."

Você sabia que sorrir muda o que está acontecendo em seu cérebro? Quando eu estava estudando Psicologia, nos anos 1980, uma das minhas hipóteses favoritas era uma de William James, no século XIX, a qual sugeria que você não sorria porque estava feliz, mas que, quando sorria, se sentia feliz. Ele acreditava que isso podia valer para todas as manifestações físicas das emoções, que elas eram tanto a causa quanto o resultado da emoção. Se isso for verdade, de fato se torna muito fácil ser feliz, porque tudo o que precisamos fazer é sorrir para nos sentirmos felizes. Embora nossas emoções sejam complexas e multifacetadas, a Neurociência se uniu a William James e parece mostrar que ele tinha razão.

Você já deve ter ouvido que, se colocar uma caneta entre seus dentes para imitar o efeito de um sorriso, classificará os desenhos animados como mais engraçados do que se não tivesse uma caneta entre seus dentes.

As pessoas que estão sorrindo enxergam as caras feias dos outros como menos severas e, quando estão fazendo cara feia, enxergam os sorrisos dos outros como menos felizes. Um estudo recente na City University London fez medições de EEG em partes do cérebro que reconhecem rostos, como o giro angular, o córtex visual associativo e o córtex somatossensorial, que ficam particularmente ativos quando esses rostos demonstram emoções e não são neutros. Eles descobriram que a resposta do EEG foi reforçada quando pessoas que estampavam uma expressão neutra olhavam para rostos sorridentes. Quando as pessoas que estavam sorrindo olhavam para rostos sorridentes e neutros, suas atividades aumentaram. Os cientistas sugeriram que, quando você sorri, seu cérebro, pelo menos em parte, interpreta o rosto neutro de outra pessoa como sorridente também. Então, talvez esta seja a evidência neurológica para a velha canção que diz: "*When you're smiling the whole world smiles with you!*" [Quando você está sorrindo, o mundo inteiro sorri com você.]

Alunos motivados

O que faz você sair da cama pela manhã? O que acontece em seu cérebro que motiva o suficiente para lhe dar energia, superar a inércia de estar deitado na cama e se levantar fisicamente, colocar água para ferver na chaleira, tomar banho, tomar café da manhã, fazer a barba ou passar maquiagem, vestir-se, passear com o cachorro, caminhar até o final da rua, pegar o ônibus ou trem, dirigir 65 quilômetros, ir ao escritório ou fábrica e dizer de modo radiante "Bom dia a todos!", antes de passar um dia fazendo algum tipo de trabalho?

Você vai notar como um tema deste livro é que o aprendizado acontece na cabeça dos alunos, e não na do instrutor. Embora, claro, a maioria dos grandes professores diga que aprendem tanto com seus alunos quanto seus alunos aprendem com eles. Se você está ajudando os outros a aprender, parece quase impossível que também não aprenda algo.

As pessoas podem aprender coisas quando estão desmotivadas, mas é menos provável que isso aconteça e elas ficam mais inclinadas a aprender as coisas que você não tem particularmente interesse que elas aprendam, como a maneira de perturbar uma sala de aula, ou como baixar um novo aplicativo em seu telefone. As pessoas que estão motivadas a aprender o farão de modo mais rápido, eficaz e duradouro do que aquelas que estão ali por estar. Mas, como você já viu, o aprendizado não é uma atividade que se faz uma vez e se encerra. O aprendizado eficaz assume muitas formas diferentes e requer estados mentais diferentes.

Este capítulo se concentrará no que se passa no cérebro das pessoas quando estão em diferentes estados que as ajudam a aprender. De modo mais prático, você pensará em como pode ajudar as pessoas a entrar nesse estado — o que você como designer ou facilitador do aprendizado pode fazer para maximizar a chance de que as pessoas estarão com seu grau máximo de receptividade às maravilhosas informações, ideias, mudanças de atitude ou habilidades que planeja compartilhar com elas, e que elas podem transformar em novos hábitos, comportamentos ou pensamentos (ver a Figura 5.1 para obter um guia visual do capítulo).

Vamos explorar um pouco mais sobre *curiosidade* neste capítulo — você teve uma amostra no Capítulo 1. Você descobrirá como fazer com que as pessoas *se sintam alertas e prestem atenção* em mais detalhes no Capítulo 7. Talvez algumas de suas ideias sejam *contestadas*, o que por si só é um estado útil de aprendizagem. Você descobrirá algumas maneiras de criar esse sentimento de leve preocupação, sem sobrecarregar as pessoas com enorme *estresse*, o que é menos útil como estado de aprendizagem.

Figura 5.1 Alunos motivados

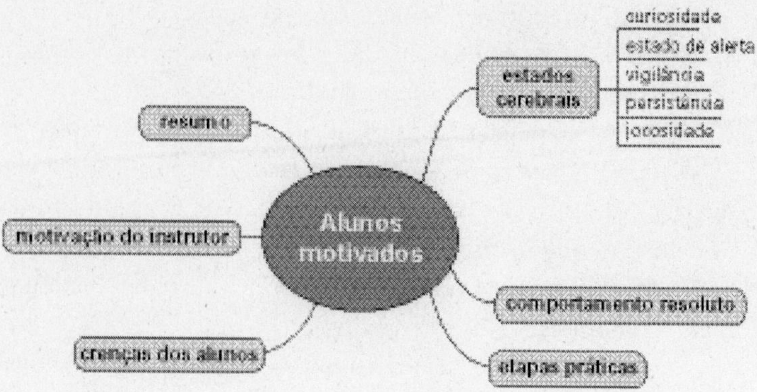

Para equilibrar toda essa curiosidade e desafio, você talvez tenha alunos que precisam estar menos em alerta. Quem sabe, eles precisem diminuir algumas de suas reações ao estresse, e você pode levar em consideração o que pode ser feito para *que as pessoas se sintam mais relaxadas*.

O que acontece quando as pessoas querem *refletir*? Elas precisam fazer isso para aprender, e você começará a jornada rumo à reflexão quando ler o Capítulo 11. Nesse capítulo, você conhecerá algumas maneiras de criar estados *pesquisadores*, *lúdicos* e *experimentais* que serão abordados com mais profundidade no Capítulo 12.

Há algo na *persistência* que é vital para a aprendizagem; então, vamos ver o que se passa na cabeça das pessoas quando estão sendo persistentes e como ajudá-las a persistir em atividades que podem ser úteis para o aprendizado delas.

Em nenhum momento você esperaria que as pessoas estivessem em todos esses estados ao mesmo tempo, mas, durante uma sessão de aprendizagem poderia ser útil para elas experimentar muitos deles.

Este não é um capítulo sobre motivação em si, mas sobre como motivar pessoas e cérebros a aprender. No processo, você lerá algumas coisas de que já ouviu falar antes. Se tudo isso é familiar, passe para o próximo capítulo que seja motivador para você.

Se é algo novo ou há novos elementos em que não pensou antes, note o que prende a sua leitura.

Estados cerebrais

Vamos explorar alguns estados diferentes em que seu cérebro pode estar que o ajudam a aprender e a estimular esses estados.

A curiosidade matou o gato

Por que a curiosidade é uma coisa tão boa para o aprendizado? Claramente, se ela de fato matou o gato, não é um estado muito útil, porque a morte tende a frear o processo de aprendizagem, mas talvez este conto da carochinha em particular também venha junto com aquele que diz que os gatos têm sete vidas. Gatos e pessoas são curiosos, e quando você ajuda as pessoas a ativar a curiosidade delas por algo, elas vão procurar respostas por conta própria. Essas respostas vão ficar com elas por mais tempo do que qualquer resposta que você dê a elas de mão beijada. Exploremos o porquê.

O que se passa em seu cérebro quando está curioso?

Pesquisadores do California Institute Of Technology usaram a RMF para observar que a curiosidade parece ativar o núcleo caudado, uma parte do cérebro associada à recompensa antecipada (Kang *et al.*, 2009). As pessoas estavam dispostas a gastar seus próprios recursos experimentais para descobrir respostas quando estavam mais curiosas sobre as informações e mais propensas a lembrar a resposta de uma pergunta sobre a qual estavam curiosas do que de uma pergunta sobre a qual não estavam.

A curiosidade aumenta com a incerteza (até certo ponto), o que sugere que uma pequena quantidade de conhecimento pode despertar a curiosidade e estimular nossa fome de conhecimento da mesma forma que o cheiro ou a aparência dos alimentos pode nos fazer sentir fome, mesmo que não estivéssemos famintos antes. A dopamina que é liberada à medida que se busca a resposta é, naturalmente, gratificante.

Portanto, se as pessoas se sentem recompensadas quando estão curiosas e se lembram melhor das coisas, parece uma boa ideia aumentar os níveis de curiosidade. Então, o que você pode fazer?

Agatha Christie e os níveis de dopamina

Se o número de coleções de livros sobre assassinatos misteriosos e romances policiais é indicativo de alguma coisa, é de que as pessoas gostam de uma sensação de mistério ou suspense. Você provavelmente já sabe que as histórias são ótimas para os alunos, mas às vezes é muito fácil contar uma história cronologicamente e ir do começo ao fim.

Agatha Christie foi uma autora britânica famosa por suas histórias de mistério. Talvez você seja fã de Miss Marple ou Hercule Poirot na TV ou no cinema; talvez até tenha lido os livros dela, que nos mantêm em suspense até o final para saber quem cometeu o assassinato, algo quase impossível. Você já pensou em como ela os escreveu?

Em vez de traçar sua história e saber desde o início quem era o assassino, ela idealizava a história sem saber de antemão. Escrevia a história de modo que todos pudessem ter cometido o assassinato — assim como seus próprios detetives, ela não sabia o culpado até o último capítulo. Depois de ter escrito tudo menos o último capítulo, decidia quem tinha cometido o assassinato e só então escrevia o capítulo final. Às vezes ela tinha que voltar e retrabalhar algumas partes, mas, no geral, deixava os capítulos originais como estavam. Esta pode ser uma das razões pelas quais seus livros e os programas de televisão são tão viciantes: a dopamina fica flutuando pela sua cabeça enquanto você continua cheio de interrogações na cabeça.

Em um mistério da vida real, algumas pesquisas noticiadas na BBC e no The Times sugeriram que um estudo tinha sido feito para medir os níveis de neurotransmissores à medida que as pessoas liam Agatha Christie, mas não há dados publicados confiáveis para explicar de onde vieram essas notícias. Eu disse anteriormente que às vezes você tem que ser cético com relação ao que lê, mesmo quando o texto parece provar sua adorável teoria. Na situação atual, parece que ninguém sabe se os mistérios de Agatha Christie realmente elevam os níveis de neurotransmissores — mas eles decerto motivam muitas pessoas a continuar lendo.

Robert Cialdini, um dos especialistas mundiais em influência, também estudou o poder do mistério ao apresentar informações às pessoas. Se você ler seus livros ou tiver a sorte de assistir a uma de suas aulas, ele invariavelmente lhe diz algo curioso e depois pede que pense sobre o que faria as pessoas agirem dessa maneira. Depois que a pergunta está na sua mente e você está vidrado, ele pode começar a desvendar os eventos que culminam no mistério.

O que fazer para aumentar a curiosidade de seus alunos

Envie algo para cativar as pessoas nos dias/semanas anteriores a um evento de aprendizagem mais formal, seja uma sessão presencial ou uma experiência digital; envie um convite temático; artigos/leitura para revisão; questionários on-line curtos; jogos de adivinhação/questionários ligados ao conteúdo de aprendizagem; os vídeos costumam ser um sucesso — as possibilidades são infinitas!

1 Organize atividades prévias que despertem a curiosidade — um colega meu uma vez enviou a seus participantes informações de admissão que incluíam uma nota de £10 e uma instrução para que eles saíssem para escolher e comprar uma almofada. Como você pode imaginar, as pessoas chegaram sentindo-se muito curiosas.

2 Envie pequenas quantidades de informações como "aperitivos" para estimular a curiosidade.

3 Fazer perguntas desencadeia um conjunto de conexões e interconexões neuronais à medida que o cérebro tenta encontrar respostas. Então, faça perguntas para estimular o raciocínio e deixar as pessoas curiosas com relação ao que querem aprender.

4 Lembre-se de que falamos sobre adivinhar no Capítulo 1 — peça às pessoas que adivinhem as respostas às suas perguntas, mesmo que pensem que não sabem.

5 Use questionários para motivar as pessoas a saber mais sobre um tópico ou sobre si mesmas.

Aumente consideravelmente os níveis de curiosidade — mas cuidado para que isso não saia pela culatra

Paul Wright, um grande amigo instrutor que infelizmente morreu há alguns anos, fez um exercício para mostrar como se pode usar a música no aprendizado de habilidades de comunicação. Ele queria que experimentássemos, então decidiu não nos dizer qual era o resultado do exercício, mas pediu que nos revezássemos na comunicação usando instrumentos simples de percussão. Eu estava curiosa, por isso participei com prazer e confiei que tudo ficaria claro no final. Infelizmente para Paul, sua grande ideia de despertar a curiosidade e a experimentação saiu pela culatra com Helen, que era meu par no exercício. Ela não estava curiosa e querendo experimentar. Estava empacada e frustrada porque não conseguia ver o objetivo do que estávamos fazendo. Ela estava aumentando seus níveis de hormônios de estresse, adrenalina e cortisol, e isso interferia no seu aprendizado porque ela simplesmente não conseguia deixar aquilo para lá e explorar. Eventualmente, Paul teve que dizer a ela qual era o objetivo.

O propósito desta história é ilustrar como é impossível adivinhar o que pode se passar na cabeça de um aprendiz. Tudo o que você pode fazer é criar as condições que podem funcionar e, depois, ficar atento ao que pode resultar disso. Se descobrir que criou um estado que não tinha previsto, talvez tenha que contrabalançá-lo ou pensar em como mudar esse estado.

Atenção e relaxamento

Relaxar os alunos e reduzir o medo

Quando nosso cérebro está operando em alerta máximo, estamos preparados para lutar, fugir, congelar e nos unir, mas nosso córtex frontal não está pronto para o pensamento racional e o processamento de informações. Existe um equilíbrio intrincado entre estresse na medida certa e em excesso, que às vezes é chamado de *eustress*, ou estresse positivo, e vamos saber mais sobre isso no Capítulo 7, sobre atenção. Aqui, você se concentrará no que pode fazer para reduzir o estresse negativo, e no Capítulo 7 o foco será maior sobre o que mantém as pessoas em um estado de alerta útil para provocar o aprendizado.

Muitas pessoas acham que o treinamento as deixa nervosas, pois traz de volta memórias desagradáveis da escola ou de outras experiências de treinamento ruins. Qualquer um de nós pode iniciar algum treinamento sentindo-se estressado ou sobrecarregado potencialmente por causa de algo alheio a ele. Assim, com essas pessoas, você precisa reduzir quaisquer níveis elevados de cortisol e adrenalina, evitando que seus sistemas límbicos, particularmente a amígdala, subjuguem o córtex frontal e impeçam o pensamento racional. Algumas pessoas acham a tecnologia alienante porque não estão acostumadas a ela.

Algumas das coisas simples que você pode fazer se perdem em meio à pressão de ministrar conteúdo, portanto eis algumas ideias a serem levadas em conta antes de considerar o conteúdo.

Conectar pessoas

Já se demonstrou que o isolamento social tem os mesmos efeitos em nosso cérebro do que a dor física, pois pode fazer com que ele libere seus próprios opiáceos: as endorfinas. Pesquisas em ratos também indicam que o isolamento social pode reduzir a mielinização cerebral, que é vital para a plasticidade cerebral e, portanto, para o aprendizado. (Você aprenderá mais sobre mielinização no Capítulo 11, sobre reflexão e revisão).

Se você não bateria em um participante para causar dor física, por que o deixaria sentir-se socialmente isolado?

Você mesmo pode reduzir o isolamento social conectando-se com as pessoas antes, durante e depois de elas começarem a aprender. É possível fazer isso de maneiras simples, como enviar convites personalizados para eventos de treinamento, incluindo fotos dos instrutores ou das outras pessoas que já participaram. Faça como no marketing e crie um "estilo de vida de aprendizagem" que as pessoas vão querer imitar, com amigos com quem vão querer estar quando começarem algum treinamento, mesmo que seja em um webinar ou no aprendizado digital. Faça as pessoas sentirem que esse é o "lugar" para estar. Pense em quão bem os aplicativos incluem ferramentas "sociais" como "curtir" ou "encaminhar" para aumentar o engajamento social.

Use as redes sociais como parte de sua estratégia para conectar as pessoas e aumentar suas oportunidades de aprender. Você provavelmente terá que trabalhar dentro dos limites de suas próprias políticas organizacionais, ou das políticas da rede social de seus clientes, mas, sempre que puder utilizá-las, faça isso. As redes sociais são uma forma eficaz de ajudar as pessoas a se conectar antes, durante e depois de um evento de aprendizado.

Na primeira edição deste livro, em 2016, os cursos on-line abertos e massivos [*massive open online courses, MOOCs*] provavelmente eram o modo de aprendizagem social de mais rápido crescimento, sobretudo no setor de educação permanente.

A Open University investiu muito nesse fenômeno de aprendizagem social e, em junho de 2015, tornou-se a recordista da maior quantidade de alunos em um curso on-line (Stansbury, 2015). Mais de quatrocentos mil alunos, de mais de 150 países, se matricularam em um de seus cursos de Língua Inglesa. Os MOOCs são cursos on-line com participação ilimitada e acesso aberto via web e ainda estão evoluindo à medida que o aprendizado, a educação e os modelos de negócios mudam. Um relatório de 2018 (Shah, 2018) sugere que eles continuarão a ser uma parte importante da família do aprendizado digital. Eles são conhecidos por gerar enormes números de pessoas matriculadas, embora as taxas de conclusão ainda sejam notadamente muito menores do que as de outras ferramentas educacionais. Isso ajuda na defesa do argumento de que a motivação precisa ser mantida ao longo de uma jornada de aprendizagem — e não apenas no início.

Reduza a possibilidade de estressores óbvios

Pense em como é quando você está participando de uma reunião ou de um curso de treinamento e se perde, se atrasa e nem queria, de fato, estar lá. De repente, seu senso de direção se esvai, você não consegue lembrar do nome do local e começa a entrar em pânico. Mas, e se você tivesse uma foto do local no pedaço de papel agarrado à mão ou em seu celular, além de um endereço? E não me refiro ao tipo de foto que o hotel enviará, parecendo brilhante e glamouroso. Refiro-me a uma foto tirada da rua mesmo e mostrando obras e o edifício decadente ao lado. Uma imagem que se pareça exatamente com o que as pessoas verão enquanto caminham até o edifício ou passam de carro por ele.

Você lerá mais sobre a linguagem posteriormente, mas, por enquanto, pense na linguagem que ajudará a reduzir o estresse ou a frustração. Há uma técnica de vendas chamada "sentir, sentido, descoberto" que pode ser útil de se considerar ao se pensar sobre isso. Por exemplo: "Compreendo que você *se sinta* frustrado ao participar deste treinamento de Saúde e Segurança, pois já viu parte do conteúdo antes. Outras pessoas com o seu nível de experiência também *se sentiram* da mesma forma. Entretanto, o que *descobriram* no dia foi que seus conhecimentos ajudaram as pessoas mais novas na organização, e é claro que a legislação (*ou qualquer outra coisa*) mudou, de modo que elas também aprenderam coisas novas."

Algumas organizações levam isso muito a sério e treinam todos os envolvidos no processo de aprendizagem para trabalhar com os alunos ou potenciais alunos com a finalidade de reduzir o estresse e aumentar a motivação. Trata-se de criar uma cultura de aprendizagem que vai além dos instrutores ou designers de aprendizagem e se estende a toda a equipe. Se você elaborou um exemplar fantástico de *e-learning* ou uma aula presencial maravilhosa e a pessoa que envia as informações sobre isso não faz parte da cultura de aprendizagem, ela pode, sem querer, minar todo o seu trabalho árduo com um comentário inapropriado ou falta de cuidado. É como ter contato com um grande vendedor que o encoraja a comprar um produto, mas a pessoa no caixa faz você esperar por muito tempo enquanto termina uma conversa com um colega. Tenho certeza de que já saiu ocasionalmente das lojas sem o item desejado por causa de um atendente negligente. Isso não é o que você quer em uma cultura de aprendizado. Reserve um tempo para tornar o recepcionista, a equipe administrativa ou outras pessoas com quem seus alunos entrem em contato parte de sua equipe de aprendizagem.

O que mais faz as pessoas se sentirem confortáveis e reduz o estresse e o isolamento social?

Eis uma lista de verificação rápida de coisas que você poderia checar à medida que as pessoas chegam ao treinamento presencial para ajudar a reduzir seus níveis de estresse. Tenho uma colega que chama isso de sua "verificação de um minuto", a qual faz quando as pessoas chegam aos seus workshops — ela não verifica tudo com todos, mas é uma ótima lista de verificação.

As informações são coletadas por observação atenta, escuta ativa, ou apenas fazendo uma pergunta:

- se as pessoas estão no lugar certo;
- seu nome e como pronunciá-lo;
- se alguém precisa ir ao banheiro imediatamente ou de algo para comer ou beber;
- se sua viagem foi estressante e eles precisam de tempo para se acalmar;
- se estão com calor, frio ou são fumantes — então, você precisará saber como mudar a temperatura ambiente e onde pode ou não fumar;
- detalhes não confidenciais pessoais e do local de trabalho — que você pode mencionar quando for apropriado;
- de onde são — de onde vieram, o que pode ter implicações para sua viagem de volta, e qual seção/escritório/organização etc.;
- problemas com a tecnologia ou medo dela;
- comparecimento voluntário ou obrigatório — particularmente importante se houver um grupo (ou o grupo inteiro) que tenha sido "enviado" para o aprendizado;
- deficiência sensorial, motora ou de aprendizagem da qual não tenha tido acesso à informação;
- preocupações específicas sobre o conteúdo do treinamento, como fazer uma apresentação para um grupo;
- potenciais necessidades alimentares, médicas ou de diversidade, como comer, tomar medicamentos ou rezar em horários regulares;
- experiência de conhecimentos ou habilidades individuais que podem contribuir para o aprendizado dos outros.

Muitas dessas ideias também podem ser adotadas para salas de aula virtuais, on-line. No *Webinars Pocketbook* [Livro de bolso dos seminários virtuais], Andy Lancaster e eu adaptamos inúmeras ideias a um ambiente de aprendizagem virtual.

Persistência

Um dos grandes pré-requisitos da motivação é a persistência. Se alguém vai aprender algo, precisa persistir nisso, e há muitos tipos de ideias sobre quanto tempo você precisa persistir em algo para aprendê-lo. Você se deparará com o mito das dez mil horas no capítulo sobre testes e prática.

Mas o que o mantém persistindo em algo? O que manterá os "jogadores de videogame" colados a seus computadores durante horas a fio, os apostadores sentados em frente a caça-níqueis ou os alunos debruçados sobre livros? Parece que um fator comum é a dopamina, considerada de vital importância para a motivação. Mas ela não é o único neurotransmissor envolvido, e não é tão simples quanto um puro mecanismo de reação a estímulos. Parece que todos somos afetados pela dopamina, mas talvez seja onde e como ela tem seu efeito o que pode determinar se você persiste em uma tarefa ou opta por desistir em um nível inferior de realização.

A dopamina é em geral associada à recompensa, mas pode ser que ela tenha seu efeito mais importante antes de se obter uma recompensa. Ela encoraja a atingir um objetivo ou a evitar algo de que você não gosta, dependendo de onde está atuando em seu cérebro.

Um estudo mapeou o cérebro de pessoas "empreendedoras" e "folgadas", encontrando níveis altos de dopamina em ambos os tipos. Nos "folgados", os níveis mais altos de dopamina estavam na ínsula anterior, uma parte do cérebro envolvida com as emoções e a percepção de risco. Os "empreendedores" tinham níveis mais altos de dopamina no córtex pré-frontal e no corpo estriado, que estão na motivação orientada para objetivos. Pode ser que a dopamina ajude na análise do custo-benefício de uma tarefa, em vez de proporcionar uma recompensa real propriamente dita.

Uma forma de ajudar você a persistir e intensificar o comportamento do tipo "empreendedor" talvez seja estabelecer metas graduais, de acordo com a neurologista Judy Willis. Ao treinar a si mesmo para ter uma recompensa no final de uma tarefa, você refaz a rede elétrica do cérebro para que ele produza dopamina e, assim, dê um retorno positivo à medida que enfrenta os desafios e completa a série de metas que estabeleceu para si.

Orientação para os objetivos: motivação extrínseca ou intrínseca

Carol Dweck (1986), pesquisadora de destaque na ciência da motivação, sugere que temos dois tipos de orientação para objetivos que podem ser importantes na aprendizagem: a *motivação dirigida a objetivos*, que envolve o desempenho e pode ser mais uma motivação extrínseca, e a *orientação para aprendizagem*, que é intrínseca e está ligada às nossas motivações para o domínio de uma habilidade ou tópico.

Você deve incentivar os alunos ou deixá-los encontrar sua própria motivação?

Há uma grande quantidade de evidências para mostrar que, no geral, com tarefas cognitivamente interessantes, e o aprendizado deveria sê-lo, as pessoas são mais estimuladas por motivações intrínsecas do que extrínsecas. Elas estão mais inclinadas a persistir em uma tarefa para a qual são automotivadas do que em uma tarefa em que há recompensas externas pelo desempenho ou em que as metas são criadas externamente. Se você tiver interesse em explorar isso em mais detalhes, recomendaria o livro de Daniel Pink, *Motivação 3.0 — Drive*, como um bom ponto de partida.

Há algumas evidências de que as escolas estão considerando aumentar o nível de orientação para objetivos de aprendizado em vez de orientação para o desempenho, mas isso não é universalmente adotado. Por acaso isso está acontecendo em organizações e empresas? Ainda persistimos com crianças e adultos em oferecer recompensas para quando aprendem: "Se você repassar a lição, pode assistir à televisão", "Se passar nas provas pagarei por uma viagem de férias", "Se entrar nesse curso receberá uma promoção."

Em vez de examinar o que as pessoas podem obter se concluírem o aprendizado, precisamos examinar o que irá estimular as pessoas a se engajar no aprendizado por seu próprio mérito. A cultura dos videogames está levando esse conceito adiante e estuda o que mantém as pessoas persistindo em tarefas, analisando isso de diferentes pontos de vista relacionados à cognição, design, motivação e recompensas, bem como à tecnologia. Vamos explorar brevemente algumas das ideias do campo dos videogames no Capítulo 15, sobre o futuro do aprendizado.

Uma das características da orientação para a aprendizagem é um aumento na exigência de experimentar, testar e estar aberto a cometer erros — o material que compõe a criatividade.

Estados pesquisadores e lúdicos — estados criativos

Que parte de seu cérebro o ajuda na criatividade? Talvez não se surpreenda ao ouvir que não existe uma parte identificada como "a parte criativa"; é o complexo interfuncionamento de diferentes partes que lhe permite ter novos pensamentos e considerar coisas impossíveis. O córtex é onde ocorrem o seu pensamento consciente, bem como o inconsciente.

O córtex direito está mais associado ao processamento holístico e intuitivo que pode estar ligado à criatividade. Entretanto, o lado esquerdo também ordena e processa informações, portanto é necessário em todos os aspectos da criatividade. A ideia de uma pessoa criativa que usa mais o lado direito do cérebro é uma generalização criativa derivada de ciência legítima sobre a tendência do cérebro a processar informações de maneira diferente em cada hemisfério, e no Capítulo 3 você já considerou como esse mito pode ter surgido.

Como ajudar as pessoas a serem mais lúdicas e criativas?

Quebrar padrões é uma ótima maneira de fazer isso. Os neurônios são interligados à medida que redes e padrões se fortalecem com o uso regular — quanto mais você tem uma sequência de pensamentos específicos, mais fácil e automático isso se torna. Essa ideia é incrivelmente útil quando você precisa fazer algo com frequência — por exemplo, o padrão neuronal que liga o buraco na parede e a grande prancha de madeira nas dobradiças e permite que você feche a porta sem ter que descobrir exatamente como fazê-lo a cada vez. Essa tendência a criar padrões fortes é menos útil quando você precisa de criatividade — quando é preciso sair dos padrões de pensamento e criar novas formas de pensar.

Não existe geleia de papel, mas assim que você pensa em uma, seu cérebro cria novos padrões em suas redes neuronais, novos elos e novas possibilidades. As pesquisas sugerem que as ondas alfa mais lentas são particularmente dominantes quando nos sentimos criativos. Talvez você lembre que as ondas beta ficam mais ativas quando está alerta e pensando muito.

Um estudo no The Royal College of Music que usou neurofeedback pareceu ajudar os estudantes de música a serem mais criativos ao estimular as ondas teta e ensinar os alunos a acessar essas ondas de maneira mais deliberada. Essas são as ondas lentas que ocorrem no sono leve e no sonho.

Em um ambiente de treinamento, você terá dificuldade em conectar as pessoas a máquinas para estimular seus cérebros com ondas particulares. Então, em vez disso, tem que utilizar as habilidades naturais das pessoas para fazer isso.

Uma forma é induzir sentimentos de relaxamento com uma visualização guiada, o que pode ser particularmente eficaz se for feito naquelas partes do dia, como depois do almoço, em que as pessoas já podem estar inclinadas a se sentir sonolentas. Outro estudo parece indicar que é possível aumentar os benefícios de fazer uma pausa como essa bebendo café pouco antes de fazer uma sesta curta de quinze minutos ou um exercício de relaxamento. Foi demonstrado que a cafeína melhora o desempenho cognitivo, e que leva cerca de quinze minutos para que comece a fazer efeito. Assim, você separa quinze minutos para fazer uma agradável pausa com a onda alfa, talvez até para entrar em uma pausa com a onda teta cerebral. Então, quando terminar a pausa e se sentir alerta, a cafeína também estará pronta para lhe dar um impulso cerebral extra.

É possível encontrar com facilidade videoclipes ou gravações de música e efeitos visuais que supostamente ajudarão a entrar nos estados alfa e teta do cérebro, mas provavelmente também saberá como estimular seu pensamento mais criativo. É provável que descubra que a maioria das outras pessoas lhe dirão o mesmo tipo de coisas. Em um workshop sobre criatividade que realizei regularmente durante dois anos, vimos que as respostas mais comuns para a criatividade eram sonhar acordado, caminhar, tomar banho de chuveiro ou de banheira, correr, "quando não estou pensando no problema". Mais adiante neste livro há inúmeras referências ao pensamento criativo com algumas ideias mais práticas.

Se voltarmos a pensar que o pensamento criativo é a oportunidade de criar novas vias, é importante manter o cérebro plástico ao se expor com frequência a novas experiências, novos lugares, novas pessoas e novas ideias. Se você precisa que os alunos sejam mais criativos, exponha-os a coisas novas.

Outras vozes

Nikki Ayles, *consultora autônoma de desenvolvimento de capacidades*

De dendritos e positividade

O poder das emoções positivas para ampliar a percepção e o alcance da atenção foi explorado por Barbara Fredrickson por meio de sua "teoria de expandir e construir" (2001). Barbara descreve como dez emoções positivas de alegria, serenidade, diversão, admiração, orgulho, gratidão, interesse, inspiração, esperança e amor são como pequenos motores de crescimento. Assim como um nenúfar expande suas pétalas para absorver mais raios do sol e crescer, as emoções positivas impulsionam nosso cérebro a se abrir, para absorver uma maior variedade de informações e avançar em direção a novas possibilidades, ideias e explicações alternativas. Em um estudo que defendia essa teoria, pesquisadores de neuroimagem descobriram que, *somente* quando os participantes estavam em um estado emocional positivo, a atividade neural estava presente em partes do cérebro responsáveis pelo registro dos componentes globais de uma imagem de teste (Fredrickson, 2001). A positividade tinha literalmente dado aos participantes um campo de visão perceptivo mais amplo.

Esta e outras descobertas similares têm implicações emocionantes para a sala de treinamento. Quanto mais positividade os alunos sentem, mais abertas suas mentes ficam, e mais oportunidades eles podem perceber para aplicar os aprendizados em suas próprias situações/empregos — um parâmetro para medir a perenidade de qualquer treinamento.

Ainda mais estimulante é emparelhar as descobertas do neurocientista cognitivo Mark Beeman com as de Ronald Friedman e Jens Förster (2005) para levar essa ideia adiante. Usando exames de EEG e RMF, Beeman e colaboradores descobriram que, ao resolver problemas usando insight (que envolve pensar de modo amplo e aberto em vez de usar estratégias analíticas estreitas), havia maior ativação no hemisfério direito (HD) do cérebro do que no esquerdo (HE). Beeman explica que esse fenômeno tem uma base neural: neurônios piramidais (células cerebrais) coletam informações por meio de seus dendritos (ramos). Os dendritos no HD do cérebro são mais numerosos, estão mais afastados do corpo celular e fazem mais conexões (sinapses) com outros neurônios do que os do HE. Os dendritos mais curtos do HE parecem incrivelmente habilidosos para acessar e obter as informações "à mão" para resolver problemas rapidamente. A ativação é forte, mas limitada. Isso tem um significado evolucionário, já que, se nossos ancestrais estivessem enfrentando o ataque de um tigre dente-de-sabre, ficar sentado pontificando sobre as muitas maneiras de escapar seria uma forma segura de se tornar a próxima refeição do tigre! A sobrevivência dependia de nossa capacidade de acessar e nos concentrar em soluções imediatas e dominantes para problemas. Essa estratégia é menos eficaz quando se trata de problemas que exigem que procuremos o que não é óbvio. Para que os aprendizes aprendam a lidar com a aplicação de novos conceitos, por exemplo, eles precisam, de forma frequente, abandonar suposições bem aprendidas e geradas automaticamente. É aqui que a ativação do hemisfério certo é valiosa. A pesquisa de Beeman e colaboradores mostrou que a ativação do HD é mais fraca, mas criticamente também mais ampla. Os dendritos do HD têm um campo de entrada maior, que "se estende" mais para dentro do cérebro para acessar informações mais remotamente associadas, localizar interpretações alternativas para estímulos e fazer mais conexões novas.

Assim, se nós, como instrutores, pudéssemos estimular a ativação dos neurônios do HD dos alunos, isso poderia ser valioso para promover a abertura a novas ideias apresentadas, abordagens mais amplas para exercícios de workshops e a autogeração de aplicações mais extensas para a aprendizagem. Mas como fazer isso?

Voltamos à positividade. Um estudo intrigante (a experiência do labirinto de ratos) de Ronald Friedman e Jens Förster induziu um grupo de participantes a sentir emoções negativas por meio da antecipação e da concentração em um resultado negativo para uma situação (motivação relacionada ao evitamento); outro grupo foi induzido a esperar e se concentrar em um resultado positivo (motivação relacionada à aproximação); um terceiro grupo de controle foi posto em um estado neutro, com pouca excitação emocional. Após essa "preparação", todos os participantes realizaram testes que exigiram criatividade (maior ativação do HD) ou resolução analítica de problemas (maior ativação do HE). O grupo dos resultados positivos teve melhor desempenho nas tarefas de criatividade e criou mais soluções inovadoras do que o dos resultados negativos. Parece que a positividade estimulou uma maior ativação relativa das regiões e das vias cerebrais do HD, ampliando e expandindo o foco da atenção dos participantes de duas maneiras: *atenção conceitual interna* mais ampla — melhor seleção e ativação de informações e representações mentais relativamente remotas, ou seja, encontrar e usar mais do "material" que arquivou em seu cérebro e normalmente não consegue lembrar — e *atenção perceptiva externa* mais ampla, aumentando as reações a uma gama mais ampla de estímulos ambientais externos, ou seja, você percebe mais.

Essas descobertas têm uma infinidade de aplicações para instrutores. De modo mais direto, eu as coloquei em prática ajudando os alunos a formular os resultados pessoais de aprendizagem. Fazer com que os indivíduos elaborem isso antes de participar dos workshops é crucial para uma abordagem favorável ao cérebro. Também peço aos alunos que tragam um projeto/desafio atual para ser trabalhado durante todo o processo. Quando os alunos são capazes de formular os resultados desejados para seu desafio em termos positivos (por exemplo: *"eu gostaria de encontrar maneiras de aumentar a produtividade da minha equipe nos próximos seis meses"* em vez de *"eu gostaria de pôr um fim às brigas e à ociosidade da minha equipe"*), ao visualizar "como será bom" quando seus resultados forem alcançados, as emoções positivas geradas dentro daquele indivíduo (por exemplo: interesse, orgulho e inspiração) tendem a motivar os alunos rumo a padrões de pensamento mais amplos e, no fim das contas, soluções mais numerosas, inovadoras e eficazes.

O efeito ampliador das emoções positivas tem aplicações mais abrangentes para o desenvolvimento de capacidades do que apenas a formulação de resultados.

DESAFIO: quantas maneiras você pode imaginar em que estimular as emoções positivas — promovendo, assim, uma ativação relativamente maior no HD — poderia ser valioso para os alunos com quem trabalha?

Passos mais práticos para a motivação

Uma coisa demonstrada que aumenta a motivação para aprender é a expectativa de que precisará ensinar — e, se você é responsável pelo treinamento, tenho certeza de que já passou por isso. Dizem que você vai ter que assumir um novo curso ou disciplina que não tenha ensinado antes, e você passa todo o fim de semana se dedicando com afinco a isso. Mas talvez isso não seja a melhor coisa nem para você nem para seus alunos.

Em um estudo de John Nestojko (2014) com crianças em idade escolar, os alunos que aprenderam uma passagem e pensaram que teriam que ensiná-la a outro grupo se lembravam de mais informações do que aqueles que tinham que aprendê-la só para si mesmos. Esse estudo exigiu uma investigação mais aprofundada para ver quão válido ele seria em todas as circunstâncias, mas essa é a natureza da pesquisa. Uma vez que você começa a fazer perguntas precisas, tem de ir cada vez mais fundo. Basta dizer que a maioria de nós sabe que a melhor maneira de aprender algo é ter que ensiná-lo.

Da próxima vez que tiver um novo curso para ensinar, talvez não precise fazer todo o trabalho. Encontre os recursos que você mesmo usaria, repasse-os aos seus alunos e peça-lhes que ensinem ao próximo grupo — isso os motivará a querer aprender, e será muito melhor para todos do que você tentar colocar muitas informações em cérebros que não estão interessados de verdade. E você fica com o seu fim de semana livre para relaxar.

Outras influências sobre as crenças das pessoas a respeito do aprendizado — negativas e positivas

Cada pessoa aborda o aprendizado de maneira muito diferente. Como facilitador do aprendizado, algumas dessas coisas estão sob o seu controle; outras, não. Pense em quais dessas ideias você pode ser capaz de ter um impacto e no que pode fazer.

Haverá algumas coisas fora de seu controle, mas você ainda pode ser capaz de colocar em prática coisas que as neutralizem ou melhorem:

- pais e outros indivíduos que estiveram presentes durante os anos de formação das pessoas;
- professores e o sistema educacional;
- colegas — o que as pessoas próximas ao seu aluno pensam sobre o aprendizado?
- cultura organizacional — particularmente supervisores imediatos;
- outros alunos ou experiências de treinamento anteriores;
- o benefício percebido do aprendizado para a pessoa — o fator OQTGI [O Que Tenho a Ganhar com Isso?];
- expectativas do que eles terão que fazer — por exemplo, participar de uma dramatização/fazer uma apresentação, passar em uma prova;
- ambiente — externo/iluminação/aquecimento/lanches/barulho/decoração etc.;

- problemas com a tecnologia ou medo dela;
- implicações financeiras, como autofinanciamento/promessa de aumento salarial/indenização por demissão;
- porque estão lá, ou seja, se vieram voluntariamente ou foram obrigados;
- como foram convidados;
- conhecimento/aptidões/atitude dos instrutores/como eles recebem os alunos;
- questões de localização e transporte;
- clima — previsto ou real;
- condições médicas e físicas;
- assuntos externos com empregador/amigos/família;
- trabalho notável no escritório;
- como se sentem naquele dia.

Eis algumas coisas que você pode controlar para aumentar a motivação e aprender quando estiver trabalhando com pessoas presencial ou virtualmente:

- Torne o ambiente inicial o mais acolhedor possível — isso rompe as barreiras.
- Preste atenção ao ambiente constantemente.
- Peça desculpas sinceras uma vez por conta de problemas e depois siga em frente.
- Tenha planos de contingência para o caso de o equipamento não funcionar.
- Use o humor depois de muita consideração — deixe-o fluir naturalmente a partir do grupo.
- Forneça às pessoas OQTGIs regularmente.
- Ouça plenamente as pessoas — mesmo que saiba que já ouviu aquilo antes, você não ouviu da perspectiva daquela pessoa, e ela talvez não tenha sido capaz de expressar isso.

- Seja congruente em suas palavras e ações com o aprendizado que você está compartilhando.
- Valorize todas as contribuições, mesmo que tenha que trabalhar com o significado para dar sentido ao que foi dito!
- Tenha atenção à linguagem corporal — administre a sua e perceba as mensagens da deles. A linguagem corporal "digital" pode lhe dizer muito sobre quão envolvido um aluno está.
- Não critique, discuta ou ponha as pessoas em situações incômodas.
- O significado da comunicação é a resposta que você recebe — se seu público não entende ou se ele faz algo "errado", a culpa é sua!

Motivando a si mesmo

Antes de sairmos do capítulo de motivar os alunos, talvez valha a pena pensar em como você se motiva e o impacto que isso tem sobre você mesmo e sobre seu público.

No início deste capítulo, você leu uma história sobre a forma que enxergamos outras pessoas como mais sorridentes quando nós mesmos estamos sorrindo. Essa é outra daquelas descobertas que mostram que sua motivação é importante quando você está treinando. Há também a questão um tanto polêmica dos neurônios espelhos. Quando eles foram descobertos, nos anos 1990, na Universidade de Parma, na Itália, havia muito entusiasmo com a possibilidade de eles serem os neurônios que nos permitem demonstrar empatia, entre outras coisas. Quando um macaco viu outro pegando comida, determinados neurônios pareciam reagir como se o espectador também tivesse pegado a comida. Os estudos de exames de RMF então sugeriram que os humanos têm redes significativas de neurônios espelhos, particularmente nos córtex sensorial e motor, que talvez possam nos permitir sentir o que é se mover como outra pessoa se move. O salto para sugerir que podemos sentir empatia pelos outros em nível emocional graças a esses neurônios espelhos tem provocado debates acalorados, e é provavelmente um exagero concluir isso a partir da pesquisa.

No entanto, a maioria de nós reconhece que somos afetados pelo humor das outras pessoas. Se você, como instrutor, começar a soar mal-humorado ou entediado com o que está ensinando, não será o melhor exemplo para seus alunos.

Muitos artistas têm uma rotina que desenvolvem antes de subir ao palco que os ajuda a entrar em um estado de concentração intensa, o que também pode ser útil para você como responsável por treinamentos. É possível optar por fazer exercícios respiratórios, atrelar um movimento ou uma música ao seu melhor estado mental para trabalhar com as pessoas. Uma vez que esteja totalmente "conectado", achará mais fácil atingir esse estado. Se tudo o mais falhar, coloque um lápis entre seus dentes e "aguente o tranco com um sorriso". Você logo se convencerá de que se sente no topo do mundo.

Resumo

Você estudou uma série de ideias neste capítulo:

- A motivação é a primeira etapa do processo de aprendizagem.
- Há diferentes estados, tanto emocionais quanto cognitivos, que nos ajudam a aprender com mais facilidade.
- A curiosidade libera dopamina, o que por si só pode agir como uma recompensa, mas também está envolvida no comportamento orientado para metas e na avaliação do risco, bem como no evitamento de comportamentos indesejados.
- Um nível adequado de atenção é necessário para aprender de modo eficaz, e você pode reduzir o estresse nos alunos

satisfazendo as necessidades físicas e emocionais deles, inclusive conectando as pessoas socialmente.

- A exploração e a descontração aumentam a criatividade e a plasticidade cerebral, ajudando as pessoas a se tornarem abertas a novas ideias, bem como a elaborar suas próprias ideias.
- A persistência é um estado necessário para a maioria do aprendizado — precisamos praticar, repetir e praticar, portanto ajudar as pessoas a persistir é valioso.
- Como instrutor, você pode ajudar a fomentar e criar esses estados.
- Há muitas coisas práticas que podem ser feitas para que as pessoas se sintam mais inclinadas a aprender, reduzir seu medo e aumentar sua motivação.
- Lembre-se de manter a motivação.

Referências e leituras adicionais

Bowden, E. M.; Jung-Beeman, M. Aha! Insight Experience Correlates with Solution Activation in the Right Hemisphere. *Psychonomic Bulletin and Review*, v. 10, n. 3, p. 730-737, 2003.

Bowden, E. M.; Jung-Beeman, M.; Fleck, J.; Kounios, J. New Approaches to Demystifying Insight. *Trends in Cognitive Sciences*, v. 9, n. 7, p. 322-328, 2005.

Collins, S.; Lancaster, A. *Webinars Pocketbook*. *Alresford:* Management Pocketbooks, 1995.

Dweck, C. Motivational Processes Affecting Learning. *American Psychologist*, v. 41, n. 10, p. 1.040-1.048, 1986.

Egner, T.; Gruzelier, J. H. EEG Biofeedback of Low Beta Band Components: Frequency-Specific Effects on Variables of Attention and Event-Related Brain Potentials. *Clinical Neurophysiology*, v. 115, n. 1, p. 131-139, 2004.

Fredrickson, B. L. The Role of Positive Emotions in Positive Psychology: The Broaden-And-Build Theory of Positive Emotions. *American Psychologist*, v. 56, n. 3, p. 218-226, 2001.

Fredrickson, B. L. Positive Emotions Broaden and Build. *Advances in Experimental Social Psychology*, v. 47, p. 1-53, 2013.

Friedman, R.; Förster, J. Effects of Motivational Cues on Perceptual Asymmetry: Implications for Creativity and Analytical Problem Solving. *Journal of Personality and Social Psychology*, v. 88, n. 2, p. 263-275, 2005.

Kang, M. J. *et al.* The wick in the candle of learning epistemic curiosity activates reward circuitry and enhances memory. *Psychological Science*, v. 20, n. 8, p. 963-973, 2009.

Kounios, J.; Beeman, M. The Cognitive Neuroscience of Insight. *Annual Review of Psychology*, v. 65, p. 71-93, 2014.

Liberman, M. The Agatha Christie Code: Stylometry, Serotonin and the Oscillation Overthruster. Language Log, 26 dez. 2005. Disponível em: http://itre.cis.upenn.edu/~myl/languagelog/archives/002728.html. Acesso em: 30 jun. 2015. (Arquivado em perma.cc/ LG4D-4X76.)

Nestojko, J.; Bui, D.; Kornell, N.; Bjork, E. Expecting to Teach Enhances Learning and Organization of Knowledge in Free Recall of Text Passages. *Memory and Cognition*, v. 42, n. 7, p. 1.038-1.048, 2014.

Pink, D. *Drive*: The Surprising Truth about What Motivates Us. Edimburgo: Canongate Books, 2011.

Schmitz, T. W.; De Rosa, E.; Anderson, A. K. Opposing Influences of Affective State Valence on Visual Cortical Encoding. *Journal of Neuroscience*, v. 29, n. 22, p. 71.99-7.207, 2009.

Sel, A.; Calvo-Merino, B.; Tuettenberg, S.; Forster, B. When You Smile, the World Smiles at You: ERP Evidence for Selfexpression Effects on Face Processing. *Social Cognitive and Affective Neuroscience*, v. 10, n. 10, p. 1.316-1.322, 2015. Disponível em: http://scan.oxfordjournals.org/content/early/2015/03/22/ scan.nsv009.abstract. Acesso em: 1 set. 2015. (Arquivado em perma.cc/GA7D-75C6.)

Shah, D. By The Numbers: MOOCS in 2017. Class Central, 18 jan. 2018. Disponível em: www.class-central.com/report/mooc-stats-2017/. (Arquivado em perma.cc/3RYZ-AB5P.)

Stansbury, M. Is there more to a MOOC than its completion rate? *eCampusNews*, 16 out. 2015. Disponível em: www.ecampusnews.com/2015/10/16/mooc-course-completion-973/. (Arquivado em perma.cc/GHM2-X5C8.)

Treadway, M. et al. Dopaminergic Mechanisms of Individual Differences in Human Effort-Based Decision-Making. *Journal of Neuroscience*, v. 32, n. 18, p. 6.170-6.176, 2012.

Willis, J. How to Rewire Your Burned-Out Brain: Tips from a Neurologist. Edutopia, 22 maio 2012. Disponível em: www.edutopia.org/blog/teacher-burnoutneurology-judy-willis-md. Acesso em: 30 jun. 2015. (Arquivado em perma.cc/D2FL-Z7ZD.)

Use o seu senso 06

Absorvendo informações por meio do mundo à sua volta

O que você observa se ler ou ouvir o nome Derek?

Você talvez se lembre de alguém que conhece chamado Derek, ou talvez pense em outras palavras que soam como Derek, ou em nomes como Eric. Mas, a menos que você seja muito incomum, provavelmente não sentirá gosto de cera de ouvidos. Entretanto, James Wannerton, que dirige um pub, tem essa sensação muito rara com bastante frequência, porque um de seus clientes habituais se chama Derek, e sempre que ele ouve o nome, sente esse gosto estranho e desconexo.

Ele faz parte de um grupo incomum de pessoas que experimentam algo chamado sinestesia, que é quando alguns dos sentidos parecem estar misturados. Algumas pessoas com a condição podem ver cores quando pensam em letras ou números específicos, outras ouvem música em determinadas cores. Estudos de neuroimagem mostram que quando alguns sinestésicos ouvem palavras, tanto o seu córtex visual quanto o seu córtex auditivo se ativam. Para a maioria das pessoas, apenas o córtex auditivo é ativado.

Dispensada inicialmente como fantasiosa, a sinestesia é agora reconhecida como uma condição específica, que pode estar mais difundida entre a população do que se pensava originalmente. Afinal, nem todos vão confessar ao seu amigo Derek que ele tem gosto de cera de ouvido. A sinestesia pode até estar relacionada ao desenvolvimento — quando bebês, todos nós podemos experimentar o mundo de várias maneiras sensoriais, mas nosso cérebro começa a categorizar as informações sensoriais de maneira mais rígida à medida que nos desenvolvemos. E talvez todos sejamos um pouco sinestésicos. Você consegue perceber o sabor "pungente" de um limão, a cor "gritante" de uma camisa de algodão, ou sente que "algo não lhe cheira bem" quando suspeita de alguma coisa?

Aprendendo por meio de seus sentidos

Seus sentidos são efetivamente a única maneira como a informação no mundo exterior pode entrar em sua cabeça. Então, se quiser aprender alguma coisa sobre o que se passa no mundo, um fato novo, uma atividade física ou o aperfeiçoamento de uma habilidade comportamental como desenvolver expertise em negociação, é provável que precise prestar atenção ao que está acontecendo no mundo exterior. Entretanto, também terá que prestar atenção ao seu mundo interno, especialmente se estiver aprendendo uma nova habilidade.

Embora a maioria de nós esteja familiarizada com os cinco grandes sentidos — visão, audição, tato, paladar e olfato — parece que isso pode se dever ao filósofo grego Aristóteles e seu livro *De Anima* (*Da alma*), que tinha um capítulo separado para cada um dos que chamamos de nossos principais sentidos. Ainda há debates rigorosos na comunidade científica sobre o que constitui um sentido, mas, de modo geral, ele é visto como um grupo de receptores ou órgãos que recebem informações tanto de fora do corpo (exteroceptivo) quanto de dentro (interoceptivo). Essas informações permitem, portanto, saber o que se passa dentro e fora de seu corpo para que você possa fazer escolhas sobre como reagir. Às vezes, de maneira consciente; às vezes, inconsciente.

Atualmente, são propostos até 21 sentidos diferentes. Discutiremos os cinco principais em mais detalhes e depois há uma pequena seção sobre os sentidos adicionais que você talvez não soubesse que tinha, e também como eles afetam a aprendizagem (ver Figura 6.1).

Figura 6.1 Aprendendo por meio de seus sentidos

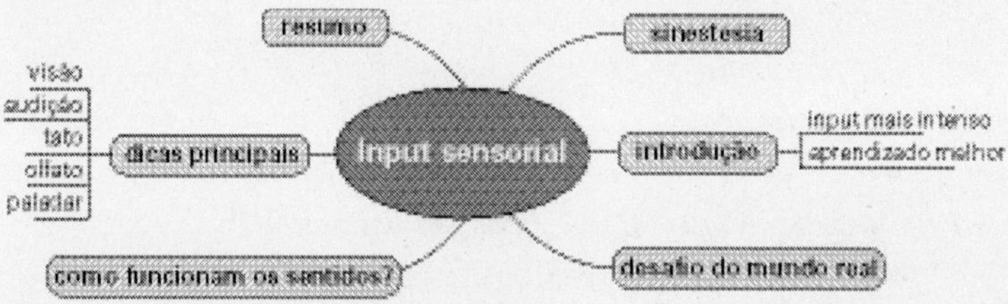

Não ter nenhum input sensorial, ou a falta de informação sensorial, leva a alucinações, depressão e outras anomalias perceptuais incomuns. A privação sensorial já foi usada como um método de tortura. Nosso cérebro é projetado para trabalhar com uma entrada sensorial abundante. Ele não funciona bem sem que nossos sentidos o alimentem. Inputs sensoriais intensos são a maneira normal de nosso cérebro aprender sobre o mundo fora de nossas cabeças. Temos uma capacidade excelente de receber informações sensoriais, mas quanta atenção prestamos à qualidade do que está à nossa volta, como podemos melhorar nossa capacidade de aprender, e a de nossos alunos, usando inputs sensoriais mais intensos?

Experimente este exercício

Pense em suas últimas férias e identifique a primeira memória que lhe vem à mente. Você pode estar:

- vendo o mundo de uma perspectiva diferente, no topo de uma montanha alta;

- ouvindo as crianças gritando com prazer enquanto se divertem com entusiasmo com seus amigos;
- relaxando em uma praia quente, sentindo os finos grãos de areia entre os seus dedos;
- cheirando os perfumes do ar noturno puro, sem as exalações da cidade;
- saboreando os gostos diferentes e frescos dos alimentos cozidos sobre uma fogueira.

Você viu, ouviu, sentiu, cheirou ou provou sua memória? Volte a essa memória... e agora experimente-a com o resto de seus sentidos. Se estava vendo um novo mundo, o que pode trazer à mente com relação ao que podia ouvir? O que sente quando está lá? O que pode tocar? Que cheiros há à sua volta? Que gosto consegue sentir? Tente captar todas aquelas sensações que não faziam parte da sua primeira memória, mas que provavelmente ainda estão lá dentro como uma experiência profundamente codificada. Quando realizamos essa atividade em eventos de treinamento, o feedback típico que recebemos é com relação à quantidade maior de coisas de que as pessoas se lembram quando acessam todas as sensações que experimentaram na época, em vez de apenas sua primeira memória.

Essa capacidade de rememorar informações sensoriais às quais você pode não ter prestado muita atenção conscientemente no momento pode ajudar você e seus alunos a lembrar e a usar as informações mais tarde. Essa experiência sensorial elaborada ainda está lá para ser desenvolvida, e como instrutor, professor ou treinador, você pode potencializar a capacidade de aprendizagem das pessoas.

Neste capítulo, você verá alguns dos desafios do mundo real relacionados ao treinamento e à transmissão de informações. Depois, aprenderá sobre os diferentes sentidos e como eles são processados em seu cérebro. Pensará sobre por que e como é possível melhorar o treinamento e a aprendizagem aumentando os inputs sensoriais disponíveis, entendendo como suas percepções sensoriais do mundo ajudam a tornar o aprendizado relevante, intenso e vívido. Exploraremos algumas sugestões práticas sobre como é possível criar ambientes exuberantes e multissensoriais, além de algumas novas ideias da tecnologia que podem nos ajudar a aprender de maneira mais eficaz, baseando-se em nosso crescente conhecimento sobre como sentidos funcionam e estão vinculados aos processos de aprendizagem.

Desafios do mundo real

1. Alguns tópicos são conceituais, e não multissensoriais

Muitas das coisas que temos que aprender no trabalho não se prestam intuitivamente a apresentações multissensoriais. Se você tiver que treinar alguém ou elaborar aulas remotas sobre as mais recentes regulamentações de Saúde e Segurança, fazer um orçamento base zero ou talvez usando macros no Excel, não é tão óbvio como você pode tornar esses tópicos multissensoriais, mas espero que ao longo do livro você comece a ver como pode fazer com que esses temas ganhem vida para seus alunos.

2. Uma ênfase excessiva no PowerPoint e na aprendizagem textual

Às vezes, nos departamentos de treinamento, as pessoas se distanciam do processo de aprendizagem, e até tipos muito práticos de aprendizado podem ficar presos em um estilo de treinamento que remove as informações sensoriais. Por exemplo, encontrei alguém há alguns anos que foi convidado a treinar pessoas sobre técnicas de limpeza falando com elas por meio de slides de PowerPoint! Os limpadores e esse pobre instrutor estavam sentados em uma sala escura aprendendo um processo de limpeza estruturado e repleto de etiquetas, palavras complicadas e imagens de esfregões, em vez de sair para o mundo real e fazer isso de verdade.

3. Rotular as pessoas como tipos particulares de alunos — não faça isso!

Os sentidos têm sido usados como um modo de descrever como algumas pessoas preferem aprender, mas não há evidências que sustentem estes ou quaisquer outros "Estilos de Aprendizagem". Enquanto algumas pessoas podem achar que preferem ler o briefing primeiro e outras preferem ouvir alguém explicar o que fazer primeiro, não há evidências que apoiem o conceito de aprendizado multissensorial ou qualquer outro tipo de estilo de aprendizagem. Imagine que você esteja aprendendo a andar de bicicleta. Quão útil é assistir a um vídeo ou ver fotos? Com que rapidez acha que vai aprender? A única maneira de aprender a andar de bicicleta com sucesso é subir em uma e cometer muitos erros, experimentar o feedback de joelhos e nós dos dedos ralados e conseguir se equilibrar, corrigir seus erros, praticar e praticar, até que finalmente esteja acelerando.

Se até agora você acreditava em estilos de aprendizagem, mas está lendo este livro porque tem interesse em aprendizado fundamentado em evidências, é preciso saber que na ciência não se pode provar uma negativa. Não há provas de que os estilos de aprendizagem não existam, mas faltam provas de que eles existam. Isso não costuma ser tão satisfatório quanto ser capaz de provar algo e deixa proponentes de teorias particulares, como estilos de aprendizagem, argumentando que a pesquisa ainda não foi feita bem o suficiente e que estamos apenas esperando por ela. Entretanto, atribuir estilos de aprendizagem aos estudantes não é útil nem profético. Um estudo com estudantes de anatomia em 2015-2016 avaliou seus estilos de aprendizagem, depois pediu-lhes que estudassem usando o mesmo estilo tanto dentro quanto fora da sala de aula (Willingham *et al.*, 2015). Eles descobriram que a maioria dos estudantes não usava o seu suposto "estilo". Se usavam ou não, isso não fazia nenhuma diferença para os resultados finais. Simplesmente não criava um aprendizado melhor. Há pessoas que argumentam que os estilos de aprendizagem podem ser prejudiciais porque podem estereotipar as pessoas e impedi-las de explorar todas as formas possíveis de aprender.

O que é mais útil para os alunos é adequar as estratégias de aprendizagem ao material ou às habilidades que precisam ser aprendidas. Andar de bicicleta ou aprender a usar uma nova ferramenta no trabalho requer uma estratégia fundamentada na prática física, em experimentar e melhorar suas habilidades ao longo do tempo. Se estiver aprendendo informações e estas forem apresentadas como texto, mapear as ideias graficamente pode funcionar.

As pessoas não são aprendizes visuais, auditivos ou cinestésicos, mas todos nos beneficiamos da aprendizagem por meio de ricos ambientes multissensoriais. Ao longo deste capítulo, você lerá sobre os sentidos visual, auditivo, cinestésico, olfativo e gustativo porque são termos com os quais muitas pessoas estão familiarizadas, mas não estou falando de Estilos de Aprendizagem.

Como funcionam os sentidos

Vamos descrever passo a passo o processamento de seus cinco sentidos principais. Depois, examinaremos cada sentido com mais detalhes, e como você pode usar os sentidos para melhorar a aprendizagem. Então, nós nos aprofundaremos um pouco mais para examinar o resto e ver como eles têm um impacto na aprendizagem. Vamos começar com o que acontece quando você vê, ouve, toca, cheira ou sente o gosto de algo.

Uma sensação é registrada no órgão sensorial pertinente e especialmente adaptado: olhos, ouvidos, nariz, pele ou língua. Esses órgãos traduzem seus próprios estímulos particulares, ondas de luz ou de som, ou vibrações físicas em pulsos elétricos que percorrem seus nervos, sua medula espinhal, até atingirem seu cérebro. Essas diferentes mensagens são todas convertidas em forma elétrica dentro de seu cérebro. Uma vez lá chegando, estão destinadas a ir para áreas sensoriais específicas que podem processá-las mais detalhadamente. Entretanto, as informações são efetivamente divididas em diferentes correntes que também são processadas por outras partes do cérebro em paralelo. Há outra complicação, porque, na maioria dos casos, a informação do lado esquerdo do corpo vai para o lado direito do cérebro — por exemplo, a informação que vem do olho esquerdo vai primeiro para o lado direito do cérebro, e a informação do lado direito do corpo vai para o lado esquerdo do cérebro.

Os próprios córtex sensoriais são divididos em áreas distintas que lidam com estímulos específicos. Seu córtex visual, por exemplo, tem áreas para lidar com cor, movimento, formas e até estímulos muito específicos, como os rostos.

Uma vez que a informação tenha sido registrada em seu córtex sensorial, ela se move para algo chamado área de associação, na qual diferentes informações são reunidas de outras partes de seu córtex para lhe dar a própria percepção desse estímulo sensorial. Assim, quando você vê determinada caneta, por exemplo, seu cérebro acrescenta os conceitos de escrita, desenho, outros tipos de canetas e memórias da última vez que viu aquele objeto em particular.

Uma das correntes paralelas de informação passa para seu sistema límbico, de modo que é possível experimentar uma sensação emocional associada com aquela caneta específica — talvez tenha sido uma que você usou em um curso de treinamento especialmente útil, ou que usou para escrever uma carta de amor. Os dados emocionais são enviados ao córtex cerebral para que você tome consciência de estar vendo aquela caneta e da sensação que é associada a ela.

Assim, na verdade, quando você vê algo, é um conjunto complexo de ativações em diferentes partes do cérebro que lhe dá a sensação de ver. Suas percepções não são o mundo real, mas o que o cérebro lhe diz sobre o mundo real. Consequentemente, seus sentidos são falíveis: às vezes você perde informações, às vezes vê coisas que não estão lá, às vezes as interpreta de maneira diferente, o que torna o aprendizado mais complicado, porque você está usando suas percepções sensoriais imperfeitas para informar o que está acontecendo. Portanto, há muita coisa que pode dar errado, mas, repetidamente, a pesquisa demonstra que o aprendizado é aprimorado por meio da informação sensorial.

Embora a maioria das evidências mostre que o aprendizado multissensorial é valioso, existe alguma experiência de aprendizagem em que poderíamos querer desligar nossos sentidos? Em um estudo de 2008, estudantes aprenderam as relações matemáticas que ligavam três itens em um grupo. Alguns aprenderam usando jarras de água e fatias de pizza metafóricas, enquanto outros aprenderam as regras usando símbolos abstratos, os quais foram mais capazes de transferir as regras para situações da vida real. A equipe de cientistas da Ohio State University, liderada por Jennifer Kaminski, pensou que os exemplos concretos podem ter dificultado as crianças a transferirem o conhecimento para situações diferentes, apesar de serem mais envolventes. No entanto, nesse estudo, os jarros de água e as fatias de pizza eram apenas metafóricas. O que teria acontecido se eles tivessem sido reais e pudessem ter sido tocados?

Vamos examinar cada sentido um pouco mais detalhadamente, e descobrir como você pode enriquecer as experiências sensoriais para fazer com que o aprendizado seja duradouro.

Visão

O *córtex visual* fica no lobo occipital, na parte de trás do cérebro, e mais capacidade mental é dedicada ao processamento de informações da visão do que de qualquer um dos outros sentidos. O córtex visual é dividido em áreas distintas para processar diferentes elementos da visão, como cor, forma, tamanho etc. Há neurônios específicos que se ocupam de elementos muito particulares da visão, como os que detectam cantos ou linhas retas e até verticais em contraste com horizontais.

Não há um mapa direto do que você vê em seu cérebro — o "mapa" é distorcido à medida que é processado. A área central de seu campo visual tem mais neurônios e uma área cortical maior do que a área periférica. Por isso, sua visão periférica não é tão potente quanto sua visão focada centralmente. O que você vê é invertido na parte de trás da retina, então o "mapa" no cérebro está de cabeça para baixo, mas você se acostumou a processá-lo assim, de modo que isso parece inteiramente normal para você.

Portanto, como a visão melhora sua experiência do aprendizado? As imagens ajudam a aprender melhor? Parece que sim, e a maioria das pessoas acha que imagens e vídeos melhoram a facilidade de aprendizagem e a retenção de informações.

Desenhar algo por conta própria pode melhorar seu aprendizado ou a assimilação de informações. Crianças foram convidadas a aprender alguns fatos de Biologia (Schmeck *et al.*, 2014) — algumas foram encorajadas a usar figuras e desenhar enquanto outras trabalharam apenas com texto. O grupo que usou desenhos foi cerca de um terço mais bem-sucedido do que seus pares quando foram testados depois em uma prova de escolha múltipla (com 61 por cento de respostas corretas em média, contra 44 por cento) e outra de desenho (com pontuação de 52 por cento em média, contra 28 por cento). Os pesquisadores acreditam que o desenho tem esse benefício para a aprendizagem porque "estimula os alunos a se envolver em processamento cognitivo generativo durante a aprendizagem, como organizar as informações relevantes em uma estrutura coerente e integrá-las com conhecimentos prévios relevantes da memória de longa duração".

Embora esse estudo específico tenha sido conduzido com crianças em idade escolar, há evidências suficientes para sugerir que vale a pena pedir às pessoas no trabalho que desenhem as informações que precisam aprender. Os pesquisadores reconheceram que não testaram se o desenho funciona para todos os tipos de informação, mas parecia ser eficaz para cadeias causais de eventos — portanto, se você está aprendendo um processo, o desenho deve facilitar o aprendizado.

As imagens podem não ser sempre a resposta

Se as imagens são frequentemente mais fáceis de entender e mais memoráveis do que apenas o texto, isso vale para todos os casos? Às vezes, as pessoas até se preocupam com o fato de que vão simplificar demais algo ao incluir fotos, porque vai parecer muito fácil, embora o motivo pelo qual algumas pessoas acreditam que o aprendizado deve ser difícil não esteja claro para mim. No entanto, será que as imagens são sempre a resposta?

Pesquisadores que publicaram um artigo no British Journal of Educational Psychology (Prangsma *et al.*, 2009) mostraram que o desempenho acadêmico nem sempre pode ser melhorado com o uso de diagramas. Estudantes de história não mostraram nenhuma diferença real em seu aprendizado quando testados, independente de terem aprendido usando ilustrações ou texto, ou ambos. Portanto, talvez o uso de figuras nem sempre ajude a tornar o argumento ou a informação mais memorável. Entretanto, uma descoberta interessante foi que os estudantes *sentiram* que a informação era mais fácil de entender e que tinham aprendido melhor quando tinham acesso a imagens e também texto. Então, qual é a consequência de as pessoas pensarem que a informação é mais fácil de entender?

Sentir-se melhor com relação à informação não pode ser subestimado. Os pesquisadores disseram: "O objetivo da motivação educacional não é apenas tornar o aprendizado mais eficiente [...] ou eficaz [...] como também torná-lo mais agradável, de modo que a experiência de aprendizagem afetiva seja mais satisfatória e os alunos queiram aprender mais." Você já aprendeu sobre a importância da motivação no aprendizado, que é particularmente relevante quando é preciso que as pessoas aprendam por conta própria ou para encorajá-las a fazer mais treinamentos. Quando as pessoas gostam da experiência de receber a informação, ficam mais inclinadas a se envolver com ela e a fazer o esforço de processá-la e compreendê-la. Assim, embora as imagens nem *sempre* façam diferença sobre quão bem algo é lembrado, são relevantes para os níveis de motivação. E, o que é importante, as imagens não parecem piorar o aprendizado.

O impacto da cor na aprendizagem

Na condição de sinal altamente visual, a cor faz alguma diferença no aprendizado das pessoas? As cores afetam o modo como prestamos atenção e nossos níveis de estimulação. Níveis mais altos de atenção e estímulo aumentam a nossa capacidade de aprender. Prestamos mais atenção às cores quentes, como amarelo, vermelho e laranja, em comparação com as frias, como marrom e cinza. As pessoas demonstram tempos de reação mais rápidos ao identificar as diferenças de cores em comparação com as diferenças nas formas dos objetos, o que indica que as cores têm uma capacidade melhor e maior de capturar a atenção do que outras variáveis. A cor ajuda na lembrança de informações, mas precisa ser congruente. Se as informações aparecem em vermelho enquanto as pessoas estão aprendendo, precisam aparecer mais uma vez em vermelho quando estiverem retendo essas informações mais tarde.

O que mais a cor pode fazer por você?

Surpreendentemente, como instrutor, professor ou facilitador do aprendizado, a cor que você usa pode ter um impacto sobre essa atividade. Como um dos motivadores mais significativos para o aprendizado, é preciso ter o melhor desempenho possível, e vestir algo em vermelho pode ajudar a aumentar a confiança. Já foi demonstrado que a cor vermelha aumenta os níveis de testosterona e as chances de vitória dos atletas. Portanto, se acordar se sentindo menos confiante do que de costume, pegue aquele cardigã vermelho ou aquela gravata vermelha e certifique-se de usá-los para transmitir a si mesmo e aos alunos que você está confiante de que eles aprenderão bem na aula de hoje.

Você vai explorar um pouco mais sobre a psicologia da cor no Capítulo 12 quando considerarmos o ambiente ao redor, pois a cor pode induzir diferentes estados emocionais e motivacionais nas pessoas.

Principais dicas para o uso de elementos visuais

Quando estiver ensinando um novo procedimento, experimente usar *post-its* e peça às pessoas que desenhem o procedimento ou a sequência de eventos. Ou você pode estimulá-las a desenhar o processo a partir do zero, depois de ele ter sido explicado. Nem todos se sentem à vontade com suas habilidades de desenho, portanto tranquilize as pessoas informando-as de que não precisam ser Leonardo da Vinci. Alguns poucos bonecos palitos e borrões serão melhores do que apenas texto.

Peça para fazerem um mapa mental com as informações em vez de tomar notas. Os mapas mentais são mais visuais do que o texto. Aumente seu impacto visual com imagens, cores, grifos, setas e fontes de tamanhos diferentes.

Ao utilizar imagens de pessoas, preste atenção para onde elas estão focando. Se o olhar delas se estende até algum ponto de observação além da borda do gráfico, tendemos a ser atraídos a seguir seu foco e a não olhar para o slide. Portanto, somente use imagens de pessoas nos gráficos se desejar que elas fiquem em destaque.

Se estiver realizando seminários virtuais, precisará usar mais slides. As pessoas estão equipadas para prestar atenção à "mudança". Mantenha a mudança visual constante com muitos slides altamente visuais — com imagens em vez de texto — ou vídeos curtos. Você vai apelar para partes do cérebro que percebem a mudança e estará dizendo às pessoas: "Se desviar o olhar, vai perder algo." Mas isso é intenso para você e seus alunos, portanto não faça o dia inteiro. Dez minutos provavelmente são mais do que suficientes, e inclua apenas um tópico por slide — ou até mesmo cobrir um tópico em dois slides. Passe o controle do quadro branco para seus usuários e deixe-os criar gráficos, esboços ou rabiscos para ilustrar seus pensamentos.

Crie slides visuais e combine-os para transformá-los em uma revisão para ser exibida no final de um programa de aprendizado. Veja o Capítulo 11, "Revise e reflita", para saber detalhes de como fazer isso.

Use as mesmas cores, imagens e símbolos em todos os seus gráficos, slides, notas, cartazes de parede etc., relacionados com o mesmo material de aprendizagem. Isso ajuda na codificação e na recuperação de informações, ao associar as imagens às respectivas ideias.

Incentive as pessoas a fazer enormes murais com cartolina colorida ou papel dos cavaletes com bloco de notas, porque assim elas se sentem responsáveis, além de terem fortes lembretes visuais do que estão aprendendo. Algumas organizações levam esses murais de volta ao local de trabalho para compartilhar o aprendizado com outros funcionários ou como lembrete aos participantes.

Também é possível trabalhar com facilitadores gráficos — pessoas que o ajudam a criar gráficos e imagens sobre o aprendizado à medida que ele acontece.

Em vez de usar sempre apresentações de slides, crie fichas e use-as para inserir informações e revisões. A vantagem do uso de fichas é que elas não são seriais como os slides. Você pode mostrá-las, depois colá-las em uma parede, e elas permanecem lá durante o resto de sua sessão de treinamento. As pessoas não precisam reter informações em sua memória de trabalho da mesma forma que fazem com os slides.

Destaque materiais diferentes com cores diferentes, ou peça aos alunos que o façam, embora seja um mito de aprendizagem crer que destacar o texto é um modo útil de aprender. As pessoas precisam lembrar em vez de reconhecer (como você vai descobrir no capítulo sobre memória).

Se estiver usando regularmente imagens em um cavalete com bloco de notas ou quadro branco de um seminário virtual, um pequeno curso sobre elaboração de gráficos aumentará sua confiança. Se usa algo regularmente, crie um cartaz — um marcador permanente em lousa branca adesiva pode ser incrível.

Use uma variedade de suportes visuais: diagramas, gráficos, linhas do tempo, cartuns, animações, trechos de filmes, vídeo, DVD em uma abordagem mista. Certifique-se apenas de que tenha permissão para usá-los se não foi você quem os criou.

O aprendizado digital é, com frequência, muito bom graficamente, e boas animações podem melhorar um material de aula remota. Mas o que você pode incorporar que permita que o aprendiz contribua com os elementos visuais? A maioria dos softwares de *e-learning* permite aos usuários adicionar texto. Mas com que frequência os aprendizes sabem desenhar?

Som

Quando o som é transmitido, vai de cada ouvido para os hemisférios esquerdo e direito de seu cérebro, e a maior parte do som do ouvido esquerdo vai para o hemisfério direito, e vice-versa. Ambos os hemisférios têm papéis diferentes no processamento de informações sonoras, portanto os sons serão vivenciados de modo diferente dependendo do ouvido em que entram. Uma pessoa surda do ouvido direito, por exemplo, pode achar as palavras mais difíceis de distinguir do que a música, porque as palavras são processadas principalmente no hemisfério esquerdo, enquanto a música é processada principalmente no direito.

Estamos muito acostumados com a ideia de som em treinamento e aprendizagem porque a maioria de nós já teve a experiência de ser um dos interlocutores de uma conversa ou de assistir a uma palestra. Pode até ser que, caso você esteja olhando para slides, esteja realmente ouvindo, porque alguns estudos sugerem que ver texto em uma tela faz com que se ouça essa informação na cabeça e, posteriormente, a codifique como informação verbal.

Então, quão eficaz é a informação sonora e auditiva no aprendizado? Há muito menos pesquisa feita sobre o aprendizado auditivo do que sobre o visual, e, como a maioria das pesquisas feitas em laboratórios, em geral, é extremamente específica e nem sempre aplicável de maneira direta ao mundo real. As pesquisas se concentram em se as pessoas podem aprender a distinguir entre dois tons ou duas frequências diferentes de som, por exemplo, o que é ótimo para pesquisas detalhadas. Mas a menos que alguém tenha que aprender especificamente a fazer isso como parte de seu trabalho, isso não ajuda no mundo mais prático do aprendizado de habilidades comportamentais ou de novas informações.

O som é serial, não paralelo. Enquanto é possível escanear uma imagem repetidamente, uma vez que você tenha ouvido alguma coisa, ela desaparece, e precisa ser repetida para que a ouça de novo. Então, de certa maneira, é mais difícil ouvir e processar o som do que as imagens. Felizmente, somos ajudados por algo chamado memória ecoica. Você já esteve imerso em algo e, quando alguém lhe disse alguma coisa, perguntou: "O que disse?", mesmo tendo percebido que a pessoa disse algo? Essa é sua memória de trabalho ecoica reprisando o que você ouviu para que possa ouvir de novo. Suas lembranças ecoicas são curtas e retêm apenas cerca de três a quatro segundos de informação. Esse tipo de memória sensorial passa informações para sua memória de curta duração, mas ela é facilmente perturbada. Estudos mostram que, quando você se distrai enquanto codifica informações, seu aprendizado inicial é interrompido.

O som pode ser particularmente importante no aprendizado como também distraí-lo da aprendizagem. A maioria dos pais de adolescentes reconhecerá a experiência de perguntar a eles como diabos conseguem se concentrar em seus estudos enquanto ouvem música em seus fones de ouvido. Ouvir música enquanto estão aprendendo os ajuda ou não? Curiosamente, isso pode depender do que eles estão ouvindo e de se a música é acusticamente variada, o que é típico da música pop. Quando estudantes foram testados em uma tarefa de memória, tiveram um desempenho pior quando ouviram música pop de que gostavam, mas seu desempenho foi melhor quando a música era "uma cacofonia, na qual a segmentação de cada som individual é difícil de identificar" (Perham; Sykora, 2012). De modo nada surpreendente, para a maioria dos pais, seu desempenho melhorou quando eles tiveram que aprender em silêncio. Mas a música pode ser usada para bloquear distrações externas, então o veredito com relação ao silêncio ainda não foi decidido.

Ouvindo informações enquanto dorme

No passado, muitas pesquisas se concentraram na ideia de que as pessoas podiam aprender enquanto ouviam as informações durante o sono, mas infelizmente os resultados indicam de modo consistente que isso não vai ajudá-lo a se tornar fluente em espanhol ou a se lembrar dos fatos cruciais para uma prova. Entretanto, enquanto falamos sobre o tema do sono, uma experiência interessante mostrou que ele pode ser mais importante para a aprendizagem do que o input auditivo.

Um estudo em particular analisou se tocar sons e associá-los a imagens de objetos aumentaria a capacidade das pessoas de lembrar a localização específica do objeto. Os participantes viram cinquenta objetos em locais específicos em uma tela de computador e, ao mesmo tempo, ouviram um ruído relevante. Uma chaleira foi emparelhada com um apito e um gato, com um miado, por exemplo. Então, testou-se os conhecimentos dos participantes com relação à localização do objeto para estabelecer um ponto de referência. Como parte do experimento, permitiu-se que os participantes cochilassem, mas, enquanto eles dormiam, os pesquisadores tocavam os sons de 25 dos objetos. Em seguida, os participantes se saíram melhor na localização dos objetos dos quais tinham ouvido o som enquanto dormiam do que na localização dos 25 objetos sem o sinal sonoro.

Entretanto, em um estudo subsequente, descobriu-se que deixar os participantes dormir era o que fazia a diferença, e não o som. Quando as pessoas eram testadas sem dormir, mas com os sinais sonoros, não houve nenhuma diferença nos resultados dos objetos com e sem sinal.

Há muito mais sobre isso no Capítulo 13, que é dedicado ao sono e à aprendizagem.

A música nos torna mais inteligentes?

Você já deve ter ouvido falar que escutar Mozart nos torna mais inteligentes, e se fizer uma busca na internet, encontrará muitas informações que indicam que a música ajuda a pensar melhor, estudar melhor ou, de modo geral, tornar a pessoa mais inteligente. Muitos desses dados parecem oriundos de uma pesquisa original feita em 1993 por uma psicóloga chamada Frances Rauscher (*et al.*), que relatou descobertas de "melhor desempenho em tarefas espaciais" entre estudantes universitários após a exposição à música de Mozart. Tais descobertas foram interpretadas de modo exagerado, o que gerou o popular mito do "Efeito Mozart".

A análise subsequente (chamada metanálise) de múltiplos experimentos e trabalhos mostra que as evidências acumuladas não demonstram nenhuma capacidade aprimorada por meio da escuta de Mozart. De fato parece que há alguns efeitos de curto prazo na estimulação temporária e nas emoções positivas provocadas pela escuta de certos tipos de música, e aprender a tocar música pode ajudar as crianças a desenvolver sua memória de trabalho, o que as auxilia a aprender idiomas e a ler.

Uma das coisas mais difíceis quando você começa a estudar uma língua estrangeira é discernir quando uma palavra começa e outra termina, e descobriu-se que a música pode auxiliar nesse quesito. Antes de mais nada, a música evoca mais emoções do que a língua falada, mas, quando esse fato era controlado, as pessoas ainda aprendiam palavras inventadas com mais facilidade. O que parecia fazer uma diferença significativa era que a música dava às pessoas informações estatísticas sobre quais sílabas tendem a vir depois das outras em palavras. Isso as ajudou a segmentar as diferentes partes das palavras. Assim, na aprendizagem de línguas, a música pode muito bem ser uma ferramenta valiosa, principalmente no início. Há também algumas evidências da Cambridge University que sugerem que o treinamento de ritmos específicos e a diferenciação sonora podem ajudar crianças com dislexia a aprender a ler com mais facilidade (Bhide; Power; Goswami, 2013).

Música para mudar o contexto emocional da aprendizagem

Já discutimos como ter motivação é vital para o aprendizado e continuaremos a considerar o uso das emoções enquanto aprendemos, de modo que talvez a música possa ser usada para mudar os estados emocionais das pessoas e, portanto, a prontidão para aprender, mesmo que isso não as torne mais inteligentes. Você pode estar ciente de que as notas musicais de tonalidades sonoras maiores e menores podem soar felizes ou tristes respectivamente. Pensa-se que isso possa estar ligado a nossos padrões de fala. Em um experimento de 2010 (Muir, 2010), descobriu-se que as relações de frequência na fala animada praticamente correspondiam às da música em tonalidades maiores, enquanto as da fala "triste" correspondiam às das tonalidades menores. A equipe também encontrou a mesma associação entre os falantes de mandarim, sugerindo que a ligação é comum a culturas diferentes, se não universal. Portanto, você talvez possa induzir diferentes estados emocionais em seus alunos por meio de sua própria tonalidade sonora. E, é claro, também pode tocar música com tonalidades maiores e menores para mudar o clima. Meu apresentador de salas de aula virtuais favorito, Jo Cook, da empresa Lightbulb Moment, quase sempre deixa alguma música animada tocando enquanto as pessoas entram no seminário virtual, o que serve para criar o clima que Jo quer para a aula.

Principais dicas para usar mais o som

Prestamos atenção à mudança para que, como instrutor, variemos as vozes que as pessoas ouvem. Em vez de falar ou ler, incentive seu público a se revezar na leitura em voz alta de livros, apostilas e documentos.

Pré-grave algum material e reproduza-o como som de fundo, enquanto outras tarefas menos cognitivas estão sendo realizadas. Essa é uma forma de preparação e, embora nem todos estejam cientes das informações, elas serão processadas em um nível ou em outro.

Em vez de sempre apresentar informações em prosa, que tal criar um poema, uma canção, um rap, um jingle, ou, melhor ainda, pedir a seus alunos que criem por conta própria alguma dessas opções? Há algumas pesquisas interessantes que sugerem que acreditamos em informações que rimam mais do que nas mesmas informações escritas em prosa, mesmo quando não imaginamos que seremos enganados por algo tão simples assim.

Outro meio de utilizar a música em um ambiente de treinamento é condicionar determinadas músicas a certas atividades. Assim, por exemplo, no início de um programa de treinamento, toque determinada música para sinalizar o fim do intervalo. Toque constantemente, e os alunos reconhecerão que o fim do intervalo chegou. Você verá que eles voltarão para o espaço de aprendizado sem que precise chamá-los de volta.

Tato, movimento e o senso cinestésico

Você ouvirá frequentemente a expressão "senso cinestésico" quando as pessoas falam sobre tato e movimento. Elas também podem considerar que o senso cinestésico inclui sentimentos, mas, como você sabe agora, os sentimentos vêm de uma parte completamente diferente do cérebro, portanto não os incluirei aqui.

Muitas informações alimentam o corpo e provocam diferentes sensações físicas. O *tato* é uma percepção resultante da ativação de receptores neurais, em geral na pele, mas também na língua, na garganta e nas mucosas. Uma variedade de receptores responde às diferenças de pressão. Você também tem receptores de temperatura em sua pele.

O córtex motor passa por cima de sua cabeça como uma faixa de cabelo — de orelha a orelha — e lhe diz onde está o seu corpo, entre outras coisas. A propriocepção, que às vezes é chamada de um "sexto sentido" da consciência corporal, é o equivalente a um tato interno. Um exemplo dela é o fato de você saber onde seus membros estão em relação ao mundo.

Enquanto a informação entra em seu cérebro por meio dos sentidos, seu controle do movimento acontece no cerebelo, no tronco encefálico. Ele passa informações para trás e para a frente dos sistemas sensoriais para outras partes de seu cérebro, e está altamente conectado às áreas associadas à aprendizagem. Nesta seção, você também vai considerar os inputs que o movimento nos fornece quando aprendemos e em outros capítulos você vai rever a importância do movimento.

O tato e o movimento ajudam na aprendizagem? Claramente, se você está aprendendo uma habilidade física, realizá-la é vital para aperfeiçoá-la. Se está aprendendo a fazer algo simples como passar uma linha por uma agulha, você pode sentir a linha e a agulha. Seu cérebro junta todas as informações sensoriais para lhe dizer onde os dois objetos estão em relação um ao outro para que seja possível uni-los. Mas será que o tato e o movimento ajudam de outras maneiras quando se está aprendendo algo conceitual?

Há muitas razões para se mover enquanto se aprende. O fato de que seu cérebro requer oxigênio não é a menos importante delas. Até se levantar pode aumentar os batimentos cardíacos (e o fluxo sanguíneo) entre cinco e oito por cento em apenas segundos (Krock; Hartung, 1992). Portanto, você possivelmente seria capaz de ler este livro de modo muito melhor se estivesse de pé — se estiver no transporte público, pode ser que esteja mesmo de pé.

Há cada vez mais evidências de que nosso cérebro precisa de movimento para funcionar bem e de que nossas habilidades cognitivas são aprimoradas em curto e longo prazos por estarmos ativos. O excelente livro de John Medina, *Aumente o poder do seu cérebro* (2008), tem um capítulo inteiro dedicado à importância do movimento.

Dicas para estimular o sentido do tato

- Estimule o sentido do tato fornecendo informações em cartões que as pessoas têm que segurar, organizar, repassar umas às outras.
- Distribua folhetos em preto e branco para colorir — assim, tem o duplo impacto da estimulação visual e do movimento.
- Meça os conceitos literalmente em passos, oriente-os à medida que caminha.
- Desenvolva mapas mentais físicos — estenda-os no chão.
- Coloque informações em quebra-cabeças — um quebra-cabeças pode ser visual e tátil ao mesmo tempo.
- Construa modelos de conceitos e deixe as pessoas andarem em volta deles ou segurá-los.
- Apresente fatos-chave colocados em objetos físicos como os cubos mágicos ou *banner pens*.
- Use o mundo real dos objetos concretos o máximo que puder — explique conceitos usando metáforas físicas baseadas na realidade. Vi um cliente explicar a complexa tecnologia dos cristais atrás das telas de leitores de livros digitais usando uma pequena vela elétrica e um cubo de origami.
- Até no mundo do aprendizado digital é possível incentivar o tato. Convide as pessoas a escrever ou desenhar diários de aprendizado, enviar materiais para construir, definir tarefas no mundo real e lhe dar um retorno usando linguagem sensorial.

Figura 6.2 O modelo MASTER

Você pode pedir que alguns alunos mais ativos criem esculturas humanas com base em modelos, como mostrado na Figura 6.2.

Cheiro e aprendizagem

Cheiro ou "*olfato*" é um dos sentidos químicos. Ao contrário dos outros sentidos, os odores são processados no mesmo lado do cérebro que o detector deles, sua narina. O córtex olfativo está mais próximo da frente de seu cérebro, ou seja, muito próximo de seu nariz! O olfato é seu sentido mais primitivo, e, ao contrário dos outros sentidos, suas percepções olfativas vão diretamente para o sistema límbico. Esse caminho rápido para seu centro emocional dá ao olfato o poder de despertar memórias intensas — considere como o cheiro de feijão cozido ou dos vestiários pode levá-lo diretamente de volta ao aprendizado na escola!

O olfato pode influenciar suas reações emocionais, a frequência cardíaca, a pressão sanguínea e a respiração. Sabemos que os substratos neuronais do olfato (as partes do cérebro que são a base de nossa experiência do olfato) são especialmente voltados para a aprendizagem associativa e o processamento emocional. Os bulbos olfativos fazem parte do sistema límbico e se conectam diretamente com estruturas límbicas que processam a emoção (a amígdala) e a aprendizagem associativa (o hipocampo). Nenhum outro sistema sensorial tem esse tipo de ligação íntima com as áreas emocionais de seu cérebro, o que cria uma base neurológica sólida para explicar por que os odores desencadeiam conexões emocionais.

Vários estudos mostraram que os odores dos quais as pessoas gostam fazem com que elas se sintam bem, ao passo que os odores de que não gostam fazem com que se sintam mal. Essas reações de humor também foram relatadas fisiologicamente. A condutância da pele, o ritmo cardíaco e as taxas de piscadas em reação a vários odores de que a pessoa gosta ou não gosta coincidem com o humor dela naquele momento, por exemplo. O modo como nos sentimos pode afetar a maneira como aprendemos. Os odores agradáveis ativam principalmente a área olfativa do lóbulo frontal, ao passo que os odores desagradáveis ativam a amígdala (associada às emoções negativas) e o córtex no lobo temporal (que processa o som, a compreensão da fala e a memória).

Parece que as pessoas com um humor positivo podem ser mais criativas e que os odores podem ter o mesmo efeito. Quando as pessoas cheiraram algo de que gostavam, sua capacidade criativa de resolver problemas melhorou em comparação a quando cheiraram algo desagradável. Cheiros agradáveis também podem aumentar a atenção durante tarefas tediosas, embora isso não seja uma desculpa para criar um evento de aprendizagem chato e melhorá-lo com o cheiro de café torrado. Um cheiro desagradável no ar pode diminuir a tolerância das pessoas à frustração, portanto eis outra razão para prestar atenção ao ambiente em que as pessoas estão quando aprendem.

Infelizmente, não é possível usar um odor para evocar uma emoção particular. Parece que a agradabilidade ou não dos odores é pessoal e culturalmente condicionada e se deve à aprendizagem associativa. Em um experimento do exército americano para criar uma bomba fedorenta universal, eles não conseguiram encontrar nenhum odor que fosse universalmente detestado (*New Scientist,* 2001).

Um sentido do paladar

Paladar ou "*gustação*" é o outro sentido químico. Ele pode não ser tão prontamente aplicado ao aprendizado em um sentido formal da mesma forma que os outros quatro — a menos que o aprendizado seja especificamente relacionado a alimentos, em que o sabor será de vital importância, como estar em um curso de degustação de vinho ou aprender a ser um provador de chá. Entretanto, ainda é possível apelar para esse sentido enquanto se aprende. É de conhecimento público que, nos questionários de avaliação dos cursos, a menção mais positiva é sobre o almoço!

Um gosto forte pode trazer de volta lembranças surpreendentes ou fazer com que nos comportemos de maneira totalmente inusitada, pois podemos cuspir o alimento, mesmo em público. Qual é a Neurociência do paladar?

O gosto ativa a amígdala e o sistema dopaminérgico, portanto está intimamente ligado à recompensa e à aversão. Então, é possível usar alimentos com sabor agradável como uma recompensa pelo aprendizado. Enquanto sua boca pode sentir sabores doces, salgados, azedos e umami, parece haver centros de atividade em seu córtex gustativo para os principais sabores doces, salgados e umami, mas não um para os gostos azedos.

A maior parte da pesquisa neurocientífica sobre o paladar é sobre a aversão a um sabor, e praticamente não há nenhuma pesquisa sobre se o gosto pode nos ajudar a aprender outras coisas melhor. No entanto, os gostos ligados ao aprendizado podem ser usados como âncoras em vez de serem um modo específico de absorver informações.

Por exemplo, realizamos uma sessão explicando as principais estruturas cerebrais a nossos participantes, e o estímulo para que o cérebro seja "distraído" do aprendizado é uma barra de chocolate. Durante toda a sessão, usamos o chocolate como um elo com o cérebro — eles o veem, cheiram e provam — e pedimos às pessoas que pensassem no que aprenderam sobre o cérebro sempre que virem ou provarem chocolate no futuro. Quando reencontramos as pessoas muitos meses e até anos depois, se lhes perguntamos sobre chocolate, elas sempre são capazes de se lembrar um pouco do que aprenderam sobre o cérebro. Elas associaram chocolate ao pensamento sobre as estruturas cerebrais.

Principais dicas para usar os sentidos olfatórios e gustativos

- Use imagens e adereços com conteúdo relacionado a comidas — a maioria das pessoas gostará desse tema.
- Escolha espaços com ventilação natural — e abra as janelas regularmente.

- Borrife aromas pela sala para estimular diferentes reações.
- Metáforas e histórias sobre alimentos e bebidas são fáceis de engolir!
- Use canetas perfumadas.
- Os folhetos podem ser impregnados com cheiros ao serem deixados em um local quente e perfumado.
- Faça do comer/beber/celebrar parte do aprendizado — uma festa multicultural, um churrasco, um piquenique, *tapas* etc.
- As flores e as plantas acrescentam cor e cheiro.
- Seja sutil e esteja ciente de que as pessoas podem reagir intensamente a alguns odores por motivos pessoais ou de saúde.
- Aprenda tópicos específicos com um odor específico em um lenço e depois leve um lenço com o mesmo odor de volta quando for fazer uma prova ou teste.

Sentidos adicionais

Alguns dos sentidos adicionais já foram mencionados na seção "cinestésica", mas vamos classificá-los um pouco mais claramente aqui.

Em primeiro lugar, eles são divididos em sentidos exteroceptivos, que percebem a posição, o movimento e o estado do corpo, e interoceptivos, que lhe dizem o que está acontecendo dentro de seu corpo.

Seus sentidos **exteroceptivos** incluem:

- os proprioceptivos;
- o equilíbrio (equilibriocepção);
- o lugar em que as partes de seu corpo estão no espaço (propriocepção);
- ser capaz de detectar diferenças de temperatura (termocepção);
- sentir dor (nocicepção).

Esses sentidos são importantes para a aprendizagem de habilidades físicas de qualquer tipo, assim como alguns dos receptores interoceptivos.

Os sentidos interoceptivos lhe dizem o que está acontecendo como reação às mudanças dentro de seu corpo e órgãos internos. Alguns deles, como os receptores cutâneos que medem o toque, a pressão, a vibração, também são valiosos para a aprendizagem das habilidades motoras.

Os sentidos interoceptivos incluem uma ampla gama do que muitas vezes chamamos de sentimentos, mas que são sentimentos não emocionais, como fome, sede e necessidade de ir ao banheiro.

Quando você se sente "indisposto", são seus sentidos interoceptivos que mostram que você sente náuseas ou ânsia de vômito, por exemplo. A maioria deles é relevante para o aprendizado no trabalho apenas na medida em que são potencialmente perturbadores, mas eles de fato tornam o aprendizado duradouro. Se algo o faz vomitar, provavelmente não vai querer comer aquilo de novo, ou se algo causa dor, você aprende a evitá-lo no futuro. Mas é improvável que eles sejam o tipo de aprendizagem que queremos elaborar no trabalho.

Alguns cientistas sugerem que temos outros tipos de sentidos normalmente detectados por uma rede complexa de regiões do cérebro e do corpo, em vez de um sensor específico. Experiências como um senso de:

- Tempo, que é medido por um grupo diverso de áreas do cérebro, incluindo o núcleo supraquiasmático (ver o Capítulo 13, sobre o sono).
- "Agência" ou controle pessoal, que às vezes é perturbado em pessoas com esquizofrenia e que acreditam que estão sendo controladas por forças externas. Esse sentido pode ser importante para uma motivação de aprender, pois nos faz sentir autônomos e em controle.
- Familiaridade, que já discutimos em termos de rememoração e reconhecimento. Pesquisas mostram que é mais fácil aprender

novas informações se você já está familiarizado com as partes que compõem essas informações, provavelmente porque isso provoca menos tensão na memória de trabalho. A pesquisadora Lynne M. Reder (Reder *et al.*, 2015) diz: "O aprendizado requer tijolos, e não areia." Partes do cérebro anteriormente desconhecidas também foram identificadas como capazes de distinguir entre rostos familiares e desconhecidos (Universidade Rockefeller, 2017). Uma área está associada à memória declarativa; a outra, a uma região que processa o conhecimento social. Os pesquisadores foram capazes de registrar o "momento eureca" da realização nessas áreas quando macacos *Rhesus*, que têm sistemas de reconhecimento facial similares aos nossos, reconheceram os rostos familiares.

Aprendizagem multissensorial — um experimento

Uma de nossas colegas, Nicki Davey, do Saltbox Training, dirigiu uma sessão em que nos tornamos suas cobaias. Sua premissa era a de que o aprendizado por meio de uma experiência mais multissensorial seria mais eficaz. Em estilo genuinamente científico, ela criou três grupos experimentais para gerar ideias sobre "laranjas" em cinco minutos:

- Grupo 1 — tinha um pedaço de papel em branco para receber suas múltiplas ideias;
- Grupo 2 — tinha uma foto de uma linda laranja suculenta e um pedaço de papel em branco;
- Grupo 3 — tinha uma laranja em uma tábua laranja com uma faca laranja e um pedaço de papel em branco.

O Grupo 1 identificou muitas ideias fascinantes e interessantes sobre laranjas, incluindo ligações com a literatura e filmes relacionados à laranja: *Oranges Are Not the Only Fruit* [As laranjas não são a única fruta] e *Laranja Mecânica*.

O Grupo 2 discorreu com entusiasmo e de modo expressivo sobre a "comunidade da laranja" — como dentro da casca de uma laranja estão os gomos, que contêm gomos menores cheios de suco e como todos eles trabalham juntos para formar uma laranja. Eles tiveram muitas ideias sobre artigos de cor laranja, incluindo os uniformes dos detentos da Baía de Guantánamo.

No Grupo 3, cortamos nossa laranja, a cheiramos, provamos, olhamos para ela e discutimos ideias e memórias sobre as próprias laranjas: como é quente e ensolarado onde elas crescem, como ficam presas em seus dentes, como fazer dentes falsos com a casca, como elas ficam pegajosas em suas mãos...

Definitivamente, havia uma diferença nos tipos de ideias que todos tínhamos, o que nos fez falar de criatividade, bem como de aprendizagem multissensorial.

Nicki, porém, não estava satisfeita em apenas gerar ideias — ela queria testar nossas memórias. Então, distraiu-nos com outra tarefa, na qual produzimos 72 *maneiras de tornar o aprendizado multissensorial.* Nicki nos pediu que relembrássemos o que tínhamos escrito em nossas listas sobre laranjas. Os grupos que não tiveram a experiência multissensorial da laranja *lembraram dezessete de suas ideias cada um* (o que é bastante impressionante), mas o Grupo 3, que tinha tido todos os seus sentidos estimulados, *lembrou 33 ideias no tempo disponível.* Na verdade, estávamos nos lembrando das ideias tão rapidamente que todos escrevemos de uma só vez para acompanhar o ritmo e ficamos frustrados ao sermos parados porque sabíamos que não havíamos capturado todas as ideias.

Há muitos experimentos científicos sérios que demonstram o valor dos estímulos multissensoriais no aprendizado, mas essa foi uma forma fácil e prática de demonstrar quão mais poderosa é a memória quando são estimulados os córtex sensoriais em vez de apenas o córtex frontal. Ainda me lembro da sensação pegajosa nas mãos!

Resumo

O que abordamos neste capítulo:

- Processamos informações dos nossos múltiplos sentidos, tanto internos quanto externos.
- Cada um dos cinco principais sentidos externos tem sua própria área sensorial dedicada no córtex.
- Com a exceção do olfato, os outros quatro sentidos externos passam pelo tálamo antes de serem enviados para processamento paralelo em todo o cérebro, criando ricas memórias emocionais associadas aos sentidos.
- Tornar o aprendizado mais multissensorial o torna mais duradouro.
- A visão é geralmente o sentido mais potente, de modo que fornecer informações visuais ajuda mais pessoas a aprender com facilidade.

Referências e leituras adicionais

Aristóteles. *De Anima*. Nova York: Penguin, 1987. Disponível em: www.penguinrandomhouse.com/books/260882/de-anima-on-the-soul-byaristotle/9780140444711/. Acesso em: 5 set. 2020. (Arquivado em perma.cc/4REL-AUNG.)

Bhide, A.; Power, A.; Goswami, U. A Rhythmic Musical Intervention for Poor Readers: A Comparison of Efficacy with a Letter-Based Intervention. *Mind, Brain, and Education*, v. 7, n. 2, p. 113-123, 2013.

Cisco Systems, Inc. *Multimodal Learning Through Media*: What the Research Says. S.l.: s.n., 2008. Disponível em: www.cisco.com/web/strategy/docs/education/Multimodal-Learning-Through-Media.pdf. Acesso em: 2 jul. 2015. (Arquivado em perma.cc/T84E-K6AV.)

Goldstein, N.; Martin, S.; Cialdini, R. *Yes!* Londres: Profile, 2007.

Jensen, E. *Teaching with the Brain in Mind*. Alexandria, VA: ASCD, 2005.

Kaminski, J.; Sloutsky, V.; Heckler, A. Learning Theory: The Advantage of Abstract Examples in Learning Math. *Science*, v. 320, n. 5.875, p. 454-455, 2008.

Krock, L. P.; Hartung, G. H. Influence of Post-Exercise Activity on Plasma Catecholamines, Blood Pressure and Heart Rate in Normal Subjects. *Clinical Autonomic Research*, v. 2, n. 2, p. 89-97. Disponível em: www.ncbi.nlm.nih.gov/pubmed/1638110. Acesso em: 5 set. 2020. (Arquivado em perma.cc/F8H9-A6QV.)

Medina, J. *Brain Rules*: 12 Principles for Surviving and Thriving at Work, Home, and School. Seattle: Pear Press, 2008.

Muir, H. Songs in the Key of Life: What Makes Music Emotional? *New Scientist*, 11 jan. 2010. Disponível em: www.newscientist.com/article/dn18367-songs-in-the-key-of-life-whatmakes-music-emotional.html. Acesso em: 5 set. 2020. (Arquivado em perma.cc/WZ2J-TQMF.)

Pain, Stephanie. Stench Warfare. *New Scientist*, 7 jul. 2001. Disponível em: www.newscientist.com/article/mg17122984-600-stench-warfare/. Acesso em: 5 set. 2020. (Arquivado em perma.cc/Q9W7-NZVR.)

Perham, N.; Sykora, M. Disliked Music Can Be Better for Performance than Liked Music. *Applied Cognitive Psychology*, v. 26, n. 4, p. 550-555, 2012.

Prangsma, M.; Boxtel, C.; Kanselaar, G.; Kirschner, P. Concrete and Abstract Visualizations in History Learning Tasks. *British Journal of Educational Psychology*, v. 79, n. 2, p. 371-387, 2009.

Rauscher, F. H.; Shaw, G. L.; Ky, K. N. Listening to Mozart Enhances Spatial-Temporal Reasoning: Towards a Neurophysiological Basis. *Neuroscience Letters*, v. 185, n. 1, p. 44-447, 1993.

Reder, L. M.; Liu, X. L.; Keinath, A.; Popov, V. Building Knowledge Requires Bricks, Not Sand: The Critical Role of Familiar Constituents in Learning, in *Psychonomic Bulletin Review*, n. 23, p. 271-277, 2016.

Rockefeller University. How the Brain Recognizes Familiar Faces. *Neuroscience News*, 10 ago. 2017. Disponível em: https://neurosciencenews.com/brain-facial-familiarity-7282/. Acesso em: 5 set. 2020. (Arquivado em perma.cc/8BPT-BJ8Q.)

Schmeck, A.; Mayer, R.; Opfermann, M.; Pfeiffer, V.; Leutner, D. Drawing Pictures during Learning from Scientific Text: Testing the Generative Drawing Effect and the Prognostic Drawing Effect, *Contemporary Educational Psychology*, v. 39, n. 4, p. 275-286, 2014.

UK Synaethesia Association, s.n.t. Disponível em: www.uksynaesthesia.com/. Acesso em: 2 jul. 2015. (Arquivado em perma.cc/8PKF-KATQ.)

07 Atenção, aprendizagem e por que Cachinhos Dourados merece reconhecimento

Olhe para lá!

Você está tomando conta da sua vida quando vê alguém olhando atentamente para algo. Olha para o lado ou se sente atraído pelo que quer que seja que a pessoa esteja olhando? Parece quase impossível não seguir o olhar de outra pessoa e centrar nossa atenção nas mesmas coisas para as quais ela está olhando. Mágicos e batedores de carteira usam essa técnica de distração regularmente para que você olhe em uma direção diferente daquela em que eles estão fazendo a manipulação.

Em um estudo na Itália em 2012 (Galfano *et al.*), pediu-se aos participantes que olhassem para um alvo que aparecia à esquerda ou à direita de uma tela. Para tornar isso muito fácil, em um ensaio, o alvo aparecia sempre no mesmo lugar; em outro, as palavras *sinistra* (esquerda) ou *destra* (direita) apareciam para dizer aos sujeitos para onde olhar. Entretanto, como todos os bons experimentos psicológicos, não foi tão fácil assim, e os participantes, em algumas circunstâncias, também viram o desenho de um rosto ou uma seta que lhes foi dito que ignorassem. Mas eles simplesmente não conseguiam. Quando viam o rosto ou a seta apontando para o lado oposto ao alvo, eram significativamente mais lentos em olhar para o alvo. Os cientistas concluíram que sua atenção estava momentaneamente distraída, e as evidências de estudos com bebês mostram que somos praticamente programados para acompanhar o olhar de outras pessoas.

Se você é um instrutor, isso pode ser importante — para onde você está olhando e, portanto, para o que está chamando a atenção? Se está elaborando aprendizado, precisa garantir que está direcionando a atenção para onde precisa. A distração é um problema significativo em um mundo digital.

O que é atenção e por que você precisa dela no aprendizado

Às vezes as pessoas dizem que não são boas alunas ou que têm uma memória terrível, mas talvez não estejam prestando atenção suficiente. Mas o que é atenção? Em um nível básico, a atenção envolve segurança — prestamos atenção às coisas porque podem ser uma ameaça e precisamos ficar seguros, ou porque elas são importantes para nós.

Neste capítulo, você lerá sobre os sistemas de atenção do cérebro, do limiar de atenção, e se sua atenção é interna ou externa. Depois, descobrirá algumas das coisas que podem ajudar a concentrar e distrair a atenção (ver Figura 7.1).

Figura 7.1 Atenção e aprendizagem

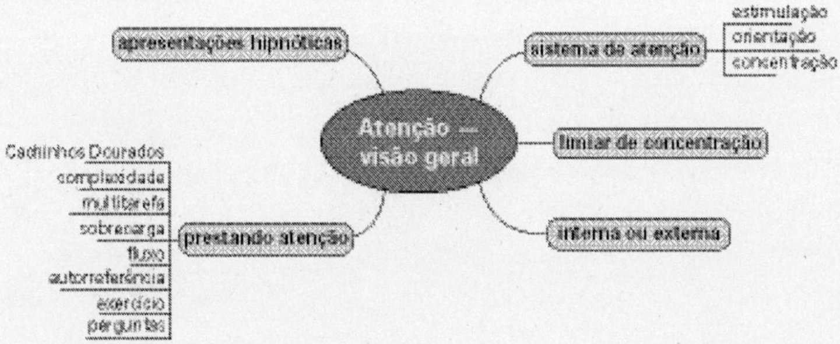

Sistema de atenção

A atenção vem em três partes: estimulação, orientação e concentração. Isso significa que você primeiro precisa estar alerta o suficiente para dar atenção a algo; depois, você direciona sua atenção para o estímulo específico e, finalmente, se concentra nele. Quando algo chama a sua atenção, você entra imediatamente em um estado de estimulação — um ônibus passa pela sua janela ou você ouve alguém gritar, por exemplo. O estímulo externo captura a sua atenção, e o seu sistema de ativação reticular, localizado na porção superior do seu tronco encefálico, entra em alerta. Ele libera uma explosão de adrenalina que percorre o corpo para colocá-lo em alerta. A atividade em outras partes de seu cérebro se encerra e fica silenciosa. Se fizesse uma varredura cerebral bem naquele ponto de estimulação, veria que muito do cérebro está inativo, silencioso e não dispara ou envia mensagens.

Uma vez alerta, seu colículo superior, ainda em seu tronco encefálico, começa a se orientar para a fonte do alerta, procurando pistas sobre o que o fez prestar atenção. Ratos com colículos superiores danificados não podem fazer movimentos direcionais significativos para a fonte de um estímulo. Eles tendem a ficar inicialmente congelados e, depois, se tornam hiperativos (Harrison *et al.*, 1984). Ao mesmo tempo, seu lobo parietal diz a seu cérebro para se desligar do que você está fazendo agora e prestar atenção a esse novo estímulo que atraiu a sua atenção.

Agora que você está alerta e orientado para a fonte do estímulo, pode se concentrar nele. Uma parte de seu tálamo, o pulvinar lateral, que fica ligeiramente mais acima em seu mesencéfalo, direciona as informações para seus lobos frontais para que você comece a dar sentido a elas. Lembre-se de que uma das funções do tálamo é transmitir informações sensoriais para seus córtex sensoriais e está muito bem conectado com várias partes do cérebro.

Assim, no caso de um ônibus passando pela sua janela, você já ouviu o barulho, sentiu a adrenalina e se virou para olhar o que fez o barulho quase antes de saber o que está acontecendo. Então, seu córtex frontal processa o grau de ameaça e reconhece que é apenas um ônibus barulhento, não tem nada a ver com você, prossegue em sua viagem, e você pode voltar a escrever seu relatório.

Quando está aprendendo algo, precisa prestar atenção. Caso contrário, as informações não são registradas e não começam a ser processadas para entrar na sua memória adequadamente. Mas quando está aprendendo, precisa manter esse foco de alerta por mais tempo do que apenas o de um ônibus passando pela sua janela, então, você tem que manter sua atenção. Como acabou de ouvir, é um processo bastante complexo, e você se lembrará dos capítulos anteriores que seu cérebro usa muita energia para direcionar a atenção e processar informações, o que é um dos motivos pelos quais permanecer alerta por muito tempo é cansativo e pode se tornar estressante.

Capacidade de concentração

A quantidade de tempo que você consegue manter a concentração é um tema complexo e disputado, afetado por inúmeros fatores, como, por exemplo, se você está sendo observado, o que torna o estabelecimento de grupos de controle nas experiências em laboratórios um pouco mais difícil. Há muitas estimativas da duração da capacidade humana de concentração, que variam de cinco a cerca de vinte minutos, embora possamos optar por nos reconcentrarmos ao final de um período de concentração se estivermos suficientemente envolvidos. É claro que a capacidade de concentração também é afetada pelas outras distrações que estão ocorrendo. Então, em um cinema você consegue prestar atenção a um filme longo porque eles apagam as luzes, pedem que desliguem o telefone, aumentam o volume e o bombardeiam com imagens visuais que vão mudando. Sua atenção é continuamente atraída de volta à ação na tela, mas os filmes que são sucessos de bilheteria gastam milhões de dólares para atrair a sua atenção. Particularmente em um mundo digital, a atenção pode ser desviada da tarefa em questão porque é muito fácil que os aprendizes se distraiam com outros estímulos amplamente disponíveis. Como é possível competir?

Atenção de dentro e de fora

A atenção pode ser provocada por estímulos internos ou externos. Imagine aqueles momentos em que estamos sentados no trem, completamente absortos por um livro maravilhoso que captura a nossa imaginação, ao ponto de não notarmos as crianças gritando, os telefones tocando ou que acabaram de anunciar a parada. Compare isso com a tentativa de prestar atenção a um relatório não muito interessante sobre o trem e você só consegue pensar em como as mãos daquela criança são pegajosas, como é provável que ela derrame a bebida dela na sua roupa nova.

Quando você presta atenção ao que se passa em sua cabeça, é como se o seu input sensorial diminuísse, para que não perceba todos os estímulos sensoriais que bombardeiam seu cérebro constantemente. Seu córtex cingulado anterior parece estar ativo, e essa é a parte do cérebro que ajuda a manter a concentração interna. Ele também registra a dor e as emoções. Na verdade, o cérebro não consegue distinguir entre dor externa e dor emocional. Estudos demonstraram que a dor do isolamento social pode ser reduzida tomando-se aspirina, do mesmo modo que se você estivesse mesmo com uma dor de cabeça. O córtex cingulado anterior foi implicado em certos tipos de depressão, porque parece manter as pessoas fixadas e concentradas em estímulos internos.

Por outro lado, quando você presta atenção ao mundo exterior, seus sistemas internos são desligados e os córtex sensoriais ficam mais ativados. Pense em quando está prestando atenção de verdade a algo externo — talvez dançando sua música favorita ou assistindo a um filme incrível — e como você não percebe quais são seus pensamentos, porque suas referências estão voltadas para o mundo exterior. É aí que reside sua atenção — o fascínio é tão grande que não percebe a sensação preocupante e incômoda que teve durante todo o dia ou a dor de cabeça que teve antes.

Então, se você quer que as pessoas aprendam, como as estimula a prestar atenção? Elas podem precisar prestar atenção a você, ao conteúdo, aos próprios corpos, aos próprios pensamentos e aos colegas. O que quer que seja que vai fornecer uma fonte de informação.

Há maneiras de fazer isso, e você vai aprender sobre cada uma delas em mais detalhes à medida que lê este capítulo:

- Encontre o nível de estimulação de Cachinhos Dourados — nem muito, nem pouco.
- Torne o nível de processamento complexo o suficiente para prestar atenção.
- Pondere se fazer várias tarefas ao mesmo tempo (multitarefa) está ajudando.
- Avalie os inputs multissensoriais.

- Faça com que as pessoas entrem no estado de fluxo, ou seja, de total imersão, e contribua para que o tempo voe.
- Aumente os níveis de autorreferência.
- Aumente os níveis de exercício.
- Dirija a atenção ao que é importante.

Dê à Cachinhos Dourados a atenção que ela merece

Para quem não conhece Cachinhos Dourados, é a história de uma garotinha que caminha a esmo pela mata, encontra uma casa vazia e, talvez por tolice, entra nela. Ela tenta comer o mingau que foi deixado sobre a mesa e acha uma porção muito quente, outra muito fria e outra na temperatura ideal. Faz uma coisa semelhante testando as cadeiras e, por fim, as camas, adormecendo na cama "ideal". É descoberta pelos ursos que vivem na casa e, dependendo da versão que se ouve, foge, é devorada ou se torna a melhor amiga deles. A questão é que ela estava sempre comparando as coisas e procurando o nível ideal.

Uma forma de garantir que você prenderá a atenção é manter os níveis de estresse das pessoas tão altos quanto os de Cachinhos Dourados. Em Psicologia e Neurociência, o estresse não é a coisa desagradável de que falamos na vida cotidiana — é apenas uma medida do nível de estimulação que alguém sente.

A *lei de Yerkes-Dodson* mostra a relação entre estimulação e desempenho e foi originalmente desenvolvida pelos psicólogos Robert M. Yerkes e John Dillingham Dodson em 1908. A lei dita que o desempenho aumenta à medida que sua estimulação fisiológica ou mental aumenta, mas apenas até certo ponto. Quando os níveis de estimulação se tornam muito altos, o desempenho diminui (ver Figura 7.2). É claro que o tipo de atividade desempenha um papel importante nisso, e a lei original de Yerkes-Dodson observa a diferença entre atividades fáceis, em que o desempenho continua aumentando, e atividades mais novas ou difíceis.

Quando você está com um baixo nível de estimulação, seu nível de estresse é considerado baixo, e seu desempenho em uma tarefa específica é baixo. Ambos podem aumentar, passando para um nível ideal de estresse para a tarefa e um desempenho máximo, até que potencialmente atinja um nível alto de estresse, que é angústia, e o desempenho caia de novo.

Figura 7.2 Lei de Yerkes-Dodson

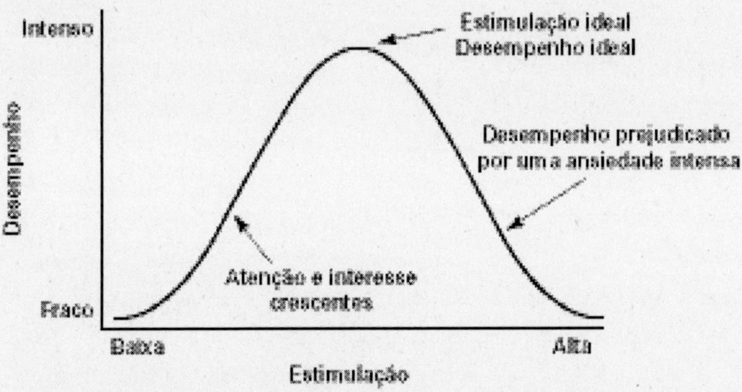

FONTE: https://en.wikipedia.org/wiki/Yerkes%E2%80%93Dodson_law. Acesso em: 5 set. 2020. (Arquivado em perma.cc/ET5Y-ANYL.)

Com níveis baixos de estresse psicologicamente definidos, quando estiver praticamente adormecendo, seu desempenho em atividades cognitivas que requerem concentração será reduzido. Você não estará prestando atenção de verdade nem será capaz de aprender muito, porque está relaxando. Quando atingir um nível de estresse muito alto, seu desempenho em atividades cognitivas será mais uma vez prejudicado porque, com altos níveis de adrenalina e cortisol percorrendo o seu corpo, você estará preparado para lutar ou fugir, e não para analisar racionalmente um novo conceito.

Com níveis ideais de estimulação, às vezes chamados de *eustress*, ou estresse positivo, o desempenho em tarefas cognitivas atinge seu auge. Este é o nível de estresse da Cachinhos

Dourados: nem pouco, nem muito. Como instrutor, esse é provavelmente o nível em que você quer que seus alunos estejam para que tenham a melhor probabilidade de aprender algo cognitivamente novo ou desafiador.

Então, como começar a fazer com que as pessoas atinjam o *eustress*, a evitar que desviem a atenção e a tornar o aprendizado interessante o suficiente para que elas prestem atenção ao que precisam?

Torne o nível de processamento complexo o suficiente para prestar atenção

Quanto mais profundamente você processa informações, mais atenção presta a elas. Isso também ajuda a lembrar-se delas. Então, como é possível aumentar a complexidade da informação até o nível ideal?

Muitas das informações com as quais nos deparamos no trabalho, na escola ou no meio acadêmico nos são apresentadas por meio da linguagem. Você deve fazer um discurso simples e simplificar as coisas, ou usar linguagem complexa para ajudar as pessoas a aprender? Falaremos brevemente sobre linguagem mais adiante, no Capítulo 12, mas o que vamos considerar aqui é a complexidade léxica da linguagem usada.

A linguagem pode ser processada em nível estrutural, fonológico ou semântico. Pense na palavra "casa", por exemplo. Se você fosse processá-la em nível estrutural, estaria perguntando sobre a estrutura da própria palavra, por exemplo: "Qual é a primeira vogal?" Em nível fonológico ou lexical, o processamento é um pouco mais complexo, por exemplo: "O que rima com essa palavra?" E, finalmente, em nível semântico, está pensando no significado da palavra, o que é muito mais cognitivamente estimulante, por exemplo "O que você faz neste lugar?". Que tipos de respostas você quer a partir das suas perguntas?

Há muitos estudos psicológicos que mostram que prestamos atenção e aprendemos com mais facilidade quando há um nível mais alto de complexidade ou desafio de processamento. Muitos desses estudos foram realizados usando-se programas de TV para testar o que prende a atenção das pessoas, mas um estudo se concentrou em analisar trechos de rádio (Potter e Callison, 2000). Os resultados mostram que, quando a complexidade auditiva era maior, as pessoas relatavam que se sentiam mais alertas, e seus níveis fisiológicos de estimulação também aumentavam. Elas sofriam um aumento nos batimentos cardíacos, por exemplo. Curiosamente, elas também estavam mais inclinadas a avaliar as mensagens de maneira mais positiva e se lembravam melhor delas do que de mensagens simples. Eles criaram mensagens de rádio estruturalmente complexas usando múltiplas mudanças de voz, efeitos sonoros, músicas e/ou efeitos de produção, ao passo que as mensagens estruturalmente simples continham apenas algumas dessas características. Os pesquisadores concluíram que "a variação na complexidade auditiva tem maior efeito sobre o comportamento da atenção do que a variação na complexidade visual em comerciais". O estudo contrastou com aqueles sobre estímulos visuais e sugeriu que os sons podem atrair a nossa atenção de volta para algo porque ainda podemos ouvi-lo mesmo quando nossa atenção visual se desviou. Nesses experimentos, parecia que algo tão simples quanto uma mudança de um locutor para outro já era capaz de recapturar a atenção, o que provavelmente significa que ter uma pessoa dando uma palestra ou falando em um seminário virtual por até uma hora provavelmente não é a melhor ferramenta de captação de atenção — ou, no mínimo, que é necessário trabalhar com muito mais intensidade de outras formas para prender a atenção das pessoas. Isso será mais vital quando estiver trabalhando em uma sala de aula virtual ou com *e-learning*, graças à facilidade com que outras distrações podem chamar a atenção.

Multitarefa e atenção

As pessoas adoram dizer que podem ou não realizar multitarefas, mas pesquisas parecem demonstrar consistentemente que, qualquer que seja sua opinião sobre o assunto, você não desempenhará tão bem cada tarefa se realizar multitarefas em vez de se concentrar. Estou me concentrando em escrever este livro agora mesmo, ao ficar sozinha, fechar o meu e-mail, sair do meu "espaço de trabalho" habitual e me cercar de materiais relacionados ao livro. Você pode estar lendo-o em um trem, em um escritório, talvez até na praia. Você está realizando multitarefas enquanto lê? David Rock, em *Your Brain at Work* [Seu cérebro em funcionamento, 2009], fala que realizar multitarefas é como tentar manter vários atores no palco ao mesmo tempo, todos eles exigindo as luzes da ribalta. Realizar multitarefas impacta em sua memória de trabalho, exaure os recursos mentais e afeta quão bem você codifica as informações, para transformá-las em memória de longa duração.

Pode-se desviar rapidamente a atenção de uma tarefa para outra, o que ajuda nos níveis de atenção. Então, talvez haja algum valor em realizar multitarefas se o desempenho não for uma questão importante. Por exemplo, hoje em dia muitas pessoas gostam de assistir a um evento esportivo na televisão, conversar com quem quer que esteja com elas e acompanhar as mídias sociais ao mesmo tempo — provavelmente não importa se seu desempenho em todas as tarefas é cem por cento focado. E suponho que a maioria das pessoas consiga fazer um chá, ter uma conversa e ficar de olho no que seus filhos estão fazendo no jardim sem nenhuma queda significativa no desempenho. No capítulo dedicado ao aprendizado digital, você descobrirá que os jogadores de videogame realmente melhoram suas habilidades de realizar multitarefas.

Quando o multissensorial pode não ser a coisa certa

Se você estiver lendo estes capítulos em ordem lógica, provavelmente acabou de ler aquele que o incita a usar muitos inputs multissensoriais porque isso nos ajuda a codificar informações mais intensamente, o que nos ajudará a recordá-las mais tarde. Mas é sempre crucial usar inputs multissensoriais?

Lembra que o cérebro muda a atividade para o córtex cingulado anterior ou para os córtex sensoriais quando está prestando atenção a seus próprios pensamentos ou quando se remete para coisas externas? Quando estiver aprendendo, pode ser útil prestar atenção de ambas as maneiras em diferentes pontos de seu aprendizado. Em nível prático, você pode precisar decidir quando quer material multissensorial e quando pode precisar de um momento de introspecção para se afastar de cores, barulhos, sensações táteis, sabores e cheiros.

Ainda me lembro do primeiro programa de aprendizagem acelerada "Treine o Instrutor" que fiz. Eu havia estado totalmente atenta o dia todo, com meus sentidos bombardeados por cores, barulhos, movimentos, emoções, gostos e cheiros, porque fizemos uma maravilhosa visualização de um limão que nos fez salivar, mesmo não havendo limões! No final daquele dia, estava sobrecarregada e tive que entrar na piscina para me privar o máximo possível da estimulação sensorial. Eu precisava me concentrar e prestar atenção ao que estava acontecendo internamente e reduzir a distração dos estímulos externos. À medida que minha cabeça afundava debaixo d'água e eu fechava os olhos e flutuava, eu estava extremamente atenta ao que estava acontecendo em meu cérebro e muito contente por ter um descanso de todos os estímulos externos.

Esse é um dos maiores desafios para instrutores e designers que pensam que precisam estar o tempo todo fornecendo inputs — deixe que as pessoas prestem atenção ao que está se passando em suas cabeças, bem como fora delas.

Torne as coisas mais multissensoriais quando quiser que as pessoas se concentrem no mundo exterior, talvez seus materiais de aprendizagem, um vídeo rápido ou as discussões, mas potencialmente reduza a entrada multissensorial quando quiser que reflitam ou processem internamente.

Faça com que as pessoas entrem no estado de fluxo e contribua para que o tempo voe

Não podemos falar de atenção e foco e não pensar no conceito de fluxo, que é um conceito da Psicologia Positiva descrito e investigado por Mihaly Csikszentmihalyi (2008). É a ideia de estar completamente imerso e concentrado em algo. Você tem uma concentração dinamizada e um envolvimento completo em uma atividade. Às vezes as pessoas falam que se sentem alegres ou energizadas quando estão no estado de fluxo, mas às vezes você não está nem um pouco ciente de seus sentimentos, porque se concentra demais na atividade. O tempo muitas vezes passa voando sem que perceba, e isso é intrinsecamente gratificante. Essencialmente, é um ótimo estado para permanecer por um tempo, embora as pessoas em fluxo nem sempre prestem atenção às outras ou às próprias necessidades corporais, como comer, beber ou dormir.

A teoria de Csikszentmihalyi sugere que três coisas precisam estar em seus devidos lugares para que se atinja o estado de fluxo. Então, vale a pena pensar em como é possível criar tais condições para si e para seus alunos.

Você precisa de uma tarefa ou atividade com objetivos e progresso claros, além de feedback imediato para que possa ajustar o desempenho de forma a manter o estado de fluxo e o equilíbrio correto entre os desafios percebidos da tarefa e suas habilidades identificadas. É preciso ter confiança de que pode completar a tarefa, mas ela precisa ser complexa o suficiente para ser desafiadora.

O inimigo do fluxo é a apatia ou o tédio. Na verdade, diria que o tédio é o inimigo da maior parte do aprendizado, embora haja algumas evidências de que sentir tédio pode levar ao pensamento criativo (Rodes, 2015).

Aumente os níveis de autorreferência

Faz parte do senso comum o fato de prestarmos atenção às coisas quando se referem a nós mesmos, mas essa também é uma ideia apoiada por evidências. Uma pesquisa na University of Connecticut de 1997 concluiu que as pessoas prestam mais atenção e lembram com mais facilidade a informação se forem capazes de relacioná-la consigo mesmas, potencialmente porque isso cria um processamento mais elaborado dessa informação (Symons and Johnson, 1997).

Nossos próprios sensos de nós mesmos e de nossa consciência são incrivelmente complexos, e o estudo da consciência ainda está descobrindo novas ideias a cada dia. Não vamos começar a destrinchar isso aqui, senão você acabará em profundas discussões filosóficas sobre o que é o *self* e o que é consciência. Se Anil Seth, codiretor do Sackler Centre for Consciousness Science, não consegue explicar rapidamente, eu também não consigo.

Se, porém, estiver procurando a localização biológica, o sentido de *self* parece causar ativação em várias estruturas corticais. Isso inclui o córtex pré-frontal medial e o córtex pré-frontal. A atividade também foi medida no córtex pré-frontal ventromedial quando os participantes foram solicitados a codificar o material autorreferencial. Outros estudos mostraram que uma área do córtex visual, a área do corpo extrastriado, parece ser importante para que reconheçamos as partes de nosso corpo como pertencentes a nós.

Então, o que você, como instrutor, pode fazer para criar uma autorreferência sólida para as pessoas? Algumas dessas coisas são mesmo simples, e você provavelmente já inclui muitas delas no seu dia a dia. Mas agora sabe que há respaldo em pesquisas:

- Use os nomes das pessoas regularmente quando estiver falando com elas.
- Capture os nomes registrados e use-os também em treinamentos digitais.
- Pergunte às pessoas quais são suas reflexões sobre o que acabaram de aprender.
- Pergunte-lhes como usarão o material mais tarde.
- Use os nomes das pessoas ao fazer perguntas para aumentar significativamente a atenção.
- Use histórias que tratem especificamente dos negócios, da organização e da situação deles, ou peça-lhes que contem as próprias histórias.
- Adapte exercícios e estudos de caso para que se encaixem com as próprias experiências dos alunos.
- Use a palavra "você" muito mais do que "eu" nos textos e quando estiver falando com as pessoas. Em vez de "Eu preciso que você faça este exercício", escreva "Você precisa fazer este exercício".
- Escreva instruções usando o discurso direto, e não o indireto: "Quando tiver terminado de ler o texto, responda às perguntas".

Até mesmo falar sobre as relações das pessoas demonstrou ter um efeito sobre a autorreferência e a memória, de modo que as discussões na área do café, em que você conhece um pouco mais as pessoas e pode se referir a amigos ou familiares, são importantes em termos de atenção.

Uma atividade que um cliente meu começou a fazer para aumentar a atenção por meio da autorreferência, durante uma apresentação com um computador, foi entregar o mouse ao público em vez de ficar com ele. Os "usuários" ficaram muito mais alertas, além de poderem escolher quando queriam seguir em frente e no que estavam se concentrando.

Aumente os níveis de exercício

John Medina, em seu livro *Aumente o poder do seu cérebro* (2008), faz do exercício físico a regra número um do cérebro. Ficaria muito surpresa se você não tiver lido em algum lugar que o exercício vai manter seu cérebro funcionando, aumentar a expectativa de vida ou fazer algo surpreendente por você. Cada vez mais evidências mostram que o exercício é bom para nós e ficar sentado é ruim, mas o exercício não precisa sempre envolver calçar tênis de corrida e fazer atividades físicas intensas.

Estudantes a quem se pediu que lessem e-mails e escrevessem mensagens de texto enquanto andavam a 2,25 km/h em uma esteira com uma escrivaninha acoplada melhoraram sua memória para o material com que estavam trabalhando e disseram que se concentraram melhor durante a tarefa de leitura de quarenta minutos (Labonté-LeMoyne *et al.*, 2015). Suas ondas cerebrais também foram medidas usando EEG, mostrando sinais de frequência teta mais baixa e frequências alfa mais altas, o que os pesquisadores interpretaram como funcionamento mental superior. Pesquisadores descobriram que os estudantes que se envolveram em atividades físicas moderadas antes de fazer um teste que mediu a capacidade de concentração tiveram um desempenho melhor do que os estudantes que não fizeram exercícios. Os pesquisadores descobriram que o exercício contribui principalmente para a capacidade de nosso cérebro de ignorar as distrações, embora não tenham certeza do motivo.

Portanto, em vez de pedir às pessoas que se sentem durante qualquer tipo de estudo, por que não as estimular a andar ou, no mínimo, a se levantar?

Nos meus treinamentos, regularmente peço que as pessoas fiquem de pé para ver, discutir ou compartilhar informações, pois acredito que a qualidade e a quantidade das perguntas que as pessoas fazem são muito superiores a quando estão sentadas.

Fizemos isso ainda mais desde que ocorreu um incidente quando eu estava falando a um grupo sobre a Neurociência da memória.

Todos pareciam bastante interessados e envolvidos, alertas e prestando atenção. Uma colega, Carole Elam, chegou atrasada e disse que ia pegar um café antes de se sentar. Assim, ficou ocupada no fundo da sala pegando um café e nem parecia estar se concentrando particularmente no que eu estava dizendo. Em seguida, sentou-se e "prestou atenção". Mais tarde, naquele dia, como parte da sessão, fizemos um teste sobre o que as pessoas haviam lembrado. Carole veio até mim depois e me explicou que se saíra melhor na parte do teste sobre o conteúdo transmitido enquanto ela pegava um café do que na parte sobre o que foi apresentado quando estava sentada. Sua experiência foi que, enquanto fazia café ela se sentia alerta e precisava se concentrar para não perder alguma coisa, mas, depois que se sentou, sentiu que estava entrando no "modo esponja". É claro que não podemos medir o que exatamente na experiência de fato aumentou a sua atenção, mas ambas acreditamos que um fator importante foi que ela estava se movendo em vez de estar sentada. O café também ajuda com os níveis de atenção, portanto não se esqueça disso quando estiver lecionando.

Perguntas como uma ferramenta poderosa para direcionar a atenção

Tenho certeza de que você já usa perguntas quando está elaborando ou ministrando aprendizado, mas quero que pense nelas como se fossem captadoras de atenção adicionais:

- Elas aumentam a autorreferência, particularmente se usar o nome de alguém.
- As pessoas têm que vasculhar as mentes em busca da resposta a uma pergunta, então, elas têm que recordar, e não apenas codificar informações.
- Elas tendem a promover o *eustress*. Se lhe fazem perguntas, você tende a estar mais alerta do que se estiver apenas ouvindo ou clicando.

- Perguntando "por que" você usa uma técnica específica que requer mais reflexão do que perguntar simplesmente "o que é", pois assim você aumenta o processamento de estrutural para semântico.

E as perguntas também influem muito no ponto em que vamos concentrar nossa atenção.

Eis algumas perguntas rápidas para você responder. Tem um animal de estimação? Conhece alguém que tenha? Do que gosta ou não com relação a animais de estimação?

Antes de eu fazer essas perguntas, suponho que você não estava pensando particularmente em animais, não é mesmo? Mas ao ser feita a pergunta, seu cérebro parte para encontrar respostas. Muito do aprendizado digital tende a fornecer informações, mas é muito fácil fazer uma pergunta e estimular o usuário a pensar antes de revelar as respostas. Assim, é possível direcionar a atenção das pessoas para alguma coisa muito rapidamente apenas fazendo uma pergunta sobre ela. Esse é possivelmente o motivo pelo qual tantos oradores e palestrantes começam suas falas com uma pergunta retórica para capturar a sua atenção.

Paralisia por apresentação

Já falamos sobre exercícios físicos e algumas das outras coisas que podem ajudar a atenção, então eis uma história sobre um cenário diferente para você considerar.

Você já foi hipnotizado? Talvez não saiba, mas mesmo que pense que nunca tenha sido hipnotizado, é possível que isso já tenha acontecido enquanto estava em um curso de treinamento ou em uma reunião. Talvez ache esclarecedora esta história sobre uma coincidência.

Tive a oportunidade de participar de uma sessão de hipnose em grupo. Acho que não sou particularmente suscetível à hipnose, mas após vinte minutos, recebemos uma sugestão de que não seríamos capazes de mover nossos braços. Queria provar que não estava hipnotizada. Eu sabia que poderia me mover se quisesse, mas simplesmente não reuni as energias para me mover — era confortável demais ficar deitada ali sem me mover, e eu estava efetivamente paralisada. Essa é aparentemente uma experiência bastante normal de hipnose e devo dizer que é bastante agradável.

Alguns dias depois, percebi que me comportei da mesma forma, mas dessa vez eu não tinha sido hipnotizada voluntária ou conscientemente — e essa tampouco era a intenção do "hipnotizador". Em um seminário numa manhã, a sala estava confortavelmente quente, os assentos eram macios e fundos, as luzes estavam apagadas para os slides e o apresentador estava familiarizado com seu material.

Após cerca de trinta minutos, ele decidiu que era hora da "parte interativa" e fez perguntas. Ninguém se voluntariou, então o facilitador fez algumas perguntas ao "painel de especialistas". Uma delas defendia um argumento interessante ao qual eu queria responder, mas não consegui me animar a dizer ou fazer nada. Reconheci que estava mais uma vez paralisada. Eu estava no mesmo estado físico e mental de quando tinha sido hipnotizada. As condições para isso, e muitas sessões de treinamento presencial, são semelhantes àquelas deliberadamente escolhidas para a sessão de hipnose: iluminação atenuada por causa da apresentação de PowerPoint, ambiente cômodo e quente, muitas outras pessoas paradas e alguém falando conosco de maneira confortável.

Pensando bem, com que frequência você sente lentidão em conseguir que seus participantes participem ativamente ou façam perguntas ao final de uma sessão — estariam eles em um estado de hipnose leve? Já lhe aconteceu de as pessoas dizerem que estão interessadas em suas ideias antes de sua sessão, mas é difícil fazê-las reagir depois que você começa? Ou você já disse a um grupo que gostaria muito que a sessão fosse interativa, que eles fizessem perguntas, e depois sentiu frustração quando ninguém perguntou nada? Ainda mais frustrante é a experiência de quando você pede uma decisão, ninguém discorda, mas vê que as pessoas parecem estar indo contra a decisão quando voltam ao escritório.

Em um estado hipnótico, absorvemos informações com bastante eficácia, mas uma característica-chave da hipnose é que algumas de suas faculdades críticas são desativadas — o que vê, ouve ou sente não é avaliado —, você se torna sugestionável, e com certeza não está em um estado de atenção plena. Talvez queira considerar em que estado as pessoas estão quando lhes apresenta suas informações. Talvez elas literalmente não estejam em estado adequado para avaliar criticamente o que lhes foi dado e responder. Elas só conseguem fazer isso quando tiverem sido reavivadas ao caminhar de volta para o escritório — nesse momento, talvez seja tarde demais.

Portanto, se precisa que as pessoas absorvam e aprendam algo, especialmente se quer que considerem, contestem ou se envolvam com isso, apresentá-lo por meio do poder da hipnose não é a maneira mais eficaz. Mas se quiser deixar a informação ser absorvida a conta-gotas e de maneira não crítica, vale a pena usar uma visualização guiada para impulsionar ideias sobre criatividade ou confiança, por exemplo.

Resumo

As pessoas aprenderão melhor se tiverem prestado atenção ao que estão aprendendo. Sem atenção, as informações podem não começar a ser codificadas na memória de longa duração (falaremos mais sobre isso em outro capítulo). Para aumentar os níveis de atenção:

- Encontre o nível de estimulação da Cachinhos Dourados — a quantidade exata de *eustress*.
- Aumente a complexidade do processamento.

- Diminua a quantidade de multitarefas que pede que as pessoas façam.
- Decida se os inputs multissensoriais estão ajudando ou atrapalhando.
- Faça com que as pessoas entrem no estado de fluxo e contribua para que o tempo voe.
- Faça com que as pessoas sintam que se trata de algo pessoal, aumentando os níveis de autorreferência.
- Levante-se, ande, faça as pessoas se moverem.
- Incentive a interação digital mais complexa; por exemplo, ordenar algo em vez de simplesmente clicar em algo.
- Atenção direta ao que é importante — as perguntas são uma forma fácil de fazer isso.
- Não hipnotize as pessoas.

Referências e leituras adicionais

Csikszentmihalyi, M. *Flow*. New York: Harper Perennial, 2008.

Galfano, G. *et al*. Eye Gaze Cannot Be Ignored (But Neither Can Arrows). *The Quarterly Journal of Experimental Psychology*, v. 65, n. 10, p. 1.895-1.910, 2012.

Harrison, C. A. *et al*. Reduced Locomotor Activity as an Acute Effect of Damage to Superior Colliculus in Rats. *Behavioural Brain Research*, v. 13, n. 3, p. 273-277, 1984.

Krock, L. P.; Hartung, G. H. Influence of Post-Exercise Activity on Plasma Catecholamines, Blood Pressure and Heart Rate in Normal Subjects. *Clinical Autonomic Research*, v. 2, p. 89-97. Disponível em: https://www.ncbi.nlm.nih.gov/pubmed/1638110. Acesso em 8 set. 2020. (Arquivado em perma.cc/29UC-NW7S.)

Labonté-LeMoyne, É. *et al*. The Delay Effect of Treadmill Desk Usage on Recall and Attention. *Computers in Human Behavior*, v. 46, p. 1-5, 2015.

Medina, J. *Brain Rules*: 12 Principles for Surviving and Thriving at Work, Home, and School. Seattle: Pear Press, 2008.

Potter, R.; Callison, C. Sounds Exciting!!: The Effects of Auditory Complexity on Listeners' Attitudes and Memory for Radio Promotional Announcements. *Journal of Radio Studies*, v. 7, n. 1, p. 29-51, 2000.

Rhodes, E. The Exciting Side of Boredom. *The Psychologist*, v. 28, n. 4, p. 278-281, 2015. Disponível em: https://thepsychologist.bps.org.uk/volume-28/april-2015/exciting-side-boredom. Acesso em: 2 jul. 2015. (Arquivado em perma.cc/GTU5-4W4W.)

Rock, D. *Your Brain at Work*. New York: Harper Business, 2009.

University of Illinois at Urbana-Champaign. Physical Activity May Strengthen Children's Ability To Pay Attention. *ScienceDaily*, 1 abr. 2009. Disponível em: www.sciencedaily.com/releases/2009/03/090331183800.htm. Acesso em: 2 jul. 2015. (Arquivado em perma.cc/J2LQ-ZTT4.)

Symons, C.; Johnson, B. The Self-Reference Effect in Memory: A Meta-Analysis. *Psychological Bulletin*, v. 121, n. 3, p. 371-94, 1997.

Yerkes, R.; Dodson, J. The Relation of Strength of Stimulus to Rapidity of Habit-Formation. *Journal of Comparative Neurology and Psychology*, v. 18, n. 5, p. 459-482, 1908.

Tornando a aprendizagem significativa e valorizando a inteligência 08

Bela matemática

$$e^{i\pi} + 1 = 0$$

Quão bela você acha a equação acima?

Aparentemente, ela é chamada de identidade de Leonhard Euler, e os matemáticos a acham linda (Zeki *et al.*, 2014). A equação a seguir é considerada feia, infelizmente, para Srinivasa Ramanujan que a derivou:

$$\frac{1}{\pi} = \frac{2\sqrt{2}}{9801}\sum_{k=0}^{\infty}\frac{(4k)!(1103 + 26390k)}{(k!)^4 396^{4k}}$$

Acontece que tanto os não matemáticos que não entendem essas equações, incluindo eu, quanto os matemáticos têm reações semelhantes em uma parte específica do córtex órbito-pré-frontal medial ao fazer julgamentos sobre o que é belo — até a beleza das equações. Por outro lado, quando você está olhando e processando números, uma área diferente do córtex, o giro temporal inferior, conhecido por estar envolvido no processamento de informações visuais, parece estar particular e especificamente ativa. No entanto, essa área não é ativada quando se olha para números que estão escritos na forma de palavras, como "um" e "dois".

O processamento de números não é algo que esteja programado em seu cérebro. Não nascemos com um neurônio (ou conjunto de neurônios) de reconhecimento de números. É algo que aprende-se, e você aprende a usar partes de seu cérebro que foram originalmente projetadas para outra coisa. É como se desenvolvesse uma habilidade matemática como resultado de outro processamento que faz mais naturalmente. Ainda assim, algumas pessoas parecem ter uma aptidão real para a matemática, mas outros, não. Muitos de nós achamos que os matemáticos são muito inteligentes, mas se eles estão apenas usurpando uma parte do cérebro que normalmente faz outra coisa, existe algo particularmente inteligente em relação a eles?

O elemento perturbador na sala de aula

Você já teve, como instrutor, educador ou facilitador de aprendizagem, um elemento perturbador em seu ambiente de trabalho — alguém que parece não querer prestar atenção, não entendeu ou, de modo geral, parece ter a intenção de causar problemas? Nos workshops "Treine o Treinador", os alunos fazem regularmente a seguinte pergunta: "Como lido com porta-vozes difíceis?" Em geral, nossa resposta é que não acreditamos que exista um porta-voz difícil, mas que algumas pessoas podem ainda não ter encontrado a melhor maneira de processar as informações ou habilidades que estão aprendendo. Seu trabalho como facilitador do aprendizado é ajudá-las a explorar e encontrar seu melhor caminho por meio da informação. As pessoas podem ser perturbadoras por mil e uma razões diferentes, mas talvez elas simplesmente não consigam captar o aprendizado da maneira como está sendo oferecido.

Você já viu o filme *Ou tudo ou nada*? Há um momento encantador nele para demonstrar um grupo de pessoas a quem está sendo ensinado algo que não estão conseguindo entender, até que conseguem traduzi-lo em algo significativo para elas. Gerald, o ex-encarregado desse grupo de ex-siderúrgicos, está lhes ensinando a dançar como os Chippendales, um grupo de dança famoso por tirar a roupa como parte do show. Gerald sabe alguns passos de dança e está acostumado a ser o chefe. Então, ele explica e demonstra os passos, mas nenhum dos caras está "entendendo". Para eles, isso não faz sentido, não tem qualquer significado. Eles podem ouvir o que Gerald está dizendo, podem ver o que ele está mostrando, são capazes até de colocar um pé na frente do outro quando ele indica — mas ainda não são capazes de dar um sentido real ao que estão aprendendo e aplicá-lo. Eles não sabem dançar, muito menos do jeito que Gerald quer!

Até que um deles, chamado Horse, relaciona a dança com algo que ele já conhece e grita: "É a armadilha para conseguir impedimentos do Arsenal, não é? Por que você não disse isso antes?". E, de repente, todos começam a dançar! Eles encontraram algo significativo para eles, que os ajuda a dar sentido às novas informações, para que eles possam expressá-las e usá-las.

Todos nós precisamos dar sentido às coisas para que isso nos ajude a aprender. Talvez haja outra maneira de elaborar o aprendizado que faça mais sentido para mais pessoas, para que elas possam compreendê-lo e processá-lo. Neste capítulo (ver Figura 8.1), exploraremos várias maneiras diferentes de processar o aprendizado e dar sentido às informações que lhe foram apresentadas, e também veremos algumas ideias para ajudar a reconhecer que pode ser que você não esteja lidando com porta-vozes difíceis — e sim com pessoas que talvez queiram processar informações de maneira diferente, ou uma tarefa que possa ser mais adequada a outro modo de transmissão.

Inteligência e aprendizagem

Há um desafio do mundo real ao aprendizado que está relacionado com o conceito de inteligência. As pessoas são consideradas "inteligentes" se tiverem um QI (quociente de inteligência) elevado, e crianças e adultos são classificados e avaliados dependendo dessa medida de inteligência que existe há mais de cem anos. As pessoas com um QI elevado em geral se saem bem na escola e academicamente, dadas as circunstâncias certas. Mas há uma anomalia no fato de que as pessoas que se dão bem academicamente nem sempre são as mais bem-sucedidas em outras áreas na escola, no trabalho ou na vida em geral. E as pessoas que são bem-sucedidas de outras formas nem sempre são reconhecidas como inteligentes, e decerto podem não ser alunas exemplares, mas parecem ser capazes de aprender o que precisam sem obter boas notas na escola.

Quando você estava na escola, talvez tenha conhecido crianças que eram consideradas "inteligentes" — elas em geral tiravam notas máximas em matérias acadêmicas como Matemática, Ciências, Inglês ou História. Havia outras crianças que se destacavam no esporte, na Arte, na Música, na Dança, ou talvez fazendo amigos, mas nem sempre eram classificadas como "inteligentes" segundo as medidas padrão, apesar de terem habilidades poderosas em certas áreas e de todas essas atividades exigirem um complexo processamento cognitivo. Até você pode se encaixar em uma dessas caracterizações. Os testes de QI, uma medida comumente aceita de "inteligência", medem suas habilidades verbais, raciocínio matemático e lógico, e um elemento de consciência espacial, mas há muitas coisas que os testes de QI não medem adequadamente ou de maneira alguma.

Figura 8.1 Tornando o aprendizado significativo

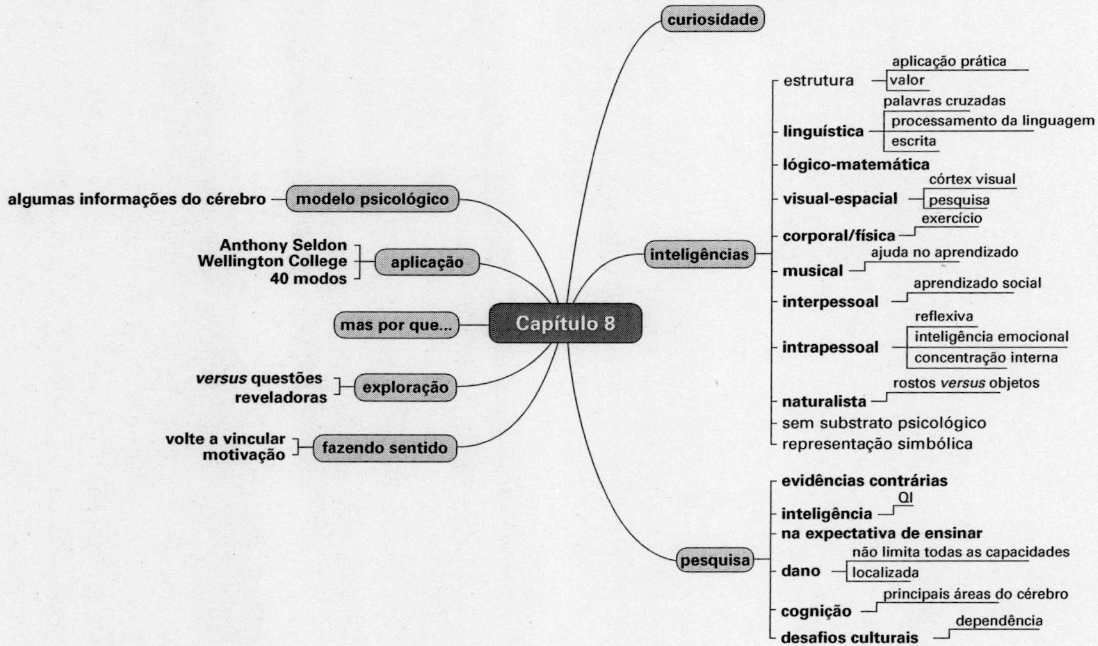

Considere pessoas como Neil Baldwin, de Stoke-on-Trent, Inglaterra, que é considerado como tendo uma deficiência de aprendizagem e, no entanto, teve uma vida incrível, que foi documentada no filme *Marvellous*. Ele tem um diploma honorário da Keele University, que lhe foi concedido porque:

> Ele observou, apoiou e manteve contato com sucessivos grupos de alunos da Keele, e formou uma impressionante rede de contatos de ex-alunos tanto nacionais quanto internacionais. Ele trabalha em prol dos estudantes oferecendo conselhos e apoio, e permanece firmemente orgulhoso e leal à Keele. (Keele University apud Neil Baldwin, s.n.t.)

Entre seus amigos, está um arcebispo da Cantuária. Uma vez ele até jogou no Stoke City Football Club, além de ter sido o encarregado de cuidar do material esportivo deles por muitos anos. Neil Baldwin foi bem-sucedido em numerosos campos e decerto aprendeu e adaptou-se, ao longo de sua vida, apesar, e possivelmente até por causa, de suas dificuldades de aprendizagem.

Aprender é muito mais do que apenas receber e lembrar informações — uma vez que você absorveu as informações com sucesso, por meio de seus sentidos, e elas estão em sua cabeça, é necessário encontrar um sentido para compreendê-las, e, em última instância, recordá-las e usá-las.

Expandindo o escopo da inteligência para dar mais sentido ao aprendizado

Howard Gardner, da Harvard University, apresentou o conceito de inteligências múltiplas em 1993 com a publicação de um livro homônimo. Ele propõe a ideia de que as pessoas são inteligentes, mesmo que não sejam acadêmicas, e identificou oito inteligências principais. Daniel Goleman cunhou a expressão “inteligência emocional” com a publicação, em 1996, de seu livro, no qual argumentou que pessoas com um alto nível de inteligência emocional são mais bem-sucedidas na vida do que aquelas com um QI alto. E, antes disso, surgiu o conceito de inteligência social na década de 1930. Então, o que é importante com relação a todos esses diferentes tipos de inteligência?

O sucesso não parece ser apenas graças ao QI — há muitas pessoas bem-sucedidas no mundo que não têm um QI particularmente alto, mas ainda assim se destacam no campo que escolheram.

Quem você considera que seja um "especialista" ou que se destaque em determinado campo, mas que não seria classificado como tradicionalmente inteligente? Em que áreas de especialização você é bom e gosta, mas não tem necessariamente uma qualificação acadêmica?

Inteligência múltipla também não é estilo de aprendizagem

Antes de prosseguirmos, gostaria de deixar claro que a teoria da inteligência múltipla não é a mesma coisa que estilos de aprendizagem. Os estilos de aprendizagem foram largamente descartados por não terem qualquer validade científica, e há uma excelente análise da razão pela qual não são iguais às inteligências múltiplas feita pelo próprio Howard Gardner no Washington Post em 2013. Os estilos de aprendizagem implicam que as pessoas têm um estilo particular que privilegiam em relação aos outros, e isso é aplicável em uma ampla gama de atividades, ao passo que a teoria da Inteligência Múltipla sugere que as pessoas podem ter pontos fortes em certas áreas, e que certas atividades podem ser mais apropriadas para aprender coisas diferentes de maneiras distintas. As sugestões do Gardner são para:

- individualizar ou personalizar sempre que possível;
- "ensinar materiais importantes de várias maneiras, não apenas de uma";
- abandonar o termo estilos de aprendizagem.

A teoria da inteligência múltipla no aprendizado

Howard Gardner tem uma formação investigativa e científica, estudou Neurofisiologia e Neuropsicologia, assim como trabalhou com pessoas que tinham vários tipos de danos cerebrais. Ele reconheceu que todas as habilidades requerem processos cognitivos complexos além daqueles medidos pelos testes de QI. Ele definiu originalmente uma inteligência como "a capacidade de resolver problemas ou criar produtos valorizados em um ou mais contextos culturais" e, após vinte anos, refinou a definição para "um potencial biopsicológico para processar informações que podem ser ativadas em um contexto cultural para resolver problemas ou criar produtos que são valorizados em uma cultura".

Ele propôs oito critérios para decidir se algo é uma inteligência e identificou oito inteligências que acredita satisfazerem os seguintes critérios:

1 Potencial de isolamento por danos cerebrais.
2 Histórico evolucionário e plausibilidade evolucionária.
3 Operação ou conjunto de operações centrais identificáveis.
4 Suscetibilidade de codificação em um sistema de símbolos.
5 Histórico de desenvolvimento distinto com um conjunto definido de desempenhos hábeis de "término bem-sucedido".
6 Existência de eruditos, prodígios e outras pessoas excepcionais.
7 Apoio de tarefas psicológicas experimentais.
8 Apoio de descobertas psicométricas.

Muitas inteligências têm sido sugeridas, mas descartadas. Gardner considerou especificamente o conceito de uma inteligência "espiritual", mas por enquanto segue pelo lado da cautela, e não acredita que ela satisfaça plenamente seus próprios critérios de classificação de inteligências.

Embora as inteligências da Gardner não tenham contrapartidas fisiológicas diretas, ou seja, não é possível mapeá-las exatamente em regiões específicas do cérebro, tais critérios de fato fornecem um meio de categorizar diferentes habilidades e atividades, e decerto são úteis para ajudar a elaborar intervenções de aprendizagem que atendam às necessidades de um grupo mais amplo de pessoas. À medida que mais aspectos relacionados à neurobiologia do cérebro são revelados, algumas coisas se encaixarão bem na teoria de Gardner e outras podem lançar dúvidas sobre ela. O próprio Gardner, como a maioria dos bons cientistas, adapta seu trabalho à luz de novas evidências.

Então, como isso é importante para você, seja como aprendiz ou como alguém que trabalha com pessoas e as ajuda a aprender? Como aplicar esse conhecimento para ajudar as pessoas a processar informações e torná-las significativas usando seus próprios pontos fortes, e como usar a amplitude de suas inteligências? Veremos que as inteligências de Gardner podem ser uma forma pragmática de pensar sobre como você aprende e como pode adaptar seus projetos de aprendizagem para atender a mais necessidades. A teoria das inteligências de Gardner já é adotada em todo o mundo em muitos currículos educacionais, e no prestigiadíssimo Wellington College, em Berkshire, eles acreditam que as inteligências são tão importantes que as incorporaram fisicamente ao seu ambiente.

Antes de mais nada, vamos descobrir o que Gardner classifica como inteligências, e algumas ideias rápidas sobre como usá-las. Você vai ler brevemente sobre como algumas partes do cérebro processam diferentes tipos de informação, mas lembre-se de que ainda não há evidências para uma descrição fisiológica completa das múltiplas inteligências — e com certeza não há um teste fisiológico.

Inteligências múltiplas em ação

Linguística

A habilidade com palavras é utilizada por escritores, advogados, contadores de histórias, poetas. Você pode explorar esta inteligência escrevendo ou registrando todos os pontos-chave. Escreva uma carta para um amigo ou um artigo de jornal fictício. Desenvolva um resumo de aprendizado por escrito. Crie caça-palavras ou palavras cruzadas para que os alunos explorem. A linguagem é processada principalmente no córtex esquerdo, e as lesões em uma das suas duas áreas principais, as áreas de Broca e de Wernicke, podem criar efeitos incomuns, como, por exemplo, fala fluente sem sentido ou compreensão aparentes, ou a incapacidade de falar enquanto o entendimento permanece intacto. A leitura e a escrita utilizam áreas cerebrais de processamento da linguagem com ativação adicional dos córtex visual e motor.

Lógico-matemática

A habilidade de análise e lógica é utilizada por cientistas, economistas, estatísticos matemáticos.

Você pode explorar esta inteligência compartilhando fluxogramas ou infográficos, pedindo aos alunos que listem os pontos principais em uma sequência lógica e numerada. É possível usar esta estrutura lógica para discutir uma ideia. Incite-os com a seguintes perguntas [AEIOU, na sigla original] — Quais Suposições?; Quais Evidências?; Existe uma boa Ilustração disso?; Quais são minhas Observações?; Quais são os pontos Diferenciados? O lado esquerdo do cérebro há muito está associado ao pensamento lógico, e há algumas evidências de que ele também pode ser mais otimista; mais capaz de resolver as coisas por meio de uma conclusão lógica do que de "esperar pelo pior" sempre. Os neurônios do lado esquerdo estão mais agrupados, o que pode ser uma das razões pelas quais o lado esquerdo do cérebro é melhor no processamento de detalhes.

Visual-espacial

A capacidade de visualizar e criar imagens na sua imaginação é utilizada por arquitetos, navegadores, designers, artistas, fotógrafos. Você pode apoiar o aprendizado criando um mapa de aprendizado, um cartaz, um cartum, um vídeo ou uma linha do tempo visual. Use cores, símbolos, vínculos, textura e espaço em branco.

O córtex visual tem enorme poder de processamento e está dividido em diferentes áreas, cada uma responsável por uma qualidade diferente de percepção visual, como varredura, movimento, cor etc. Orientar-se no espaço exige atividade do lado direito do cérebro, no hipocampo e no córtex parietal.

Corporal/Física

O uso hábil do corpo é demonstrado por cirurgiões, atletas, dançarinos e artesãos. Você pode explorar esta inteligência escrevendo, circulando ou ticando palavras, construindo algo, classificando cartões de memória, movendo-se enquanto fala em voz alta, representando papéis, ou talvez projetando um quebra-cabeças. Só não fique parado!

O córtex motor primário, que fica quase no meio de sua cabeça, envia e recebe mensagens de seus músculos para coordená-los. Você também está usando o cerebelo para o equilíbrio e a coordenação, e os gânglios da base podem desempenhar um papel no aprendizado de ações e hábitos repetidos.

Musical

A habilidade de criar ou identificar padrões complexos de som/ritmo é utilizada por músicos, compositores, engenheiros de som, afinadores de piano e DJs. Para explorar esta inteligência, vale a pena reformular um jingle, um anúncio, uma canção, um rap, uma rima ou um poema, com os pontos-chave do seu aprendizado. Ou até mesmo inventar alguns versos de sua autoria!

Constatou-se que os músicos têm, em média, 25 por cento ou mais do córtex auditivo direito dedicado ao processamento musical. Isto é particularmente intenso nas pessoas que começam a tocar música nos primeiros anos de vida.

Interpessoal

Esta é a capacidade de se comunicar bem ou ser empático, demonstrada por instrutores, conselheiros, vendedores, assistentes sociais. Você pode explorar isto criando círculos de aprendizagem ou grupos de discussão ou adotando o uso das mídias sociais e das ferramentas de colaboração digital. Você também pode arranjar um mentor, cotreinar um amigo ou colega, ou encontrar um companheiro de estudo. Lembre-se sempre de colaborar com os outros em vez de competir.

Trabalhar eficazmente com as pessoas requer a ação de muitas partes do cérebro: o sistema límbico é vital para a emoção, mas parte do córtex pré-frontal parece estar envolvida na compreensão dos estados mentais de outras pessoas.

Intrapessoal

Esta é a capacidade de sermos reflexivos ou de estarmos em paz com nós mesmos, conforme praticado por budistas, memorialistas, filósofos e estrategistas de vida. Para explorar isto você pode se perguntar — como usar esta ideia/qual é a sua importância para mim? Escreva um diário ou um registro de aprendizagem, ou produza uma linha do tempo pessoal. Reflita sobre uma ideia antes de compartilhá-la.

A autoconsciência é decerto uma atividade complexa, mas uma área que tem sido associada ao foco em estímulos internos é o córtex cingulado anterior, situado na fissura entre os dois hemisférios. As áreas do córtex pré-frontal são responsáveis por atividades cognitivas complexas, como planejamento e tomada de decisões.

Naturalista

Esta é a capacidade de reconhecer e classificar as numerosas espécies de um ambiente. É demonstrada por naturalistas, jardineiros, ambientalistas e talvez até colecionadores de carros, ornamentos, sistemas de som. Esta inteligência pode ser explorada classificando itens em categorias, criando subgrupos de diferentes classes, procurando detalhes que tornem as coisas semelhantes ou dissimilares, pesquisando consequências ambientais.

A categorização e o reconhecimento de objetos é uma atividade que parece ocorrer entre o córtex sensorial relevante e uma área de "associação" que fica próxima a ele. A memória é importante para esta tarefa, assim como a emoção. Apenas uma lesão cerebral pode apagar todo o conhecimento de determinado objeto, e existem diferentes partes do cérebro para identificar objetos naturais e artificiais, até para discriminar entre rostos familiares e desconhecidos.

Outras vozes

Nicki Davey, *diretora, Saltbox Training and Events Ltd.*

Usando a natureza para melhorar o aprendizado

Estar em meio à natureza nutre meu corpo, minha mente, meu coração e meu espírito. Sei que sou parte da natureza e que ela é parte de mim, e sei que minha energia, criatividade, perspicácia e produtividade melhoram muito quando estou em meio à natureza e conectada com ela.

Meus anos de experiência na concepção e na realização de treinamentos também me mostraram que a natureza tem um efeito semelhante sobre os alunos. Quando eles estão conectados com a natureza, sua disposição, capacidade e habilidade de aprender é significativamente aumentada.

Ao longo de nossa evolução como seres humanos, nossa vida esteve totalmente interligada com o resto do mundo natural. Isso só mudou muito recentemente em nossa história evolucionária. A humanidade tem se tornado cada vez mais desconectada da natureza, e nossas conexões físicas, mentais, emocionais e espirituais com a natureza e nosso planeta estão se rompendo.

Desde 2009, mais pessoas no mundo inteiro vivem em ambientes urbanos do que em ambientes rurais, e, no Ocidente, as pessoas passam noventa por cento de seu tempo em ambientes fechados. No entanto, temos uma necessidade humana arraigada de nos associarmos à natureza, conhecida como biofilia, e as pesquisas indicam que a natureza é boa para nós: quando as pessoas estão em meio à natureza ou perto dela, ficam mais relaxadas, mais criativas, mais entusiasmadas, e seu foco e concentração são melhores — e tudo isso leva a um aprendizado melhor. Algumas das principais descobertas incluem:

- Flores e plantas em um local de trabalho melhoram o funcionamento cognitivo, podem criar um aumento de quinze por cento nas ideias inovadoras e na solução mais criativa e flexível de problemas (Ulrich, 2009);
- A conexão com a natureza tem um efeito positivo significativo sobre a autonomia, o crescimento pessoal e o propósito na vida (Nisbet, Zelenski e Murphy, 2011);
- Quando as pessoas se identificam com a natureza, sentem maior sensação de vitalidade, independente dos níveis de exercício e atividade social (Ryan *et al.*, 2010);
- As pessoas que passam quinze minutos por dia em meio à natureza desenvolveram uma perspectiva mais positiva do que aquelas em condições urbanas (Mayer *et al.*, 2009);
- Plantas nas salas de aula fizeram com que as crianças se sentissem mais confortáveis, relaxadas, sociáveis e amigáveis do que nas salas de aula sem plantas (Han, 2009);

- O uso de analogias com a natureza e a incorporação de experiências em um contexto natural maior ajuda as pessoas a encontrar sentido quando passam por mudanças (Berger e McLeod, 2006);
- As pessoas que fraternizam com a natureza ganham uma maior sensação de existência significativa, o que, por sua vez, aumenta o bem-estar (Howell, Passmore e Buro, 2012);
- Quando imersas em um ambiente natural, as pessoas relatam que se sentem mais conectadas às outras e ao mundo ao seu redor (Terhaar, 2009);
- Caminhar em meio à natureza melhora a memória em até vinte por cento (Berman *et al.*, 2008);
- As pessoas são mais atenciosas e generosas quando expostas à natureza (Ryan e Weinstein, 2009);
- Estar imerso na natureza e desligado das diversas mídias e da tecnologia aumenta em cinquenta por cento a capacidade criativa de resolução de problemas (Atchley *et al.*, 2012);
- A exposição à natureza leva a um melhor funcionamento cognitivo e bem-estar mental (Kaplan, 1993; 2001).

Rachel e Stephen Kaplan descobriram que as pessoas se concentram melhor depois de passar um tempo em meio à natureza, ou mesmo olhando para representações da natureza, e desenvolveram o conceito de teoria da restauração da atenção (TRA) para explicar por que isso acontece. Eles sugerem que a natureza está repleta de "estímulos intrigantes" que prendem a nossa atenção sem que tenhamos que processar ativamente informações ou controlar nossas respostas. Nosso cérebro é estimulado enquanto ainda está relaxado. Em contraste, os ambientes urbanos são repletos de um tipo diferente de estimulação que constantemente chama nossa atenção em diferentes direções. Todo esse "ruído" sensorial carregado e agitação constante significam que temos que estar constantemente decidindo para onde nossa atenção deve ser direcionada e tomar decisões sobre nossas ações. Portanto, nosso cérebro fica incapaz de relaxar e fica cansado. Refletir sobre "fascinações suaves", como nuvens que se movem pelo céu, folhas farfalhando com a brisa ou água borbulhando sobre rochas em um riacho, não requer nenhum esforço, e esta "atenção sem esforço" é suficiente para envolver nossas mentes, mas não a ponto de que precisemos concentrar nossas atenções ou nossos processos mentais em quaisquer desafios, decisões ou preocupações. Isto dá ao nosso cérebro uma chance de descansar e se reabastecer, o que, por sua vez, melhora o processamento cognitivo e a função neural.

Então, o que tudo isso significa para nós como responsáveis pela aprendizagem, e como podemos usar a natureza para melhorar o processo e os resultados do aprendizado? É do nosso interesse e do interesse de nossos alunos, tirar partido dos efeitos da natureza para maximizar o potencial de aprendizagem das pessoas. Utilizo a natureza para melhorar o aprendizado de três maneiras diferentes: aprendendo *na* natureza, aprendendo *com a* natureza e aprendendo *a partir da* natureza.

Aprendizagem na natureza

Evoluímos para funcionar melhor em ambientes ricos em natureza, e, como estar em meio à natureza ou próximo a ela é bom para nós, isso também faz com que aprendamos melhor. Sempre que possível, devemos utilizar locais com acesso à natureza e espaços ao ar livre, ou utilizar o parque local, se necessário. Se o acesso à natureza ao ar livre não for possível, então podemos trazê-la para a sala de treinamento usando flores, plantas e materiais naturais, ou colocar cartazes de belas imagens da natureza nas paredes. Podemos abrir as janelas para que as pessoas possam ouvir os sons dos pássaros, da chuva, ou do vento nas árvores, e se nem sequer isto for possível, podemos usar gravações destes sons da natureza.

Aprendendo com a natureza

A natureza é infinitamente complexa, diversa, sutil e inventiva, portanto, fornece um excelente conjunto de ferramentas para ajudar no processo de aprendizagem. Podemos usar a natureza, por exemplo, como metáfora para ajudar as pessoas a entender e lembrar tópicos do aprendizado — seja da Geologia, da Geografia, dos reinos animal e vegetal, da Astronomia, dos sistemas ecológicos, da Meteorologia. Olhe a sua volta, e você decerto encontrará algo em algum lugar na natureza que fornece a metáfora perfeita para os conceitos que você está ajudando as pessoas a aprender.

A natureza também nos fornece material de treinamento gratuito. Contanto que não danifiquemos o mundo natural, podemos usar folhas, galhos, flores, pedras, sementes, penas e outros como materiais, adereços e modelos para atividades de treinamento.

A natureza também fornece um espelho poderoso que promove a autorreflexão e a autoconsciência. Quando as pessoas se conectam com ela, se conectam consigo mesmas, e isto pode levar a uma percepção interna e crescimento pessoal profundos.

Aprendendo a partir da natureza

A natureza passou milhões de anos superando com sucesso seus problemas e desafios, e podemos aprender com sua experiência ao examiná-la diretamente em busca de soluções. *A biomimética* é a imitação dos modelos, sistemas e elementos da natureza com o propósito de resolver problemas humanos complexos, e há muitos exemplos de produtos, serviços e soluções que se desenvolveram como inovações inspiradas pela natureza, tais como o velcro e a tinta à prova de sujeira. Como instrutores, podemos elaborar atividades que incentivam os alunos a resolver problemas estudando as melhores ideias da natureza e replicando-as. Ao fazer isso, promovemos a resolução criativa de problemas e a inovação, bem como uma conexão com a natureza.

Qualquer que seja a abordagem que utilizemos para incorporar a natureza em nosso treinamento, podemos estar confiantes de que ela ajudará a criar experiências potentes e duradouras para os alunos. Como instrutores, devemos também seguir o conselho de Einstein: "*olhe profundamente para a natureza e você entenderá tudo melhor*". Estar em meio à natureza aguça nossos sentidos, nos dá concentração, abre nossos corações e acalma nossos espíritos, e ao reservar um tempo para a natureza em nossas próprias vidas e trabalho, nos tornamos facilitadores de aprendizagem mais iluminados e inspiradores.

Medindo as inteligências

Embora o QI possa ser medido usando testes em papel ou on-line, fazer isso para avaliar as inteligências múltiplas é muito mais difícil. O próprio Gardner sugere que não há uma maneira fácil de avaliá-las, porque os próprios testes costumam ser inerentemente tendenciosos para as pessoas cujo ponto forte são as inteligências linguística ou lógico-matemática. Ele acredita em observar as pessoas para ver em que elas se sobressaem e, portanto, demonstram suas habilidades.

E há tantos processos envolvidos em qualquer habilidade que até isso se torna problemático. Portanto, há críticas ao trabalho de Gardner por ele ser autorreferencial — uma inteligência não pode ser classificada como tal, a menos que satisfaça os próprios critérios dele, e não pode ser testada porque os testes em si não são "multiplamente inteligentes". Entretanto, assim como muitos perfis de personalidade ou outros testes psicométricos, há valor a ser extraído do reconhecimento da diferença e da diversidade, e as inteligências múltiplas são uma estrutura muito útil para se projetar ambientes de aprendizagem e intervenções.

Quer as inteligências existam como entidades físicas ou como conceitos psicológicos, haverá diferenças nos pontos fortes relativos de cada pessoa. Algumas pessoas têm áreas reais de especialização, e são mais fracas em outras áreas; algumas pessoas têm uma ampla gama de pontos fortes. Embora não seja útil, nem mesmo possível, classificar as pessoas como tendo uma inteligência específica, é útil reconhecer que existem diferenças e ajudar as pessoas a abordar a aprendizagem usando técnicas diferentes.

Críticas às inteligências múltiplas

Há quem critique esta abordagem, e você pode ler algumas das críticas e refutações on-line ou em um capítulo útil do livro *Inteligências múltiplas na sala de aula*, de Thomas Armstrong (2009).

A teoria das inteligências múltiplas (IMS) não está totalmente mapeada ou correlacionada com áreas precisas do cérebro, ou seja, você não tem uma área de "inteligência musical" em seu cérebro, apesar de ter áreas específicas do cérebro que processam música. Isto se deve ao fato de que estes conceitos são definidos de modo amplo e incluem habilidades difusas, e nossos processos cerebrais são complexos demais para um mapeamento tão simplista assim.

Algumas das críticas são relacionadas a como a ciência se desenvolve, e porque nem sempre é possível fazer "ciência dura" no mundo real. As empresas e as organizações não têm tempo para realizar ensaios duplos-cegos dos métodos de treinamento; as escolas precisam ser cuidadosas para não arriscar a educação das crianças só para ver se uma metodologia em particular é melhor do que outra. Precisamos de provas para avaliar o que funciona e o que não funciona, mas às vezes temos que adotar uma abordagem mais realista.

Falando como uma pessoa pragmática, as múltiplas inteligências foram adotadas por muitos professores, instrutores e profissionais em todo o mundo, os quais acham que elas oferecem uma estrutura útil para melhorar o desempenho, e há suficientes evidências corroborantes e úteis para que eu as utilize até que algo melhor apareça.

Ideias para adotar

Ver os alunos de maneira diferente

Quando vi Howard Gardner falar há alguns anos, ele se referiu a uma entrevista em que Wayne Rooney descrevia como ele jogava futebol. Gardner explicou como Rooney precisava de um tipo diferente de processamento para chutar a bola do que alguém que estava escrevendo um artigo profissional sobre futebol — e, no contexto apropriado, Rooney era mais inteligente. Parte do que Wayne Rooney fazia era um processamento matemático complexo, mas ele não conseguia "explicá-lo" de forma tradicionalmente inteligente — ou seja, não conseguia falar de modo eloquente e poético, e escrever um artigo professoral sobre o futebol, mas, por outro lado, a maioria dos professores academicamente inteligentes provavelmente não conseguiria fazer o raciocínio matemático inconsciente que Wayne Rooney faz para chutar uma bola com precisão.

Isso poderia significar que seria mais fácil ajudar Wayne Rooney a aprender matemática formal se o fizesse por meio do futebol, em vez de falando e escrevendo? Não sei a resposta a essa pergunta, mas há evidências de que as pessoas são capazes de aplicar matemática complexa porque a usam no mundo real sem serem capazes de falar sobre ela de forma abstrata. As crianças de rua na América do Sul são particularmente boas no tipo de matemática aplicada que lhes permite calcular mudanças, descontos percentuais e seus ganhos e perdas diários, enquanto têm dificuldade na sala de aula para fazer matemática formal (Saxe, 1988; Pluck, 2015). Qual dessas atividades será mais útil para elas no mundo real?

Adote uma mentalidade de crescimento

Biologicamente, os cientistas podem observar que pessoas diferentes desenvolveram o cérebro de maneira diferente, e isto afeta como elas processam seus mundos. Você se lembra dos taxistas londrinos, que pesquisas revelaram ter um hipocampo maior quando comparados com os motoristas de ônibus? Há uma hipótese de que a complexa experiência de direção deles tenha ocasionado um desenvolvimento em seu hipocampo, que é parcialmente responsável pela consciência espacial, em comparação com os motoristas de ônibus, que seguem rotas predefinidas. Pesquisas mais recentes sobre esses mesmos motoristas mostram que foi apenas a parte de seu hipocampo que lida com a memória visual-espacial que foi ampliada, e outras áreas podem na verdade ter se tornado relativamente menores. A autora da pesquisa original também quer ver o que acontece quando os motoristas de táxi eventualmente se aposentam, mas isso tem sido difícil porque a maioria deles parece continuar a trabalhar até uma idade bem avançada.

O grande diferencial do conceito de múltiplas inteligências é que ele é fluido. Você pode desenvolver suas inteligências exercitando-as, o que se encaixa muito mais facilmente em nosso conhecimento sobre a neuroplasticidade do que os conceitos de um QI fixo.

Crescimento e garra

As pesquisas de Carol Dweck (2007) na Universidade de Stanford se baseiam nas ideias de neuroplasticidade e em cérebros que mudam, e sugere que você pode aprender ainda melhor adotando uma mentalidade de crescimento. Quando os estudantes veem a inteligência como maleável e não fixa, reagem à adversidade trabalhando com mais afinco e experimentando novas estratégias. Esta capacidade de perseverar é popularmente chamada de "garra".

Estas duas habilidades não cognitivas, que são mais associadas à inteligência emocional, podem ter uma influência pelo menos de igual importância na aprendizagem à das habilidades cognitivas mais comumente associadas ao sucesso e à inteligência. Parece que tanto a mentalidade de crescimento quanto a garra ativam conexões entre redes pré-frontais que estão associadas ao controle comportamental, mas os pensamentos relacionados à mentalidade de crescimento estimulam a atividade nas áreas de monitoramento de erros, como o córtex cingulado anterior dorsal. Comportamentos e pensamentos associados à garra agem mais na rede ventroestriatal que apoia a perseverança, assim como o atraso e o recebimento de recompensas (Myers *et al.*, 2016). A dopamina e a serotonina são neurotransmissores importantes ligados à garra e à mentalidade de crescimento que proporcionam tanto a recompensa quanto a capacidade de seguir em frente.

Os educadores podem ter um efeito ao dar elogios ou feedbacks que não sejam sobre a capacidade inata, mas sim que se concentrem no desempenho das pessoas e no que elas podem fazer para melhorar. Dizer às crianças que elas trabalharam duro em algo parece melhorar seu desempenho mais do que dizer-lhes que são espertas em algo, porque isto é algo que elas podem repetir. Se elas acreditam que já são inteligentes ou burras, estão mais inclinadas a "dormir sobre seus louros" ou a não tentar. A mentalidade do crescimento e a garra são mais fáceis de ensinar e desenvolver do que a "esperteza".

Vale muito a pena pesquisar o trabalho de Carol Dweck, especialmente algumas das "ferramentas" muito simples que ela compartilha para promover uma mentalidade de crescimento (Dweck, 2007). A mais simples de todas é o poder do "ainda". Ela trabalhou em uma escola em que os alunos foram classificados como "aprovados" ou "ainda não aprovados", e os resultados na escola melhoraram consistentemente. As crianças começaram a perceber que o aprendizado não era um evento pontual no qual se é bem ou malsucedido, mas uma jornada que se torna mais eficaz quando se persiste no processo de aprendizado. Muitas organizações fariam bem em criar este tipo de cultura de aprendizado em que as pessoas associam a aprendizagem a um processo contínuo, em vez de a atividades de conformidade que se vai ticando em uma lista, exames estressantes, ou eventos excepcionais de treinamento no estilo "varinha de condão" que mudarão comportamentos da noite para o dia.

Ensine as inteligências a seus alunos

Além de elaborar um treinamento que adote uma abordagem multiplamente inteligente, você pode achar útil ensinar as múltiplas inteligências a seus alunos e participantes para que eles reconheçam que existem múltiplas maneiras de abordar o aprendizado, e que, ao experimentar novas e diferentes maneiras de aprender, eles estão desenvolvendo sua inteligência de modo geral. Em um estudo de 2007 com adolescentes, descobriu-se que a compreensão de conceitos como neuroplasticidade melhorou tanto o autoconceito quanto o êxito.

Tenho um amigo muito bom cujo filho está prestes a terminar a escola. Se as habilidades sociais fossem ensinadas e avaliadas adequadamente na escola, ele seria o melhor da classe. Mas, do jeito que as coisas vão, provavelmente não vai deixar a escola com "boas" qualificações — isso o torna menos inteligente? Se você o conhecesse, saberia que ele é inteligente, brilhante e esperto. Ele já teve vários empregos de meio período e seus empregadores o valorizam, porque ele é ótimo com os clientes, e quando precisa aprender algo que se relaciona com as pessoas, é um aprendiz rápido e eficaz. Ajudá-lo a ver que ele é inteligente apesar do que indicam suas notas nas provas pode lhe dar a confiança para prosseguir naquilo que é bom e para desenvolver sobre seus pontos fortes. (Desde a primeira edição deste livro, este jovem progrediu rapidamente por meio de um esquema de aprendizagem e desempenha papel mais responsável: agora trabalha como um consultor muito competente para uma empresa em Londres, e está estudando para uma qualificação empresarial para a qual está automotivado. Sua própria confiança, habilidades sociais e mentalidade de crescimento o levaram muito mais longe do que qualquer das qualificações que ele considerava irrelevantes).

Ao descobrirmos mais sobre a Neurociência do Comportamento e vermos que se trata de um conjunto complexo de processos cognitivos, talvez seja melhor que deixemos de falar de "habilidades comportamentais" e, em vez disso, falemos de inteligências valiosas que poderiam ser ensinadas na escola. O desafio pode estar em avaliá-las e medi-las de uma maneira com a qual o sistema educacional atual, com ênfase em testes que são inerentemente tendenciosos para um subconjunto de inteligências, pode ainda não ter sido configurado para lidar.

Use as inteligências múltiplas como estrutura para perceber e adaptar o que faz

O principal benefício da teoria e prática das múltiplas inteligências é que você pode começar a se afastar de um método mais acadêmico e sedentário de treinamento, ensino e aprendizagem, e passar para experiências de aprendizagem mais significativas, com as quais as pessoas se relacionam mais prontamente, e que são mais relevantes para o conhecimento ou as habilidades reais que elas estão aprendendo. Nossa experiência é a de que isto reduz significativamente os níveis de tédio, perturbação e preocupação entre os alunos assim que eles percebem que não precisarão se sentar em um ambiente de aprendizagem formal fazendo a mesma coisa durante todo o dia. Assim que perceberem que lhes serão dadas múltiplas maneiras diferentes de encontrar, manipular e pensar sobre informações ou habilidades, eles se comprometem e participam mais plenamente. Isso raramente acontece, mas se alguém de fato parece ser distraído ou questionador, você também tem uma estrutura útil para refletir sobre o que pode estar acontecendo com eles e para elaborar estratégias alternativas. Talvez eles tenham uma inteligência intrapessoal forte e não tenham tido tempo o suficiente para a reflexão, ou uma inteligência corporal forte e não tenham sido capazes de se mover por muito tempo e exercitar suas próprias habilidades particulares. Pense em quão bem você se sente quando é capaz de fazer algo em que é bom — sente-se valorizado e valioso. Dê a seus alunos essa oportunidade com a maior frequência possível.

Trabalhando com e contra suas preferências

Como você saberá ao trabalhar qualquer tipo de ferramenta de personalidade, quando as pessoas têm preferências ou pontos fortes diferentes dos seus, pode ser mais desafiador trabalhar com elas ou trabalhar como elas. Com as inteligências é semelhante. Você tem exercícios, rotinas, ferramentas e técnicas que vem usando há anos, e elas funcionam muito bem para você. Mas será que elas sempre funcionam tão bem assim para seus alunos? Se tem uma preferência linguística intensa, talvez gostasse de inglês ou línguas na escola, ou escreve um blog, gosta de ler, é possível oferecer estas experiências encantadoras a seus alunos. Sei que tenho uma tendência terrível a oferecer a todos um livro assim que eles dizem que estão interessados em algo — "Ah, sei exatamente o livro de que você vai gostar", dizem as minhas preferências linguísticas e interpessoais enquanto eu salto em direção à minha estante e empurro um livro para cima deles, graças a uma inteligência física/corporal que é acionada. Vejo-os se retrair um pouco e depois me lembro: "Oh, não, nem todo mundo gosta de livros." O que combinaria mais com esta pessoa?

Tente elaborar atividades de aprendizagem exploratórias que se adaptem às múltiplas inteligências, ou, no decorrer de uma sessão de aprendizagem, varie as atividades de modo que estejam atendendo a diferentes inteligências em diferentes momentos. Explique às pessoas que elas acharão algumas atividades adequadas a elas, e outras, acharão mais desafiadoras, mas possivelmente verão que seus colegas se destacam nelas. Alguns tópicos, informações ou habilidades se prestarão mais naturalmente a inteligências específicas. Se você estiver ensinando futebol, provavelmente faz mais sentido sair e chutar uma bola de futebol, mas alguns alunos também se beneficiarão se você lhes transmitir um pouco de teoria para respaldar o que eles estão testando em campo, ou talvez eles obtenham uma melhor compreensão se tiverem tempo para falar sobre isso uma vez que tenham praticado. Só porque até hoje você viu o treinamento de planilhas de Excel sendo feito apenas colocando-se alguém sentado em frente a um computador e falando-se logicamente sobre as funções, isso não significa que essa seja a única maneira de ensinar isso. Empregar as múltiplas inteligências pode aumentar enormemente suas capacidades de elaboração criativa.

Resumo

Eis os destaques deste capítulo:

- As pessoas precisam dar sentido às informações que entram em suas cabeças. Parece que pessoas diferentes processam informações de maneira diferente com base em suas tendências naturais, suas experiências, e a própria informação.
- Empregue as inteligências múltiplas para aumentar suas habilidades de elaboração e de transmissão.
- Trabalhar com as preferências das pessoas faz com que elas se sintam mais valorizadas e se envolvam mais.
- Howard Gardner propõe oito inteligências:

1 Linguística
2 Lógico-matemática
3 Visual-espacial
4 Corporal/Física
5 Musical

6 Interpessoal

7 Intrapessoal

8 Naturalista

- Use estas inteligências para adaptar o que faz para atrair mais pessoas e permitir que elas empreguem seus pontos fortes naturais no aprendizado.
- Aumente suas próprias habilidades de elaboração criativa e de transmissão adotando as inteligências múltiplas como uma estrutura para dar sentido ao aprendizado.
- Lembre-se de trabalhar além de suas próprias preferências.

Referências e leituras adicionais

Armstrong, T. *Multiple Intelligences in the Classroom*. Alexandria, VA: ASCD, 2009.

Dweck, C. S. *Mindset*: The New Psychology of Success. Nova York: Penguin Random House, 2007.

Gardner, H. The Theory of Multiple Intelligences. *Annals of Dyslexia*, v. 37, n. 1, p. 19-35, 1987.

Gardner, H. *Multiple Intelligences*: New Horizons. 2. ed. rev. Nova York: Basic Books, 2006.

Myers, C. A. *et al*. The Matter of Motivation: Striatal Resting-State Connectivity Is Dissociable between Grit and Growth Mindset. *Social Cognitive and Affective Neuroscience*, v. 11, n. 10, p. 1.521-1.527, 2016.

Pluck, G. The 'Street Children' of Latin America. *The Psychologist...*, v. 28, p. 20-23, 2015. Disponível em: https://thepsychologist.bps.org.uk/volume-28/january-2015/street-children-latin-america. Acesso em: 2 jul. 2015. (Arquivado em perma.cc/5MBF-2B6F.)

Saxe, G. The Mathematics of Child Street Vendors. *Child Development*, v. 59, n. 5, p. 1.415-1.425, 1988.

Strauss, V. Howard Gardner: 'Multiple intelligences' are not 'learning styles'. *Washington Post*, 16 out. 2013. Disponível em: www.

washingtonpost.com/blogs/answer-sheet/wp/2013/10/16/howard--gardner-multiple-intelligences-are-not-learning-styles/. Acesso em: 2 jul. 2015. (Arquivado em perma.cc/ACW6-P5JZ.)

NEIL BALDWIN (Keele University). Wikipedia, s.n.t. Disponível em: https://en.wikipedia.org/wiki/Neil_Baldwin_(Keele_University). Acesso em: 2 jul. 2015. (Arquivado em perma.cc/XH2Z-L4FS.)

Zeki, S.; Romaya, J.; Benincasa, D.; Atiyah, M. The Experience of Mathematical Beauty and its Neural Correlates. *Frontiers in Human Neuroscience*, v. 8, n. 68, 2014.

Memórias significativas 09

Da codificação ao esquecimento

Não nos conhecemos, não é mesmo?

Você pode imaginar como é ter estado em um lugar centenas de vezes e ainda assim estar totalmente convencido de que nunca esteve lá antes, não conhece nenhuma das pessoas com quem está falando e tem certeza de que nunca foi convidado a participar de nenhum tipo de experiência de memória?

HM é uma das pessoas mais amplamente documentadas em toda a pesquisa de memória. Pegue qualquer livro sobre memória e você o encontrará lá. Desde que morreu, um livro fascinante (*Presente permanente*, 2013) foi escrito sobre ele pela professora Suzanne Corkin, a pesquisadora que passou grande parte de sua vida trabalhando com ele e estudando sua memória, e que por fim o apresentou pelo seu nome, Henry Molaison. Henry teve seu hipocampo removido quando estava na casa dos vinte anos como tratamento para epilepsia severa, e é graças a ele que sabemos tanto sobre memória. Porque seu hipocampo foi removido, Henry se tornou incapaz de criar novas memórias, e muitas de suas memórias antigas foram destruídas ou, no mínimo, significativamente danificadas.

Henry trabalhou com Suzanne e seus colaboradores por cerca de trinta anos, visitava regularmente o prédio de seu laboratório, e trabalhava com muitas pessoas repetidas vezes, mas não sabia que as tinha conhecido antes ou ido ao laboratório, e as cumprimentava cada vez que as via como se nunca as houvesse visto. Mas os pesquisadores conseguiram estabelecer que, em algum nível inconsciente, parte de sua memória ainda estava funcionando, porque ele sentia que a professora Corkin lhe era familiar, e decidiu que talvez ele a tivesse conhecido na escola. Ele também foi capaz de aprender habilidades como "escrita espelhada" sem nenhuma consciência de que jamais o havia feito antes. Depois de praticar por cerca de uma semana, ele ficava surpreso com quão bom era em algo que acreditava nunca ter feito antes. A professora Corkin também suspeitou que, assim como muitos de nós, ele pode ter algum elemento de memória seletiva porque conseguia se lembrar muito bem de quantos cigarros havia fumado.

O que é memória?

Muitos aspectos da memória ainda são em grande parte um mistério, mas, como a memória é de importância vital para o aprendizado, esta é sua oportunidade de explorar alguns desses mistérios e, mais importante ainda, de ver como é possível garantir que as pessoas tenham uma memória vívida do que aprendem (veja a Figura 9.1 para ter uma visão geral do capítulo). Você explorará diferentes tipos de memórias e gatilhos para estabelecer e, mais tarde, relembrar memórias. Você talvez aprenda algumas coisas que não sabia sobre a memória, e espero que encontre algumas ideias para estimular seu pensamento e, talvez, mudar suas práticas que envolvem a aprendizagem — não apenas na concepção e execução de programas de aprendizagem, como também no ambiente mais amplo de A&D.

Figura 9.1 Memória e aprendizagem

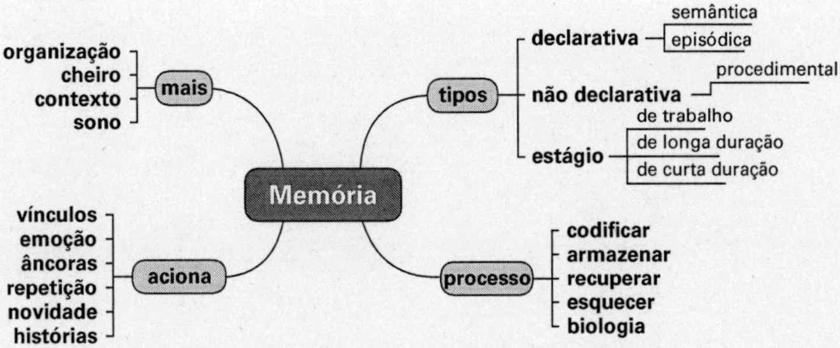

O jogador mais importante neste jogo de memória é o hipocampo. Se você tem dificuldade para se lembrar dessa palavra, imagine um hipopótamo grande e cinza com um par de óculos vermelhos de leitura em sua cabeça, espiando para fora de uma pequena barraca de acampamento verde, estendida sobre grama recém-cortada. O hipopótamo está chamando com uma voz estridente, perguntando a você por que ele nunca consegue lembrar onde colocou seus óculos. Pedir que você se lembre disso pode até ser uma bobagem, mas, se ainda não usa imagens bobas para ajudar sua memória, ao ler este capítulo, comece a entender porque elas quando evocadas em sua cabeça o ajudarão a se lembrar melhor, e o que isso pode significar para seus alunos.

Apesar da incrível quantidade de pesquisa, o processo de criação de memórias ainda não é claramente compreendido, e não existe uma teoria unificada. Para entender um pouco mais sobre o que acontece, primeiro reflita sobre os vários tipos de memórias, porque parece que cada uma delas se comporta de modo um tanto diferente.

Tipos de memórias

Você consegue falar do que se lembra?

Se alguém lhe perguntar quem é o primeiro-ministro do Reino Unido, você provavelmente saberá dizer. Se alguém lhe pedir que conte sobre suas últimas férias, provavelmente também será capaz de falar sobre isso. Mas se alguém pedir que diga como andar de bicicleta ou como ler, é provável que você comece encontrando palavras para descrever essas ações, mas será muito mais difícil falar sobre a experiência em si. Esta é a diferença entre dois tipos de memória — declarativa ou explícita, e a não declarativa ou implícita. Memórias declarativas (explícitas) são quase como o nome indica: você pode declará-las e falar sobre elas. Ao passo que memórias não declarativas (implícitas) são muito mais inconscientes ou subconscientes, e são coisas que você aprendeu e que acha mais difícil expressar com palavras. Estes tipos de memórias implícitas e explícitas são processados de maneira diferente no cérebro, e vale a pena pensar sobre isso porque pode alterar a maneira como você ajuda as pessoas a aprender se entender que se trata de coisas diferentes do que você pode estar tentando fazer.

As memórias explícitas estão ainda divididas em memórias semânticas, aquelas informações que você simplesmente sabe (por exemplo: a Batalha de Hastings ocorreu em 1066, ou que o hipocampo é a sede da memória), ao contrário das episódicas, que são as memórias de determinados eventos, situações ou experiências, tanto autobiográficas quanto gerais. É possível que você se lembre do momento exato em que aprendeu que o hipocampo é a sede da memória (memória episódica), mas é mais provável que seja apenas um desses fatos que você simplesmente sabe (memória semântica).

Quando você não consegue descrever suas memórias

As memórias implícitas (não declarativas) incluem memórias procedimentais: aquelas de procedimentos que fazemos tão inconsciente e regularmente que de fato já esquecemos como os aprendemos. Podemos até achar difícil pensar nelas como lembranças, pois muitas vezes parecem apenas uma habilidade que você aprendeu, e não uma memória. Entretanto, em algum momento em que estava aprendendo a andar de bicicleta, você estava codificando e armazenando as habilidades, movimentos e coordenação complexos e necessários para fazer isso. Agora, quando precisa andar de bicicleta, você extrai a memória de todas essas diferentes áreas, mesmo que não esteja ciente disso.

Como você processa as memórias

Já mencionei que temos memórias declarativas e não declarativas. Então, você vai ler sobre memórias declarativas neste capítulo e, depois, mais sobre memórias não declarativas e hábitos no próximo capítulo sobre prática e testes.

Reconhece-se que o processamento da memória declarativa tem quatro etapas: codificação, armazenamento, recuperação e — igualmente crucial para o aprendizado que também precisamos lembrar — esquecimento. Na vida real não é nada tão bem ordenado assim, mas aqui vai...

Codificação

Antes de mais nada, você precisa receber as informações em qualquer formato externo em que cheguem ao seu cérebro e transformá-las em padrões elétricos para processamento. Esta codificação acontece automaticamente sem que tenha necessariamente que lembrar de forma consciente, particularmente, se houver fortes elementos emocionais, multissensoriais, novos e que prendam a atenção. Um evento como as férias mais incríveis que você já teve permanece na sua mente, enquanto a viagem que você fez ontem para ir trabalhar, ao contrário de qualquer outro dia, é muito mais difícil de lembrar, porque não tem tantos desses elementos únicos.

Outros tipos de codificação podem parecer mais trabalhosos. Tentar lembrar os seis itens da declaração de missão de sua empresa para que você possa ensiná-la na próxima semana vai exigir uma atenção intensa de sua parte. Esta é uma codificação deliberada e parece mais uma "aprendizagem" do que o outro tipo de memória, que apenas parece uma "experiência". A quantidade de atenção que você dedica a algo afetará quão bem o codifica. Então, você provavelmente não prestou atenção à viagem para o trabalho ontem, porque conhece a rotina e, em vez disso, foi capaz de dedicar sua atenção ao treinamento sobre a declaração de missão da empresa. (Talvez queira voltar ao Capítulo 7 sobre atenção para relembrar isto.)

À medida que a informação entra em sua cabeça, ela se espalha pelo seu cérebro em diferentes áreas. Algumas partes de seu cérebro são altamente especializadas e só processam determinado tipo de informação. Como dito anteriormente, em seu córtex visual, por exemplo, há neurônios individuais que reagem apenas às informações sobre linhas horizontais, outros que estão interessados apenas em cantos ou cores. E, ainda assim, o que vemos é um quadro completo, porque de alguma maneira nosso cérebro reúne todas as informações para fazê-lo parecer inteiro — este é um dos grandes mistérios da memória, chamado de problema da integração, e vai ser importante se lembrar dele quando você voltar a pensar em como se lembra das memórias. O modo como codifica as memórias tem grande influência sobre quão duradouras serão suas memórias posteriormente, e você irá explorar algumas técnicas práticas mais adiante neste capítulo.

Da memória de trabalho à memória de longa duração

Um dos destinos das novas informações será sua memória de trabalho, que, de modo um tanto confuso, era chamada de memória de curta duração. O termo "memória de trabalho" dá uma descrição um pouco mais realista do que na verdade é um construto psicológico, ou seja, um modelo que os psicólogos usam para tentar descrever algo que não entendem completamente. Estruturalmente, parece que o córtex pré-frontal dorsolateral, responsável pelo planejamento executivo entre outras coisas, está envolvido. O córtex pré-frontal dorsolateral está intensamente conectado a outras áreas corticais e subcorticais, incluindo o hipocampo.

A memória de trabalho é uma espécie de área de armazenamento temporário para informações que você utiliza rumo à memória de longa duração. Ela foi amplamente estudada por Alan Baddeley (2009), da Universidade de Bristol, que tem um modelo em três partes sobre como a memória de trabalho funciona:

1. O executivo central, localizado em seu córtex frontal, coordena as informações que entram em seu cérebro, concentrando sua atenção, e concluindo com a recuperação de velhas memórias.
2. A alça fonológica, que parece consistir da área de Broca, uma região de processamento de linguagem no hemisfério esquerdo, e um estágio fonológico, ou voz interna, localizado no lobo temporal esquerdo. Às vezes é possível ouvir sua alça fonológica quando está imerso em um pensamento e alguém o interrompe. Você pede que a pessoa repita, mas quando ela o faz, percebe que ouviu o que ela disse, e consegue reprisar a fala antes que a pessoa a repita. Isso parece durar apenas cerca de dois segundos.
3. O caderno de esboços visual-espacial mantém as imagens na mente e fica escondido no lobo occipital direito. Isto dura um tempo muito mais curto do que a alça fonológica.

A memória de trabalho permite que você mantenha informações na cabeça por um curto período de tempo para, literalmente, trabalhar com elas, mas é muito limitada. Se eu lhe pedir que conte de cem até zero, você até pode começar a fazer isso, mas se eu lhe pedir que continue a contar de trás para a frente enquanto recorda as seis esposas de Henrique VIII, provavelmente vai fracassar em uma ou outra tarefa. Você não consegue manipular tantos dados assim em sua memória de trabalho, o que é uma das razões pelas quais a multitarefa degrada o seu desempenho.

Armazenagem ou consolidação

As informações úteis que chegam ao cérebro precisam ser mantidas em algum lugar, mas isso não é simples a ponto de que se possa dizer que há um só lugar onde suas memórias são armazenadas.

Sabemos que o hipocampo é de vital importância para a memória, porque foi a falta de hipocampo de Henry Molaison que ocasionou os seus problemas. No entanto, parece que o hipocampo pode ser mais um organizador do que um estoquista. O hipocampo não armazena informações e depois vai e as pega de volta quando você pede. Ele move as memórias para vários lugares diferentes e coordena um processo muito complexo de classificar, mover, misturar, recorrer, até o momento em que achar que chegou ao melhor ajuste. Em vez de ser armazenada no hipocampo, a informação parece ser guardada no cérebro nas áreas relevantes aonde foi originalmente processada. A informação visual é armazenada no córtex visual, e a informação auditiva é arquivada no córtex auditivo. Mas isso significa que as memórias são altamente distribuídas pelo cérebro porque, no geral, elas incluem elementos multissensoriais, emocionais e cognitivos, e isso causa aos neurocientistas uma grande dor de cabeça. Como podemos integrar todos esses diferentes fatores em uma memória aparentemente completa? Esta é atualmente uma das principais áreas de pesquisa cerebral em andamento.

As lembranças episódicas de sua vida parecem se deslocar por um longo tempo entre o hipocampo e seu córtex. Você as armazena, as recupera, as coloca de volta, com uma constante troca de informações entre o córtex e o hipocampo à medida que usa essas lembranças (Hupbach *et al.*, 2007). Um paciente interessante conhecido apenas como HK parece ser apenas a segunda pessoa relatada como tendo hipertimésia: uma capacidade de lembrar quase todas as suas memórias autobiográficas, que pode ser devido a uma amígdala maior do que o normal marcando suas memórias com emoções ricas (Jarrett, 2012; Ally, Hussey e Donahue, 2013). Ocasionalmente são relatados casos incomuns de pessoas que parecem não ter memórias episódicas significativas, apesar de terem memórias normais para fatos e funcionarem perfeitamente de modo adequado (Jarrett, 2015; Palombo *et al.*, 2015). Essas pessoas também têm dificuldades em tarefas de memória visual e para imaginar eventos futuros, o que respalda a noção de que a memória e a imaginação futura compartilham processos similares. Há uma escola de pensamento que considera que o objetivo principal da memória é imaginar e planejar o futuro, o que é uma habilidade que parece rara no mundo animal.

No fim, as memórias episódicas e semânticas parecem estar alojadas em seu córtex, que é quando se diz que uma memória está "consolidada", mas isso pode levar de algumas semanas a décadas. As memórias procedimentais parecem se localizar principalmente no cerebelo, e estão envolvidas no equilíbrio e em alguns elementos do controle motor, mas as memórias procedimentais também precisam do hipocampo para trabalhar duro na sua organização, e você vai explorar mais sobre isso quando ler sobre hábitos.

Os pesquisadores demonstraram repetidas vezes o valor do sono para o desempenho e a aprendizagem, mas é o sono após a codificação que é importante — não se codifica a informação enquanto se está dormindo, mas o sono é vital para o armazenamento. O neurotransmissor acetilcolina age como um interruptor em suas memórias: durante o dia, os níveis de acetilcolina em seu hipocampo são relativamente altos, e as informações são enviadas do córtex para o hipocampo, mas quando você está dormindo, o hipocampo começa a enviar informações de volta para o córtex — os níveis de acetilcolina são proporcionalmente mais baixos. Pode ser que, durante o dia, os níveis mais altos de acetilcolina suprimam parcialmente as conexões de feedback excitatório, o que lhe permite codificar novas memórias sem que as mais antigas interfiram. À noite, há uma atividade elétrica maior e mais ampla no hipocampo, que pode se espalhar até o córtex e ajudar suas memórias a se consolidarem. Lembre-se desta informação sobre a acetilcolina, porque vamos ver um novo conjunto de neurotransmissores relacionados ao sono e ao aprendizado no Capítulo 13.

A consolidação começa nas primeiras horas de aprendizagem, mas pode levar muitos anos para que uma memória seja, em qualquer sentido da palavra, estável, mas como você verá quando ler sobre recuperação, pode ser que as memórias estejam sempre mudando. As memórias sobre si, sobre fatos, sobre sua vida, sobre suas experiências definitivamente não são tão sólidas quanto você gostaria que fossem. À medida que você começar a compreender a memória, talvez nunca mais seja capaz de travar uma discussão convincente sobre o que aconteceu no passado, porque verá que está apenas criando a história de novo a cada vez.

Recuperação

A recordação, como você pode imaginar, também é complexa, e não se trata apenas de encontrar a memória e extraí-la de modo eficiente. Embora as lembranças sejam bastante frescas (de horas a dias), elas são relativamente coerentes, e é como se você fosse recuperar um arquivo de um escritório recém-organizado. Você vai encontrá-lo onde o colocou, e todas as páginas estão lá, e na ordem correta. Entretanto, muito rapidamente estas memórias se "degradam" e, do mesmo modo que as memórias foram espalhadas por todo o cérebro quando você as codificou, agora é necessário recuperá-las em todas essas regiões.

As memórias são facilmente perturbadas, e podem ser distorcidas até mesmo quando você pensa que elas são de longa duração e, portanto, estáveis. Quando se lembra de algo, seu cérebro puxa informações de diversas regiões, e reconstrói efetivamente a memória de novo. À medida que recupera todas essas peças e as junta mais uma vez, elas se tornam lábeis e instáveis, e ficam suscetíveis a serem afetadas por novos dados que chegam ou por outros fragmentos de memórias antigas. Estudos demonstraram como os pesquisadores podem manipular as memórias com bastante facilidade e, de fato, pode ser que o processo de consolidação ocorra de novo — não é de se estranhar que isso seja chamado de reconsolidação.

Imagine que você decide se lembrar de estar entrando em um ônibus na semana passada. Você efetivamente pede a seu hipocampo que saia e procure o máximo de informações possíveis sobre aquele caso específico de entrar em um ônibus. A quantidade de ônibus que pega afetará o tipo de informação que seu hipocampo é capaz de localizar. Agora, digamos que ontem você estava no ônibus ao lado de uma senhora de casaco vermelho, mas na semana anterior se sentou ao lado de uma senhora de casaco azul. Ao puxar todos os fragmentos de sua memória, a senhora de casaco vermelho pode ser apenas um fragmento de memória mais forte, porque é mais fresco, do que a senhora de casaco azul, e esse fragmento pode tomar o lugar do fragmento do casaco azul. Tendo se lembrado da viagem de ônibus da semana passada, você coloca todas as informações de volta nos seus lugares, possivelmente enquanto dorme, e aquele interruptor de acetilcolina envia as informações do hipocampo de volta para o córtex. Da próxima vez que se lembrar da viagem da semana passada, a senhora com casaco vermelho terá substituído a senhora com casaco azul. É assim que se pega dizendo a seu amigo como é estranho que você pareça sempre se sentar ao lado de uma senhora de casaco vermelho. Como vemos, é este tipo de problema de recordação que causa dificuldades para as investigações policiais, mas talvez seja também a causa de muitas discordâncias pessoais ao longo dos anos: "Lembro claramente que era uma senhora de casaco vermelho que estava sentada ao meu lado na semana passada!"

Julia Shaw, em seu livro *A ilusão da memória* (2016), explica algumas de suas pesquisas em que ela implanta memórias falsas. Então, as pessoas acreditam, por exemplo, que de fato furtavam artigos em lojas quando eram jovens, mesmo que jamais tenham feito isso. Você ficará feliz em saber que ela também os ajuda a "esquecer" essas memórias após a experiência. Nossa capacidade de criar lembranças nos traz benefícios, mas também pode ser um desserviço, porque nunca podemos ter certeza de que sejam inteiramente precisas, por mais que acreditemos firmemente que o sejam. Julia diz: "Podemos apenas coletar provas corroborantes e independentes que sugerem que uma memória é uma representação mais ou menos precisa de algo que aconteceu mesmo."

Uma maneira de tentar manter suas memórias "frescas" e mais representativas da maneira como foram originalmente criadas é repetir a memória regularmente enquanto ela é nova. Descobriremos mais sobre a importância da revisão e da repetição para um aprendizado eficaz no Capítulo 11.

Esquecendo

Você não quer pedir aos alunos que esqueçam. Seu trabalho é ajudá-los a aprender e a lembrar. Entretanto, esquecer é de vital importância para a aprendizagem e para a saúde mental. As pessoas que sofrem de síndrome de estresse pós-traumático de fato não conseguem esquecer, e isto atrapalha sua vida, porque elas gostariam de esquecer. Pesquisas recentes mostram que é muito mais difícil suprimir ou esquecer memórias que são intensamente emocionais, e isto lançou sérias dúvidas sobre a teoria das "memórias reprimidas".

Há outras razões pelas quais também é útil saber sobre o esquecimento. Se você está prestes a ensinar um novo procedimento, o que pode fazer ao mesmo tempo é pedir às pessoas que esqueçam o procedimento anterior. Um colega meu, Jonathan Stevens, ensina digitação por toque de maneira muito inovadora e bem-sucedida. Seu maior desafio é fazer com que as pessoas esqueçam seus velhos hábitos de técnicas horríveis de digitação para digitar por toque de modo eficaz, não apenas acelerando sua velocidade de digitação, como também muitas vezes corrigindo anos de pescoços e ombros doloridos.

Uma pesquisa da Alemanha mostra que pode ser possível ajudar as pessoas a esquecer, simplesmente, dizendo-lhes que o façam (Dreisbach; Bauml, 2014). Os participantes aprenderam a pressionar teclas específicas para palavras específicas escolhidas ao acaso, até que conseguissem fazer isso com cem por cento de precisão. Eles voltaram no dia seguinte, e metade do grupo foi então treinada em uma nova tarefa de "pressão de teclas". Esse grupo descobriu que as pressões de tecla as quais haviam aprendido no dia anterior interferiam em seu novo aprendizado, o que fazia com que elas não tivessem um desempenho tão bom. A outra metade do grupo foi informada de que o computador havia sofrido uma pane na noite anterior e perdido todas as suas sequências. Então, eles podiam esquecer tudo o que haviam aprendido e simplesmente começar de novo. Este grupo teve um desempenho significativamente melhor no segundo dia, apesar de na verdade ter feito as mesmas tarefas do que o primeiro grupo. Os pesquisadores conjecturaram que eles escolheram esquecer o que haviam aprendido porque não era mais relevante. Nessa tarefa, o aprendizado ainda era bastante novo, portanto, talvez seja mais fácil interrompê-lo com uma simples ordem para esquecê-lo.

Se você transferir isso para um cenário real, pode ter consequências relacionadas ao que acontece quando as pessoas voltam ao trabalho após um curso de treinamento. Normalmente, as pessoas fazem um curso de treinamento e voltam com algumas informações boas, novas e frágeis em suas memórias. Ocasionalmente, diz-se a elas que esqueçam — "bem, pode esquecer todas essas coisas sofisticadas que aprendeu no curso e voltar para um trabalho de verdade". Ou pode ser algo mais implícito, todas as pistas contextuais à volta delas são para seus velhos hábitos, o que torna muito mais fácil lembrar o velho hábito e esquecer o novo.

Outras vozes

Ann Grindrod, *Simply Learning, Reino Unido*

A história de Ann — desbloqueando a chave da memória — de modo prolongado!

Como instrutor, qual é a coisa principal que quer que os alunos tirem de seu aprendizado? Você pode sugerir uma série de coisas — diversão, aperfeiçoamento, confiança, conhecimento etc. —, e todas essas respostas são importantes. Entretanto, para mim, a coisa principal que qualquer instrutor precisa que seus alunos extraiam do aprendizado é uma memória do que foi aprendido e, de preferência, de longa duração! Mas agora está muito bem documentado que a memória do aprendizado é extremamente variável, e isto não é uma boa notícia para seus clientes ou para o patrocinador do seu aprendizado, que vão querer um claro retorno sobre o investimento. E, obviamente, a perda de memória também não é boa para você!

Então, o que impede a formação da memória? Há muitas coisas, mas para mim isso se tornou perceptível pela primeira vez durante minha adolescência. Na escola, a maioria dos tópicos era ensinada por meio de palestras. Os alunos estavam sempre sentados e havia uma cultura crítica — nada boa para a natureza experimental! Também não havia ensino sobre "como" aprender — apenas muitas provas. Isto era combinado com uma vida difícil em família, na qual meu pensamento independente não era estimulado, o aprendizado não era apoiado ativamente, e eu tinha poucas oportunidades de aprender com uma gama mais ampla de pessoas e culturas. Por fim, decidi que não tinha inclinações "acadêmicas" e, embora tenha me saído razoavelmente bem em algumas matérias, em geral minha memória da maioria das disciplinas acadêmicas era bastante fraca. Quando saí da escola, aos dezesseis anos, apesar de estar feliz com a saída, sentia que minhas perspectivas eram limitadas.

Entretanto, durante minha escolha de carreira, de repente desenvolvi uma memória soberba para meu trabalho e para a vida dos muitos clientes com os quais interagi. Olhando para o passado, os fatores que ajudaram minha memória foram: gostar do que fazia; adquirir conhecimento que poderia aplicar imediatamente; trabalhar em equipe; conhecer pessoas de diferentes origens; e o fato de todos (gerentes e clientes) terem altas expectativas de que eu e as equipes que liderei podíamos alcançar o que era necessário, todos os dias. Minha excelente memória durou até os meus quarenta anos, quando, após um período prolongado de estresse, e reingressando na educação em meio período, acordei na manhã de um dia de uma prova profissional e percebi que muito da minha memória tinha se esvaído, e eu não conseguia me lembrar de nada sobre um dos principais tópicos da prova!

Sei agora que os hormônios liberados durante períodos prolongados de estresse, particularmente o cortisol, inibem o crescimento de novas células cerebrais no hipocampo, o que impede que novas memórias sejam formadas, ou que as já existentes sejam acessadas. Embora meu estresse fosse todo positivo, nove meses de trabalho sem pausas tiveram seu preço, e lembro como minha mente parecia "estranha", minha concentração estava fraca, e minha memória era altamente variável! E assim começou a minha jornada favorável ao cérebro rumo à chave (para mim) do aprendizado e da memória de longa duração — a descoberta de mapas cerebrais, também chamados mapas mentais, diagramas multielementares, mapas-modelo, até mesmo cartografia cognitiva! Atualmente conhecidos por terem sido usados de várias formas por muitos dos reconhecidos "gênios" do mundo, eles contêm o que para mim são os três fundamentos para formar uma memória excelente — imaginação, associação e organização.

Os mapas cerebrais são projetados para emular como o cérebro funciona naturalmente, e os mapas mais eficazes podem se tornar criações visualmente estimulantes com o uso de cores, símbolos, linhas, ênfase, novidades, imagens e palavras-chave. Minha descoberta de toda esta alternativa cerebral ao pensamento linear significou que o aprendizado e a revisão de provas se tornaram muito mais fáceis para mim, e minha memória melhorou tanto que obtive noventa e seis por cento de aprovação no exame seguinte. Uma memória quase perfeita!

Na condição de instrutora, variações nos mapas cerebrais transformaram minha vida para sempre! Eu as usei para planejar reuniões com clientes, elaborar agendas, registrar rapidamente muitas informações em reuniões, desenvolver anotações tutoriais para sessões de aprendizagem, fornecer planos de aula interessantes, lembrar o material que eu estava transmitindo e, o melhor de tudo para os meus clientes, elaborar mecanismos criativos de revisão de aprendizagem, que ajudaram meus alunos a alcançar até cem por cento de retenção do que eles aprenderam. Uma memória excelente para eles também! E fora do trabalho, comecei a usar mapas em todos os aspectos da minha vida: compras de alimentos, administração da casa, planejamento de projetos e organização de férias, para citar apenas alguns. Meus mapas podem nem sempre fazer sentido para os outros, pois são individualizados para mim, mas eles me ajudam a lembrar de muita coisa!

Agora estou imersa em outra fase estressante de minha vida, que envolve cuidar de idosos, e como também cheguei à minha sexta década de vida, tenho uma consciência crescente dos efeitos das mudanças cognitivas na vida futura. Infelizmente, senti mais uma vez os efeitos da liberação de cortisol no meu funcionamento cerebral, pois diferentes aspectos da minha memória parecem estar perdidos para mim atualmente. No entanto, desta vez, reconheço o que está acontecendo, e graças ao meu conhecimento sobre como ajudar o meu cérebro a trabalhar de modo mais eficaz, estou colocando em prática estratégias que já estão funcionando, as quais confio que irão auxiliá-lo a funcionar de modo eficaz por várias décadas!

Como ajudar seus alunos a lembrar

Ter todas essas informações ótimas sobre como a memória funciona é muito legal, mas, a menos que você tenha algumas ideias práticas sobre como ajudar as pessoas a se lembrarem, tudo isso não passa de Neurociência! Como facilitar a codificação, o armazenamento e a recuperação de memórias, para que as pessoas as apliquem para melhorar o desempenho?

Bordados ricos

Uma das grandes chaves para a memória é codificar as coisas de maneira mais rica, com mais adornos dourados e fanfarra barulhenta para que você tenha muito mais pontos de acesso para obter essas informações posteriormente. É como a diferença entre tentar pegar um ovo sem casca que escorrega por seus dedos ou pegar um pedaço de madeira com galhos e folhas — há muitos "cabos" fáceis para se puxar as informações.

1. Ligações

Quando você está tentando se lembrar de algo novo, é muito mais fácil se puder ligá-lo a algo que já sabe, porque está trabalhando em costuras que já fazem parte de sua tapeçaria.

Você está desenvolvendo as redes de neurônios que já existem, em vez de ter que começar a tecer novas redes instáveis do zero:

- Faça perguntas às pessoas sobre o que elas já sabem e, em seguida, costure o novo aprendizado a essas ideias atuais. Fazer perguntas ativa os neurônios, em um esforço para encontrar a resposta. Os neurônios relevantes são então ativados, e é possível pendurar novas informações nesses neurônios estimulados.
- Mencione situações cotidianas com as quais todos podemos nos identificar.
- Pergunte sobre situações de trabalho relacionadas com o tema em questão.
- Relacione ideias com programas de TV, filmes, livros populares etc.
- Incentive que as pessoas escolham seus próprios vínculos.

2. Emoção

A emoção é para a memória o que Julieta é para Romeu — sem o conteúdo emocional, as ideias carecem de vida. Os negócios podem ser vistos como racionais, mensuráveis e objetivos que, de alguma forma, parecem gradualmente se transformar na crença de que a informação precisa ser também racional e objetiva. Mas os seres humanos não são assim. Você usa as emoções para dar força aos dados para que possa medi-los subjetiva e intuitivamente. Você se lembra com mais facilidade das informações quando elas são emocionais, mas nem sempre consegue se lembrar das informações de que pretendia se lembrar e, às vezes suas memórias emocionais podem literalmente levar você por caminhos errados.

Visito um amigo em Luton apenas ocasionalmente, e quase sempre dobro na direção errada em determinada bifurcação perto de sua casa, o que em geral faz com que tenha vontade de chorar e fique chamando a mim mesma de burra. Então, se as emoções fortalecem a memória, por que não me lembro do caminho certo? Acontece que é em parte porque eu deixo meu cérebro marcar o caminho errado com uma emoção mais forte do que o percurso correto, além de haver um lapso de tempo crucial. Quando peguei o caminho errado pela primeira vez, me senti ansiosa, perdida e atrasada — tive que dar meia-volta quando percebi que era o trajeto errado. Mas a emoção de alívio por agora estar seguindo o caminho certo não era tão forte quanto a ansiedade/medo em primeiro lugar, e eu estava prestando menos atenção porque agora sabia qual era a direção a seguir.

Como normalmente levo cerca de um ano para voltar a Luton, o fragmento de memória não é particularmente forte, porque não fiz nada para fortalecê-lo em todo esse tempo. Então, ao me aproximar da bifurcação, meu cérebro chama todas as informações relacionadas a ela, incluindo uma emoção, e me lembro de ter estado lá antes. Mas a memória emocional real se desvaneceu, e tudo o que ela me fornece é um vínculo um pouco mais forte com o caminho incorreto que, portanto, me parece mais "familiar" — então, deve ser o certo. E mais uma vez escolho o itinerário errado e tenho que dar meia-volta de novo. É claro que me xingo mais uma vez por ser uma tola, por isso remarco o caminho incorreto com uma forte emoção, mal prestando atenção ao percurso correto. Adivinhe o que acontece cerca de um ano depois... Este sentimento de familiaridade pode ser um desafio para lembrar todo tipo de informação quando há emoções e intervalos de tempo mais longos envolvidos.

Como é possível mudar este padrão? Prestar muito mais atenção ao caminho correto, quando eu o escolher, e me felicitar muito por haver acertado. As emoções negativas tendem a ter mais peso do que as positivas, porque são elas que nos mantêm fora de perigo, por isso, terei de fazer um esforço dobrado para elogiar a escolha correta. Isto também pode ser relevante para seus participantes — ajude-os a prestar mais atenção e a conectar emoções mais fortes a escolhas corretas a fim de equilibrar a equação da memória emocional. Acima de tudo, ajude as pessoas a sentirem as emoções que acompanham os tópicos de que você está falando — dados tediosos não perduram na mente.

3. Ancoragem do aprendizado

Âncoras são uma maneira específica de usar o tipo de aprendizagem associativa sobre a qual você leu no Capítulo 4, que conecta redes neuronais as quais já são fortes e bem utilizadas. Efetivamente, você une repetidamente duas ideias específicas para que a presença de uma lhe faça lembrar a outra. Você está praticando ativamente a Lei de Hebb (as células que disparam juntas estão conectadas). Você deve se lembrar que mencionei anteriormente que conecto o chocolate à estrutura básica do cérebro, e repito várias vezes esta associação. Muitos anos depois, as pessoas ainda me dizem que sempre pensam no cérebro quando veem uma barra de chocolate. Contanto que estabeleça uma conexão forte o suficiente entre as ideias, pode criar âncoras para todos os tipos de coisas: objetos, música, ideias, cheiros, frases. As âncoras também podem ser físicas, como, por exemplo, pressionar dois dedos um contra o outro para vincular isso a um determinado estado emocional que pode querer recriar mais tarde ou contar as ideias nos dedos.

4. Repetição, repetição, repetição e significado

Você já leu sobre como a repetição é necessária se você quiser manter uma memória razoavelmente precisa. Qualquer pessoa que, como eu, aprendeu a tabuada de multiplicação cantando na escola conhece o poder da repetição sobre a memória. Ainda ontem alguém me perguntou quanto eram 11 × 12 e se surpreendeu com o fato de que eu sabia a resposta sem sequer ter que parar para pensar — 132. Você talvez tenha seu próprio poema ou discurso particular que aprendeu na escola e que, assim que começa a recitar, é capaz de seguir até o fim — seus neurônios sabem que conexões fazer sem que se esforce muito conscientementemente para isso. As pessoas são capazes de memorizar cadeias de informações sem sentido, se necessário, por meio da repetição, mas o significado torna as coisas ainda mais fáceis de serem lembradas. Hermann Ebbinghaus foi um dos pais da Psicologia e notoriamente aprendeu várias cadeias de informação sem sentido, descobrindo que se você não fizer nenhuma ação para repassar a sua memória, esquecerá a maior parte da informação. Sua famosa curva de esquecimento exponencial de 1885 pode ser descrita, grosso modo, pela seguinte fórmula:

$$R = e^{-\frac{t}{f}},$$

em que *R* é a retenção de memória, *F* é a força relativa da memória, *t* é o tempo, e *e* é uma constante matemática.

Este estudo frequentemente replicado é a base da ideia de que você esquece oitenta por cento do que aprendeu em 24 horas. Quando você aprende sem sentido e sem repetir as memórias mais tarde, é muito provável que esqueça a maior parte do que aprendeu. Você lerá mais sobre a importância de repassar, repetir e fazer com que os neurônios disparem no Capítulo 11, sobre revisão.

5. Novidade e significado

Faça a informação sobressair na cabeça das pessoas em meio à massa de informações do dia a dia. A novidade funciona porque eleva nossos níveis de atenção e nos causa um frisson momentâneo de desconforto, de medo, porque você não sabe necessariamente como reagir à nova situação ou informação. Isto permite que sua amígdala marque as informações como importantes de serem lembradas no caso de você se deparar mais uma vez com elas. Novidade só pela novidade não é suficiente para o treinamento e especialmente para aprender no trabalho — informações significativas e valiosas combinadas com novidade vão lhe dar um retorno sobre seu investimento, ao passo que a novidade por si só é uma frivolidade.

6. Significado e histórias

O que é mais fácil para você lembrar? Este haicai de Matsuo Basho, o primeiro grande poeta do haicai nos anos 1600:

Um lago calmo...
Um sapo salta por lá,
pingos! Silêncio.

Ou este "poema" que escrevi com quase o mesmo número de caracteres:

Bno stpd bhwx wqlipas
Poiw kglqb iqnc jkaic
Pdiue toidn mndxzb ygt

Desde o início dos tempos, os seres humanos se lembram de histórias, e acho que vocês provavelmente devem contar histórias regularmente, mesmo que não as rotulem como tal. Às vezes os instrutores me dizem que não usam histórias, e depois começam a me contar uma anedota sobre alguém que as conta. Anedotas, metáforas e analogias são todas histórias à sua própria maneira. As histórias são memoráveis porque são emotivas, usam linguagem multissensorial, têm uma estrutura que ajuda a preparar nosso cérebro para reconhecer o que está por vir, e muitas vezes provocam uma atenção aumentada por causa de um dilema ou algum fator de novidade. Elas também dão sentido à informação, e achamos as coisas significativas mais fáceis de lembrar do que as não significativas. Você se deparará com histórias novamente no Capítulo 12.

7. Organização e encadeamento

Antes de continuar a ler sobre algumas outras ideias para ajudar na retenção da memória, você notou alguma coisa com relação ao primeiro conjunto de seis "auxiliares da memória" que o ajudariam a se lembrar deles? Notou que o acróstico (a primeira letra de cada "auxiliar da memória") soletra a palavra LEARNS ["aprende", em inglês]? Ligações, Emoção, Ancoragem, Repetição, Novidade e Significado. Você pode usar a mnemotecnia LEARNS como uma lista de verificação para ver o quão duradouros são os seus projetos de aprendizagem.

Os acrósticos são uma maneira útil de lembrar informações, porque criam vínculos e significado entre informações que não estão necessariamente ligadas. Os números também podem ajudar a organizar a informação e melhorar a recordação porque pelo menos você sabe quantas peças de seu quebra-cabeça tem que encaixar.

Qualquer coisa que nos ajude a organizar as informações em "blocos" significativos pode auxiliar no aprendizado e na recordação, mas o encadeamento é mais potente quando os alunos escolhem suas próprias categorias para separar as informações. Assim, dar às pessoas oportunidades de organizar e classificar as informações as tornará mais significativas e mais fáceis de recordar, assim como transmitir as informações em pedaços em primeiro lugar. Às vezes, como instrutor, pode acabar classificando e categorizando informações em um esforço para reduzir a sobrecarga cognitiva, mas, na verdade, pode ser melhor para a memória dos alunos se os deixar fazer o trabalho por conta própria. Às vezes, o processo de aprendizagem pode ser contraditório.

8. Olfato

O olfato é frequentemente subestimado como uma ferramenta de aprendizagem, sobretudo em ambientes organizacionais, em que as pessoas não estão inclinadas a pensar no olfato como algo que pertence ao trabalho, a menos que você trabalhe em uma perfumaria, é claro. O olfato é poderoso para a memória quando há um contexto emocional para ela ou ela é autobiográfica, episódica, que está sendo recordada. O olfato tem menos sucesso na recuperação de fatos, ou seja, de memórias semânticas. Os receptores em nosso nariz são estimulados pela chegada de um composto químico, ou seja, um cheiro, e começam a disparar de excitação e a se comunicar com os neurônios em seu bulbo olfatório, que fica mais próximo do hipotálamo do que suas outras áreas de processamento sensorial. Ao contrário de seus outros receptores sensoriais, seus receptores olfativos estão expostos diretamente ao mundo exterior. Os receptores visuais e auditivos são protegidos por sua córnea e seus tímpanos, de modo que já existe uma ligeira barreira à comunicação. Além disso, todas as outras mensagens sensoriais têm que passar pelo tálamo antes de se conectarem às áreas corticais relevantes, mas as mensagens para seu córtex olfativo não têm que tomar este caminho indireto. Elas vão direto para lá para serem processadas. Um destino crucial para as informações sobre odores é sua amígdala, portanto os cheiros estimulam diretamente as emoções, o que, como você já sabe, fortalece as memórias. As informações sobre odores também vão para áreas corticais superiores, como o córtex orbitofrontal, que é relevante na tomada de decisões. Isto significa que você tomará suas decisões com base apenas no olfato? É improvável, mas o olfato pode pesar na sua decisão, e com certeza, vai fortalecer sua memória.

Se o olfato é um evocador tão forte assim de memórias, talvez valha a pena usá-lo mais no trabalho. Estudos indicam frequentemente que os estudantes que vinculam cheiros peculiares a tópicos específicos são capazes de se lembrar dessas informações com mais facilidade nas provas. Mas lembre-se de que isso é mais eficaz quando está vinculado a material episódico e emocional, de modo que criar vínculos aromáticos, emocionais e similares a histórias para informações insossas e gastas vai otimizar suas chances de se lembrar delas.

Contexto

Além de lembrar informações ricamente bordadas, outra chave para lembrar bem é o contexto. Todos já fizemos isso — voltar a descer para lembrar por que estávamos subindo. É a atividade física que estimula o cérebro com um fluxo de oxigênio melhor? Ou, mais provavelmente, é a volta ao mesmo ambiente físico que faz lembrar o que estávamos prestes a fazer. Isto é semelhante ao aprendizado dependente do contexto. A experiência clássica para isto foi quando Godden e Baddeley (o mesmo Baddeley que definiu a codificação, o armazenamento, e a recuperação) estudaram o efeito em 1975, com mergulhadores que foram solicitados a lembrar 36 palavras não relacionadas, cada uma com duas ou três sílabas (Godden e Baddeley, 1975). Quando testados mais tarde, sua recordação era melhor em terra se eles tinham aprendido em terra, e melhor debaixo d'água se eles tinham aprendido debaixo d'água.

O efeito também parece se estender aos nossos estados mentais, ao nosso humor e até ao nosso nível de embriaguez. Embora o álcool em geral piore o aprendizado, os estudantes que aprenderam cinco frases de palavras enquanto estavam alcoolizados foram capazes de lembrá-las melhor quando "bêbados" do que quando "sóbrios" (Goodwin *et al.*, 1969; Weingartner *et al.*, 1976). Mas o aprendizado foi superior quando os estudantes estavam sóbrios, e não quando estavam bêbados, portanto você só precisa tomar um drinque para encontrar suas chaves se estava bêbado quando as guardou.

O que isso significa para o treinamento? Seria melhor realizarmos cursos de treinamento no trabalho do que em hotéis ou salas de treinamento especiais? Muito possivelmente — onde quer que você possa recriar condições de aprendizagem semelhantes às que existirão no trabalho quando a pessoa precisar se lembrar do que aprendeu e aplicá-lo. Embora possa não ter acesso a simuladores de voo ou realidade virtual, talvez você possa usar atores/colegas para recriar situações realistas e usar estudos de caso reais de seu negócio em vez de inventá-los. Faça como os treinadores esportivos e peça às pessoas para visualizar que estão levando seu novo aprendizado para o local de trabalho — a visualização nos faz ativar em nosso cérebro vias semelhantes às usadas no desempenho real. Em vez de ensinar construtos teóricos abstratos, torne discussões, conversas e exercícios concretos e relacionados com o que as pessoas vivenciam no trabalho. Lembre-se de que é possível criar contexto por meio dos ambientes físico, ambiental, psicológico e emocional.

Quando "consultar o travesseiro"

Quando é um bom momento para aprender alguma coisa e quando vale a pena consultar o travesseiro para melhorar seu aprendizado? Você já leu que dormir é vital para a memória, mas o que você aprende e quando você dorme podem ser fatores importantes. O aprendizado procedimental (as habilidades que são praticadas, e não as que são apenas faladas) parece ser mais eficaz logo antes de dormir. Pensa-se que talvez sonhemos com as habilidades e realmente as pratiquemos durante o sono. Por outro lado, o aprendizado de fatos ou informações, que depende da "memória declarativa", parece ser mais eficaz se começar à tarde, cerca de sete horas e meia antes do sono, embora a evidência desta pesquisa seja um pouco menos robusta.

Uma coisa que achei especialmente útil para os alunos é explicar-lhes que receber informação é apenas o início do processo de aprendizagem e que se se sentirem "repletos" de informação no final de um dia, se sentirão mais cômodos no dia seguinte, após terem consultado o travesseiro. A primeira coisa que isto faz é reduzir seus níveis de ansiedade, e minha experiência é a de que no dia seguinte eles dizem que a informação agora parece ter se acomodado em seus cérebros. O sono tornou-se uma enorme área de pesquisa com novas descobertas a cada dia. Por isso, aprenderemos mais a respeito no capítulo dedicado ao sono e ao aprendizado.

Resumo

Eis um resumo parcial, e a oportunidade de colocar sua memória à prova e ver do que consegue se lembrar deste capítulo. As respostas estão no final do livro, mas antes de ir lá espiar, lembre-se de quão melhor você se lembrará, caso tente se recordar ou adivinhar primeiro:

1 A memória é muito complexa e não é totalmente compreendida.
2 Qual parte do cérebro é vital para a memória e promove a troca de informações entre o córtex, o sistema límbico, o cerebelo e as múltiplas outras estruturas cerebrais?
3 Você tem diferentes tipos de memória: declarativa e ________.
4 Diga quais são os dois principais tipos de memória declarativa.
5 Você também tem memórias emocionais e memórias ______, que não são declarativas.
6 Quais são as três etapas da memória descritas por Alan Baddeley?
7 Use uma codificação rica para contribuir para que informação perdure na memória de longa duração.
8 Qual é o principal momento em que suas memórias são consolidadas?
9 Quando recorda informações, extrai informações de muitas fontes e as reconstrói efetivamente a cada vez.
10 As informações novas são mais fáceis de esquecer do que as antigas.
11 Qual mnemônica você pode usar para elaborar o aprendizado duradouro?
12 Organização, olfato, contexto e sono também melhoram a memória.

Referências e leituras adicionais

Ally, B.; Hussey, E.; Donahue, M. A Case of Hyperthymesia: Rethinking the Role of the Amygdala in Autobiographical Memory. *Neurocase*, v. 19, n. 2, p. 166-181, 2013.

Baddeley, A.; Eysenck, M. W.; Anderson, M. C. *Memory*. Hove: Psychology Press, 2009.

Corkin, S. *Permanent Present Tense*: The Unforgettable Life of the Amnesic Patient. Nova York: Basic Books, 2013.

Dreisbach, G.; Bauml, K. Don't Do It Again! Directed Forgetting of Habits. *Psychological Science*, v. 25, n. 6, p. 1.242-1.248, 2014.

Ebbinghaus, H. *Memory*: A Contribution to Experimental Psychology. Nova York: Teachers College/Columbia University, 1913[1885]. Disponível em: http://psychclassics.yorku.ca/Ebbinghaus/index.htm. Acesso em: 1 set. 2015. (Arquivado em perma.cc/9UYW-8Q26.)

Godden, D. R.; Baddeley, A. D. Context-Dependent Memory in Two Natural Environments: On Land and Underwater. *British Journal of Psychology*, v. 66, n. 3, p. 325-331, 1975. Disponível em: https://onlinelibrary.wiley.com/doi/abs/10.1111/j.2044-8295.1975.tb01468.x. Acesso em: 6 set. 2020. (Arquivado em perma.cc/PQ3P-JDJY.)

Goodwin, D. *et al*. Alcohol and Recall: State-Dependent Effects in Man. *Science*, v. 163, n. 3.873, p. 1.358-1.360, 1969.

Hupbach, A.; Gomez, R.; Hardt, O.; Nadel, L. Reconsolidation of Episodic Memories: A Subtle Reminder Triggers Integration of New Information. *Learning and Memory*, v. 14, n. 1-2, p. 47-53, 2007.

Jarrett, C. Total Recall: The Man Who Can Remember Every Day of His Life in Detail. *Reasearch Digest*, 21 maio 2012. Disponível em: http://digest.bps.org.uk/2012/05/totalrecall-man-who-can-remember-every.html. Acesso em: 2 jul. 2015. (Arquivado em perma.cc/66TU-7LD7.)

Jarrett, C. Some Perfectly Healthy People Can't Remember Their Own Lives. *Reasearch Digest*, 1 jun. 2015. Disponível em: http://digest.bps.org.uk/2015/06/someperfectly-healthy-people-cant.html. Acesso em: 2 jul. 2015. (Arquivado em perma.cc/TL78-WCE9.)

Palombo, D. *et al*. Severely Deficient Autobiographical Memory (SDAM) in Healthy Adults: A New Mnemonic Syndrome. *Neuropsychologia*, v. 72, p. 105-118, 2015.

Shaw, J. *The Memory Illusion*: Remembering, Forgetting, and the Science of False Memory. Nova York: Random House, 2017.

Weingartner, H.; Adefris, W.; Eich, J.; Murphy, D. Encodinging-Imagery Specificity in Alcohol State-Dependent Learning. *Journal of Experimental Psychology: Human Learning and Memory*, v. 2, n. 1, p. 83-87, 1976.

10 Testes, experimentação, hábitos e prática

Castigue a resposta correta

A maioria de nós que trabalhamos em um ambiente de aprendizagem e desenvolvimento gostaria de pensar em nós mesmos como pessoas úteis que querem inspirar os outros a aprender com sucesso e eficácia. Gastamos tempo, energia e recursos para criar ambientes de aprendizagem agradáveis e estimulantes, e acreditamos que as pessoas devem, e podem, gostar de aprender. Você pode acreditar que é apropriado recompensar as pessoas por obterem a resposta correta. Damos diplomas porque as pessoas acertam as respostas em provas. Na escola, damos vistos e estrelas douradas quando o trabalho está correto. Até no trabalho, recompensamos as pessoas com sorrisos, elogios e comentários de incentivo quando elas acertam uma resposta.

Um estudo de 2006, entretanto, mostra que talvez o certo seja punir as respostas corretas (Finn e Roediger, 2011). Sim, o que você leu está correto, mesmo que pareça estar em contradição com os conselhos do último capítulo sobre o fornecimento de lembranças positivas. Talvez seja preciso punir as respostas corretas porque isso parece melhorar a memória das pessoas com relação ao que aprenderam — na fase de teste. Nesta experiência específica, pessoas foram convidadas a aprender alguns pares de palavras em suaíli e inglês, e depois a sua recordação desses pares de palavras foi testada. Quando obtiveram uma resposta correta, foi-lhes mostrada ou uma imagem neutra ou desagradável. Quando foram testadas de novo mais tarde, o grupo que tinha visto as imagens desagradáveis tinha melhor lembrança dos pares de palavras do que as pessoas que tinham visto imagens neutras e aquelas que tinham apenas revisado os pares de palavras passivamente.

Como em muitas experiências psicológicas, esta era uma situação artificial, e isso não significa necessariamente que todos devamos começar a punir nossos alunos por eles acertarem as coisas. Mas isso mostra mais uma vez como são importantes os laços emocionais para a aprendizagem, mesmo os negativos. O desempenho foi melhorado porque a maior estimulação sentida pelas pessoas que viram as imagens desagradáveis se ligou ao tópico aprendido e foi mais eficaz do que não ter nenhuma emoção ligada. A outra lição importante deste estudo foi a importância de relembrar informações como parte do processo de aprendizagem em vez de apenas revê-las passivamente, os testes melhoram seu aprendizado. Os pesquisadores não testaram o efeito com imagens positivas, o que mais uma vez demonstra a estreiteza dos estudos científicos e porque você precisa examinar uma série de resultados e estudos diferentes — metanálise.

Por que é importante testar, experimentar e praticar enquanto se aprende

No Capítulo 9, sobre memória, você se deparou com o processo de consolidação, no qual as conexões neuronais são fortalecidas quando usadas recentemente, o que nos ajuda a aprender novas habilidades, informações ou atitudes. A oportunidade de recordação ativa faz com que o aprendizado perdure no longo prazo. Somente expor as pessoas à informação é insuficiente para que o aprendizado seja eficaz. Uma das principais mensagens da Psicologia é o benefício de testar a recordação em vez de meramente se familiarizar com o material, o que parece criar um excesso de confiança. Se você se lembrar da história na qual me senti confiante sobre a melhor direção a tomar em Luton, este é um tipo de problema semelhante. Quando revê o material que viu antes, seu cérebro o registra como algo familiar, e essa familiaridade lhe diz que você está confiante de que já o conhece — o que pode ser verdade, mas você não terá, necessariamente, a capacidade de se lembrar disso.

Neste capítulo (descrito na Figura 10.1) exploraremos por que testar o aprendizado e como, onde e quando fazê-lo.

Para os instrutores

Como instrutor, há valor em testar seus alunos, pois isso significa que é possível verificar se eles compreenderam as coisas corretamente, e também se você fez seu trabalho de modo eficaz. Para certos tipos de treinamento, isto pode ser crucial, porque saber exatamente como desarmar uma bomba em uma situação real pode fazer uma diferença significativa em comparação com ter lido sobre ela em um livro.

Com relação a outras áreas de aprendizagem, pode haver menos em jogo, mas ainda é útil estar confiante de que os alunos aprenderam as habilidades, informações ou conhecimentos corretos, e que eles podem usá-los em situações relevantes.

Figura 10.1 Por que, como fazer, e por que não testar

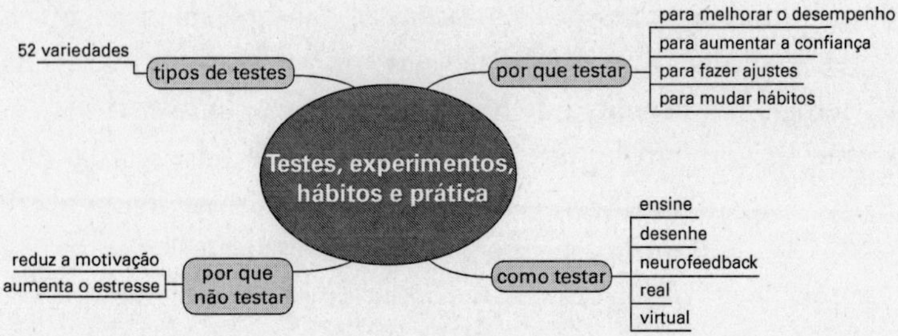

Para melhorar o desempenho

Sabe-se que os testes são uma ferramenta eficaz como parte do aprendizado, desde o primeiro estudo empírico documentado em 1917 por A. I. Gates, no qual foi demonstrado que o aprendizado era aprimorado pela recitação. Outro estudo, realizado em 1992 por Carrier e Pashler, mostrou que o teste não era apenas mais uma chance de praticar. Ele produzia melhores resultados. Os alunos que testaram ativamente seus conhecimentos durante a prática puderam se lembrar de mais informações do que os alunos que passaram a mesma quantidade de tempo apenas estudando as informações. Tem sido demonstrado repetidamente que a recuperação de informações é mais eficaz do que ser meramente reexposto a elas. Tudo isso faz sentido porque os alunos têm que se esforçar para recuperar essa informação de onde quer que ela esteja armazenada, o que reconsolida a memória, em vez de apenas verificar se ela é familiar. Você se lembrará do Capítulo 9, sobre memória, que algo familiar pode ser um falso amigo.

No trabalho, uma quantidade significativa de tempo e energia é gasta com gestores seniores apresentando sua visão do futuro, ou a estrutura da empresa, ou a arquitetura de sistemas repetidas vezes, mas se eles apenas ficassem calados e pedissem ao público que lhes contasse sobre essas coisas, as pessoas se lembrariam melhor das informações. O aprendizado é melhorado por meio de testes ativos, mas, como veremos mais tarde, os testes nem sempre são tão eficazes quanto poderiam ser.

Para aumentar a confiança e a motivação

Que outras razões existem para que os alunos testem seu aprendizado além de melhorar o desempenho? Um fator crucial é a confiança que podem ganhar ao perceber o progresso, e o benefício adicional de lhes mostrar que o aprendizado é um processo lento e não uma varinha mágica que os instrutores e educadores podem usar. Você já teve esse sentimento de frustração quando está aprendendo algo novo e não parece estar progredindo? Minha habilidade no squash está nesse nível atualmente, quando estou fazendo essas sessões de treinamento, e sei, por falar com meu treinador, que não sou a única a perder jogos enquanto tento aprender um novo saque. Quando estou jogando, continuo errando os saques, mas quando estamos de volta à segurança de uma sessão de treinamento e eu testo cuidadosamente meu voleio, consigo acertar, e esse progresso me motiva a continuar praticando. Agora, só preciso praticar o suficiente para sacar de modo eficaz em um jogo, mas, pelo menos, os testes me mostram que não sou totalmente incompetente.

Para fazer ajustes

Os testes permitem que você faça ajustes em suas novas habilidades ou novos conhecimentos, de preferência em situações seguras, nas quais pode cometer erros sem sofrer consequências graves. Quando aprende algo novo, essas novas conexões neurais não são tão fortes quanto você necessita que elas sejam, portanto, elas são propensas à interferência de velhos hábitos, e provavelmente você vai precisar fazer ajustes finos. Isto vale tanto no aprendizado de uma nova habilidade motora como um esporte, ou se você for aprender a ser um neurocirurgião, mas também para outras atividades menos obviamente físicas. Você já observou um colega voltar de um curso de treinamento e praticar suas novas habilidades comportamentais? Eu costumava encontrar com frequência alguém que havia acabado de participar de um programa de habilidades de comunicação, e de fato era doloroso vê-la praticar e testar suas habilidades, não era natural. Era quase cômico vê-la ensaiando conscientemente o que fazer quando conhecia uma pessoa nova e depois vê-la seguir os passos para "estabelecer boas relações": apertar as mãos com a firmeza necessária — feito; fazer contato visual — feito; espelhar a linguagem corporal — feito. Quando tornei a encontrá-la, estas habilidades tinham se tornado automáticas e ela cumprimentava as pessoas sem ter que repassar conscientemente a sua lista de verificação.

Tenho certeza de que você já sugere aos alunos que estão praticando novas habilidades que o façam em terreno seguro primeiro, como negociar com o filho antes de ir falar com o chefe sobre um aumento de salário. Pratique em um ambiente onde você pode verificar, ajustar, reproduzir e verificar de novo até que o aprendizado se torne automático.

Para mudar hábitos

Pense em seu cérebro e compare as diferenças entre uma rede neuronal bem estabelecida, com células que vêm disparando juntas há anos, e a rede neuronal frouxa que está sendo criada de modo hesitante graças ao programa de treinamento útil de que você participou ontem. Quando voltar ao trabalho e estiver em uma situação na qual possa usar seu novo aprendizado, imagine o que está acontecendo.

Para começar, você normalmente gasta muito tempo operando em piloto automático. Ocorre uma situação e você reage automaticamente, aparece um estímulo e sua reação habitual entra em ação. Robert Cialdini descreve isso de modo muito eficaz em seu livro *Influência: a psicologia da persuasão* como o mecanismo de reação automática que vemos em filhotes de aves quando eles veem um dos pais chegando com comida. Eles estão programados para reagir dessa maneira e nós também temos comportamentos semelhantes, os quais são intensamente programados. Nossas respostas habituadas são fortes, elas nos serviram relativamente bem até agora, e para quebrar esses hábitos é preciso esforço, energia e recursos.

Em primeiro lugar, é preciso reconhecer que se trata de uma situação na qual o novo aprendizado pode ser eficaz e, então, será necessário suprimir toda aquela atividade que suas vias bem interligadas iniciaram e ir em busca das novas vias mais frouxas. A nova tarefa provavelmente ativará muito mais o córtex pré-frontal a fim de prestar atenção ao que está acontecendo, e ele gosta de consumir energia. O reconhecimento de que você tem uma nova habilidade a ser implementada aumentará sua atenção e seus níveis de estimulação, de modo que de repente você tem mais hormônios de estresse percorrendo o cérebro e o corpo, e estes hormônios são conhecidos por reduzir o desempenho em tarefas cognitivas. Portanto, mesmo que sua nova habilidade seja física, você acabou de torná-la mais cognitiva por estar tão dolorosamente consciente do que está fazendo.

À medida que você aprende uma nova habilidade, ela não será tão perfeita ou tão refinada quanto no caso de alguém que é um especialista. Quando você estiver aprendendo, será preciso fazer muitos ajustes e corrigir erros. A previsão de erros parece acontecer em seu córtex pré-frontal direito, mas a detecção deles pode ser feita pelo giro cingulado anterior que está conectado tanto ao seu córtex quanto à sua amígdala, e reage, portanto, aos componentes emocionais e cognitivos do aprendizado.

Neurociência dos hábitos

A ideia de formação e quebra de hábitos ganhou muita atenção nos últimos anos, e muitas novas descobertas estão lançando mais luz sobre esse processo em nosso cérebro. Charles Duhigg, em seu livro *O poder do hábito* (Duhigg, 2013), sugere que os hábitos não podem ser quebrados, e podem sempre estar à espreita, prontos para reaparecer, às vezes quando menos se quer. Por outro lado, também é difícil aprender novos hábitos, quer você esteja tentando substituir um antigo ou apenas começar algo inteiramente novo.

Existe uma via dopaminérgica forte entre o córtex frontal e o corpo estriado (um dos gânglios basais), e isto está intensamente envolvido na criação e quebra de hábitos. À medida que você aprende e pratica conscientemente alguma coisa, seu comportamento direcionado para o objetivo é conduzido principalmente pelo córtex orbitofrontal (COF — uma área do córtex pré-frontal responsável principalmente pela tomada de decisões). Devido às fortes conexões no COF, à medida que alcança o objetivo ou recebe uma recompensa pela ação, o corpo estriado libera dopamina para que você se sinta recompensado e queira repetir o comportamento. Mas conforme ele se torna habitual, os níveis de dopamina, em nível celular, caem, e você não recebe mais a mesma recompensa. Assim, após um curso de gerenciamento de tempo, você volta ao trabalho e pratica sua nova rotina de apenas verificar seus e-mails na hora do almoço, e recebe a recompensa de se sentir virtuoso por fazer as ligações necessárias em vez de ficar verificando o e-mail. Mas, depois de certo tempo, essa recompensa se torna menos "gratificante" e então, se o hábito não ficou totalmente enraizado, é fácil voltar à velha rotina, porque isso em si traz alguma recompensa. Talvez seja a sensação de "estar ocupado" que a verificação constante dos e-mails lhe dá.

Um estudo recente (Gremel *et al.*, 2016) sugere que neurotransmissores menos conhecidos, chamados de endocanabinoides, podem ser os que efetivamente transformam uma atividade cortical consciente em uma atividade inconsciente habitual. Os endocanabinoides estão ligados à atividade física, e são um dos fatores responsáveis pelo “barato do corredor”. Parece que eles começam a reduzir a atividade no COF e, assim, suas ações se tornam mais inconscientes e menos direcionadas a metas, portanto, mais difíceis de mudar. Estes pesquisadores preveem que esta descoberta tornará os endocanabinoides tão famosos quanto a dopamina e a endorfina.

Junto com essa descoberta, há outra (Martiros *et al.*, 2018) que mostra como um padrão de comportamento habitual é marcado no corpo estriado como uma sequência específica. Essa é uma das razões pelas quais é difícil quebrar velhos hábitos. Se você pensar, por exemplo, em um hábito como escovar os dentes, há uma sequência relativamente complicada de comportamentos que permite pegar a escova, botar a pasta de dentes nela, escovar em várias direções etc. Quando o hábito é novo, o corpo estriado dispara consistentemente ao longo do padrão dos comportamentos conectados, mas conforme a sequência se repete dia após dia, o disparo se concentra no início e no final da tarefa, e este padrão se torna muito mais difícil de ser quebrado.

Os hábitos geralmente têm um gatilho ou sinal, uma rotina e uma recompensa, e você pode quebrar um hábito mudando qualquer um desses aspectos. Às vezes o truque é identificar sobre qual parte você tem mais influência ou controle.

Mudança de hábitos e SARI

Pesquisas fundamentadas em evidências indicam que leva-se entre dezesseis dias e oito meses para se quebrar um hábito, mas a média é de cerca de dois meses — e não 21 dias, como às vezes é relatado. Se você falhar ocasionalmente, não arruinará o esforço — continue com o comportamento escolhido e chegará lá. Mas esteja ciente de que o velho hábito provavelmente ainda está à espreita, então eis uma estrutura para ajudar você ou seus colegas a mudar seus hábitos:

Sinais — as coisas com as quais você se depara regularmente e que você ligou a determinados comportamentos — é preciso identificar seus próprios sinais para certos padrões de comportamento.

Ações — as coisas que faz em resposta aos Sinais — você precisa transformar essas ações em novos hábitos.

Recompensas — o que recebe como resultado das Ações — você pode achar que a recompensa permanece igual ou exigir um novo tipo de retribuição.

Ideias simples — para melhorar no sucesso da construção de novos hábitos:

- Pequenos passos — não tente mudar tudo de uma vez; comece com pequenas mudanças que sejam fáceis de implementar.
- Aumente seus esforços à medida que descobrir que as mudanças estão funcionando. Você pode querer tentar novos hábitos conectados ou ampliar o atual.
- Perder uma ação. Se perder uma ação ocasionalmente, isso não afetará a formação de hábitos. É melhor não se sensibilizar por ter perdido a ação, porque isso pode reforçar a velha prática. Você deve apenas retornar à ação necessária e, se possível, recompensar a si novamente. Muitas vezes, só ficar satisfeito por ter voltado ao seu novo hábito já é o bastante, não é difícil provocar em seu cérebro uma liberação de dopamina.
- Pratique regularmente — todos os hábitos precisam de muita repetição para diminuir o costume anterior e construir novas vias fortes (lembre-se da neuroplasticidade).
- Conecte o novo hábito a outras práticas similares para melhorar suas chances de sucesso. Assim, por exemplo, você talvez queira aprender um novo idioma. Os aplicativos de idiomas são úteis, porque você provavelmente já tem o hábito de verificar seu telefone pela manhã, então, acrescenta isso à sua rotina.
- Ambiente — mude seu ambiente para não sentir os sinais de hábitos anteriores que possam minar o novo. Imagine que queira passar mais tempo no trabalho se movendo em vez

de ficar sentado. Troque a sua mesa por uma escrivaninha com regulagem de altura para que você possa ficar de pé e, ao sair à noite, certifique-se de que ela esteja numa posição em que, quando chegar de manhã, seja tão fácil ficar de pé quanto se sentar.

Como testar

O teste é uma parte fundamental do aprendizado porque nos permite ver aonde estamos indo mal, ver o que estamos fazendo bem e fazer ajustes, mas não é o fim da jornada de aprendizado — é apenas uma parte dela, e pode perturbar as coisas quando não é bem feito.

Há alguns anos, tive a sorte de ir a um curso de degustação de vinhos com uma de minhas filhas. Foi um excelente dia e aprendemos muito sobre a bebida: de onde vinha, que vinho combina com que comida, como diferenciar um *sauvignon blanc* de um *chardonnay* e outras coisas úteis e deliciosas. A grande vantagem foi que recebemos um certificado oficial no final para provar que tínhamos aprendido algo. Não sei quanto a você, mas a parte mais importante da degustação de vinho é a habilidade de poder distinguir entre um *shiraz* e um *merlot,* e não a memória semântica de que *shiraz* é a mesma coisa do que *syrah*, e vem da região do Ródano, na França. Depois de passar o dia servindo, olhando, cheirando e degustando vinho, tivemos que fazer um teste de múltipla escolha que apenas testou nossa familiaridade com relação a alguns fatos. As coisas que eram novas para mim e que eu estava aprendendo não foram incluídas no teste. Dezoito meses depois, precisei pesquisar no Google a informação de que uvas *shiraz* são o mesmo que *syrah*, embora eu tenha um certificado para provar que passei no teste.

Em toda a educação e treinamento há uma tendência a testar a memória semântica das pessoas ou seu conhecimento dos fatos.

O mais comum ainda é fazermos isso em testes escritos, mas muito do que aprendemos não é conhecimento semântico. Pensando nas inteligências múltiplas de Howard Gardner, você começará a ver porque isso não é necessariamente útil para todos os alunos ou para todos os tipos de aprendizagem. Ser capaz de descrever uma habilidade (memória declarativa) não é a mesma coisa do que ser capaz de executá-la (memória não declarativa). Gardner acredita que é melhor medir a inteligência pela observação da ação no mundo real. Os testes baseados no mundo real também podem ser melhores para seus alunos.

Se você é capaz de influenciar as técnicas de aprendizagem em seu ambiente, então pense em como e no que você está testando o aprendizado. Alguém pode ser capaz de escrever um excelente ensaio para o MBA sobre como administrar um negócio, mas você colocaria essa pessoa à frente da unidade mais importante de sua empresa sem fazer alguma experiência e testes adicionais baseadas na realidade do cargo?

A seguir, analisaremos algumas maneiras de usar os testes como parte do processo de aprendizagem.

Ensine outra pessoa

Resumir e integrar informações cria memórias duradouras porque é necessário se lembrar dessas informações. E uma maneira muito boa de fazer isso é ensiná-las a outra pessoa. Você talvez se lembre do estudo do Capítulo 5 sobre motivação, em que os pesquisadores descobriram que somente a expectativa de ensinar algo mais tarde melhorou o aprendizado. Solicitou-se que dois grupos estudassem uma passagem de texto para um teste posterior. Um grupo foi informado de que teria que ensinar o texto para outro grupo que posteriormente seria testado. O primeiro grupo foi capaz de recordar mais da passagem, sua recordação foi mais bem organizada, e eles foram capazes de responder corretamente a mais perguntas. Nenhum dos grupos ensinou nada, mas ambos foram testados. Então, a diferença de desempenho deveu-se à expectativa de que eles teriam de ensinar. Este é definitivamente um exemplo de uma experiência científica que prova o que bons instrutores já sabem: a melhor maneira de aprender algo é ensiná-lo, ou pelo menos ter a expectativa de ensiná-lo.

O desenho como um teste

O desenho de informações como forma de teste também parece tornar o aprendizado mais eficaz. Diferenças foram observadas quanto aos benefícios do desenho na aprendizagem dependendo do que está sendo ensinado. Talvez você se lembre de alguns dos experimentos sobre os quais leu no Capítulo 6, que sugeriam que o desenho poderia melhorar a aprendizagem, mas esses experimentos foram feitos com crianças, então é sempre possível que as evidências possam ser diferentes se alunos adultos forem testados.

Examinando em retrospecto a pesquisa sobre recordação *versus* reconhecimento, isso parece ser mais uma evidência de que ter que tirar a informação de sua cabeça e manipulá-la ou usá-la de alguma maneira é superior a continuar a absorvê-la apenas olhando para ela mais uma vez. Pessoalmente, acho que isso tem implicações significativas para a transmissão de informações no trabalho, porque muitas vezes as pessoas recebem informações em uma reunião e, de algum modo, espera-se que elas saberão para sempre disso. Com que frequência você já ouviu alguém dizer: "Eu já disse a eles repetidas vezes, mas eles simplesmente não fazem o que pedi."? Talvez valha a pena tentar dizer algo a alguém e depois pedir-lhe que mapeie o processo ou desenhe o organograma por si mesmo.

Um dos benefícios adicionais do desenho foi que os estudantes relataram gostar mais de aprender quando podiam desenhar. Isto foi desconsiderado no artigo original da revista como quase irrelevante para a pesquisa, mas, é claro, se as pessoas gostam de aprender algo, é mais provável que voltem para aprender mais. Pouquíssimas pessoas diriam: "Foi uma experiência horrível, e estou louco para repeti-la."

O neurofeedback pode melhorar a prática e os testes?

O tipo de prática que você faz parece ter um efeito sobre quão bem é possível dominar uma habilidade, e algumas pesquisas interessantes sobre neurofeedback parecem indicar que você pode ser capaz de dominar uma habilidade muito mais rapidamente se copiar atentamente o que os especialistas fazem e obter feedback sobre o que está acontecendo no cérebro. O neurofeedback é uma técnica relativamente nova pela qual se pode medir a atividade elétrica do cérebro e ver ou ouvir o feedback, a fim de reduzir ou aumentar determinadas reações nele. Parece que o neurofeedback pode ser útil para aprender algumas habilidades motoras, como a prática de flecha ao alvo para arqueiros, e foi também testado em apresentações musicais, de dança e de teatro. Demonstrou-se, por exemplo, que ele ajuda os atores a terem um desempenho melhor, ao indicar para eles como entrar em um estado de "fluxo" mais produtivo. Entretanto, ainda não se demonstrou que é particularmente útil em tarefas relacionadas à atenção ou cognitivas, e mesmo os fabricantes do equipamento de neurofeedback reconhecem que pesquisas científicas muito mais sérias precisam ser feitas para que se provem algumas das suas alegações de melhoria de desempenho.

Prática — o mito das dez mil horas

Talvez você já tenha ouvido dizer que, para ser bom em algo, é necessário praticar, praticar, praticar — possivelmente enquanto você estava aprendendo a tocar um instrumento na escola. Malcolm Gladwell, em seu livro *Fora de série — Outliers* (2011), sugeriu que, para se tornar um especialista, você precisa praticar por dez mil horas. Esta ideia se tornou popular e é extremamente inspiradora ou deprimente, dependendo do tempo que tenha disponível. Se você possui dez mil horas, pode se tornar um violinista virtuoso, talvez mesmo sem muito talento real, mas se dispõe de pouco tempo, então nunca vai se tornar bom em nada, por mais talento que tenha.

Felizmente, as dez mil horas foram refutadas. Até o pesquisador original, Anders Ericsson, um psicólogo da Florida State University, disse que não é apenas a simples repetição que cria a perícia, porque você também precisa de feedback para ajustar sua execução a fim de acertá-la. Parece que a qualidade do tempo que você investe na prática, o quanto mais deliberado você for em relação a ela, e também o feedback recebido são tão importantes quanto a quantidade de tempo que você pratica.

Não é possível comprimir toda a prática no menor tempo possível, porque, como já sabe, o cérebro precisa de um tempo de descanso para recuperar e consolidar o que foi aprendido. Parece que especialistas de primeira linha se limitam a não mais do que quatro horas de prática *focada* por dia.

Criação de ambientes reais ou virtuais

Em abril de 2015, um relatório da BBC mencionou a iniciativa de um consultor educacional para permitir que as crianças utilizassem o Google enquanto estivessem fazendo provas, pois era assim que elas realmente estudavam em casa enquanto repassavam a matéria e, mais tarde, quando utilizariam esse conhecimento no local de trabalho. Posso imaginar que algumas pessoas ficaram com seus cafés da manhã engasgados naquele dia, mas vale a pena considerar o mérito da sugestão. Demonstrou-se repetidamente que o aprendizado dependente do contexto funcionar — você se lembra dos "estudantes bêbados" do Capítulo 9, sobre memória? Se as pessoas aprendem usando o Google, ou outro mecanismo de busca, e têm que, posteriormente, usar esse aprendizado em um ambiente similar, faz sentido testá-las sob as mesmas condições. Em um laboratório de pesquisa, se o teste fosse feito sob condições extremamente diferentes do aprendizado original, haveria revisores reclamando da falta de consistência do experimento.

A mesma coisa poderia ser dita da aprendizagem e dos testes no trabalho. Se o tópico do treinamento for "atendimento ao cliente", então o melhor lugar para treinar as pessoas e testar suas habilidades poderia, muito possivelmente, ser com os clientes. Uma maneira de replicar isso, ou chegar o mais próximo possível, é usar atores para criar cenários realistas em vez de fazer a representação de papéis um tanto forçada que a maioria das pessoas parece achar constrangedora. Quando confrontadas com um cliente aparentemente realista, as pessoas são mais bem testadas e se sentem menos constrangidas.

Os pilotos são treinados em eventos realistas usando simuladores virtuais, os voluntários de botes salva-vidas do Reino Unido são testados em enormes tanques de treinamento em que tempestades artificiais podem parecer reais, e os médicos são treinados em neurocirurgia usando simulações virtuais. Pessoalmente, fico bastante satisfeita em saber que todas essas pessoas são testadas em simulações antes de poderem me levar de avião nas férias ou remover um órgão vital. Eu ficaria muito menos feliz se elas somente precisassem fazer uma prova escrita. Nos três anos entre a primeira e a segunda edição deste livro, a realidade virtual já se tornou muito mais barata para projetar e implementar, e é provável que se torne uma ferramenta mais familiar em ambientes organizacionais.

Eis mais uma de nossas "Outras Vozes". Leia a história de como Darja Mirt testou seu aprendizado sobre princípios de Aprendizagem Favorável ao Cérebro em um ambiente da vida real.

Outras vozes

Dra. Darja Mirt, *veterinária, PhD, Eslovênia*

Usando o Aprendizado Favorável ao Cérebro para oficinas mais criativas

Como gestora, frequentemente realizo reuniões de equipe e pequenos workshops, e estava interessada em como o Aprendizado Favorável ao Cérebro poderia torná-los mais criativos e eficazes. Após o treinamento, trabalhei na aplicação dos conceitos aprendidos para uma reunião importante de um dia inteiro com minha equipe, que eu precisava preparar. Ficamos juntos desde a tarde de um dia até a hora do almoço do outro.

Planejei o evento começando com uma caminhada informal na natureza como uma maneira descontraída e fácil de falar em grupo. Ganhamos camisetas especiais da equipe para a ocasião e tivemos um jantar agradável na noite anterior.

No dia seguinte, tivemos a parte formal da reunião. Tornei o estilo e o formato completamente diferentes e nem usei laptops.

Preparei pequenos presentes para cada pessoa como agradecimento pelo trabalho durante o ano, cada um escolhido especialmente para cada pessoa. Trouxe um ferrorama de cem peças, que eles montaram para representar a jornada que fizemos durante o ano anterior. Todos ficaram surpresos com a atividade, mas gostaram, e, ao montarmos o ferrorama, discutimos nossas experiências, sucessos, desafios e aprendizados durante o ano anterior. O processo deixou tudo mais descontraído e eles foram mais sinceros e abertos, compartilharam histórias e sentimentos, contaram uns aos outros do que eles tinham gostado e demonstraram muito respeito uns pelos outros.

Eu também tinha alguns chocolates com a imagem do Euro, que eles receberam quando compartilharam histórias e exemplos de realizações, e alguns apagadores de "cérebro" quando falamos de desafios.

Eles apreciaram o feedback sincero e aberto que deram uns aos outros, o que foi uma experiência muito positiva, com alguns aprendizados, feedback positivo, e até mesmo alguns momentos "eureca", até mesmo para mim.

No final da reunião, pedi um feedback, e eles ficaram muito satisfeitos, gostaram do design e da abordagem diferentes. Seus comentários incluíram:

"Esta é uma reunião diferente das que tivemos até agora, e não esperava uma reunião da alta gerência como esta."

"Dificilmente consigo imaginar outros departamentos capazes de falar isto abertamente uns com os outros como fizemos agora."

"Foi bom que nos encontrássemos e tivéssemos esta oportunidade de refletir, lembrar tudo o que fizemos/realizamos juntos, especialmente agora, neste tempo incerto."

No geral, fiquei satisfeita com o resultado, especialmente por ter conseguido realizar uma reunião importante com tópicos sensíveis por meio de uma abordagem completamente nova. Que sentimento bom!

Por que às vezes os testes atrapalham o aprendizado

Reduzindo a motivação intrínseca

Uma das alegrias de aprender quando você não precisa é aquela adorável sensação de aprender por aprender — sua motivação para isso é intrínseca. Curiosamente, quando os alunos são recompensados por seu aprendizado, eles podem acabar tendo um desempenho pior. Uma vez que os testes se tornam algo em que é necessário se aplicar como forma de recompensa pela aprendizagem, é possível que eles se tornem um motivador extrínseco em vez de um intrínseco. Outras recompensas pelo aprendizado com as quais podemos nos familiarizar são subornar alguém para se sair bem em uma prova: não estou falando do tipo de suborno que faz com que você seja mandado para a prisão, mas do tipo em que diz a seu filho de dezessete anos que vai comprar um carro para ele se ele passar na prova de direção de primeira, ou a seu filho de dezoito que vai pagar pelas suas férias se ele se sair bem no vestibular.

Aprender a passar no teste e, portanto, ter a recompensa de uma aprovação ou uma nota alta pode converter a motivação intrínseca em extrínseca e reduzir seu aprendizado de longa duração. As pessoas que aprendem para testes tendem a ter uma memória de média duração para o teste, mas não retêm esse conhecimento ou habilidade muito além disso.

Aumento do estresse durante a recordação

Para a maioria das pessoas, a experiência mais significativa de testes foi provavelmente na escola ou universidade, ou em uma qualificação formal mais tarde na vida. O que você acha das provas — aqueles testes significativos de seu aprendizado? E o que se lembra agora sobre o que aprendeu para elas?

Possivelmente não muito, em parte talvez porque faz muito tempo, e você aprendeu muito desde então, mas não será porque estava estressado quando fez essas provas? Até o mais tranquilo dos seres e a pessoa mais preparada para a prova (repare nesta frase para mais tarde, quando falarmos sobre linguagem e sentidos) sente uma certa tensão à medida que a hora da prova se aproxima. A espera no corredor com um monte de outras pessoas nervosas, o silêncio não natural da sala de prova, os rostos severos dos fiscais, e todas as regras sobre o que você pode ou não levar. É bem provável que seus níveis de adrenalina estivessem altos, assim como os de cortisol. Tanto a adrenalina quanto o cortisol são necessários para ajudar a lidar adequadamente com o estresse, mas: a) ambos os hormônios evoluíram numa época em que estar sob estresse em geral significava que você tinha que lutar ou fugir e b) eles ajudam sob condições de estresse de curta duração, mas não são particularmente bons no longo prazo. Em um estudo publicado no Journal of Cognitive Neuroscience em 2013 (*Ackermann et al.*, 2013), cientistas descobriram que níveis mais altos de cortisol não tinham um efeito particularmente prejudicial quando as pessoas estavam aprendendo ou codificando informações, mas isso parecia diminuir sua memória, em especial se estivessem mais inclinadas a serem estressadas de qualquer jeito. Seus resultados sugeriram que foi a mudança nos níveis de cortisol que teve um impacto particular na recuperação de informação. Assim, pessoas que já tinham um padrão de reação intensa ao estresse, ou seja, que ficavam mais facilmente estressadas, acharam mais difícil recordar memórias em situações estressantes, como em provas, do que as menos estressadas.

Se este é o caso, por que insistimos em mandar as pessoas fazerem provas estressantes que não são de todo parecidas com as situações em que elas terão que aplicar seu aprendizado?

Até mesmo a prova que fiz na Wine and Spirits Society me deixou estressada, apesar de não me importar se receberia um certificado ou não. Mesmo assim, embora não me lembre bem onde a uva *shiraz* cresce mais rapidamente, ainda posso distinguir um *shiraz* de um *merlot* quando os provo. Então, aprendi o que era importante.

Testes de aprendizagem

Em nossos programas "Treine o Instrutor", queremos que, ao final, nossos alunos saiam com o máximo de ideias novas e estimulantes que puderem. Nós os estimulamos a roubar nossas ideias, mas também acreditamos que criar as próprias ideias e testar as próprias habilidades criativas é uma parte valiosa do programa. Isso lhes dá maior flexibilidade e muito mais opções do que já tinham antes.

Eis algumas ideias sobre os testes retirados destes programas favoráveis ao cérebro, nos quais pedimos aos alunos que concebam 52 maneiras de testar o aprendizado — uma maneira diferente para cada semana do ano:

> Questionários, palavras cruzadas, anagramas, caça-palavras, variações de *game shows* televisivos, quebra-cabeças, criar ou construir modelos, escrever ensaios, produzir um vídeo, programas de rádio, podcasts, provas escritas, provas orais, desenhar ideias, praticar em bonecos, estudos de caso, cenários da vida real, escrever uma canção, poema ou rap, elaborar perguntas para fazer a outra equipe, construir uma réplica, esculpir o corpo, escrever um registro, escrever uma entrada de diário, desenhar um cartum, ensinar outra pessoa, separar e categorizar informações, preencher as lacunas, tuitar, elaborar uma metáfora, criar um jogo, fazer um fluxograma, trabalhar com atores, fazer uma experiência, recitar, fazer um brainstorm, fazer uma apresentação, operar as máquinas em condições seguras, ambientes virtuais, explicar a um colega, fazer um mapa mental, blog, ensinar em um seminário virtual, fazer um conjunto de cartões postais, discutir, entrevistar uns aos outros, analisar uma situação, trabalhar com um cliente, usar uma abordagem para solução de problemas, contribuir para fóruns, colocar papéis com mensagens em biscoitos da sorte, fazer broches, coreografar uma dança, enfaixar um voluntário...

Tenho certeza de que você pode elaborar mais alguns testes com base no que ensina. Use as múltiplas inteligências como ponto de partida para ideias, e não se limite pelo que já viu ou ouviu antes.

Resumo

Você poderia decidir testar o aprendizado deste capítulo escrevendo ou desenhando seu próprio resumo.

Se, todavia, sente que precisa de um pouco de ajuda, eis os destaques:

- O teste é uma parte crucial do processo de aprendizagem, e a recordação ativa é sempre melhor do que o reconhecimento passivo.
- Como instrutor, os testes o ajudam a verificar se o aprendizado está indo na direção certa e a fazer ajustes, se necessário for.
- Os alunos obtêm os benefícios de um desempenho melhor, mais confiança e motivação, além de tempo para fazer ajustes e mudar seus hábitos.
- Você pode testar o aprendizado de muitas formas além das provas, como por meio do desenho, do ensino a outra pessoa, do neurofeedback, tornando o aprendizado o mais realista possível.
- Os testes podem atrapalhar a aprendizagem se reduzirem a motivação ou aumentarem o estresse.
- Adicione suas próprias ideias à lista de 52 Maneiras de Testar a Aprendizagem.

Referências e leituras adicionais

Ackermann, S. *et al.* Associations between Basal Cortisol Levels and Memory Retrieval in Healthy Young Individuals. *Journal of Cognitive Neuroscience*, v. 25, n. 11, p. 1.896-1.907, 2013. Disponível em: www.washingtonpost.com/blogs/answer-sheet/wp/2013/10/16/howard--gardnermultiple-intelligences-are-not-learning-styles/. (Arquivado em perma.cc/AJV7-5JR7)

Carrier, M.; Pashler, H. The Influence of Retrieval on Retention. *Memory and Cognition*, v. 20, n. 6, p. 633-642, 1992.

Cialdini, R. *Influence*. Boston: Allyn and Bacon, 2001.

Duhigg, C. *The Power of Habit*. Londres: Random House, 2013.

Finn, B.; Roediger, H. Enhancing Retention Through Reconsolidation:

Negative Emotional Excusal Following Retrieval Enhances Later Recall. *Psychological Science*, v. 22, n. 6, p. 781-786, 2011.

Gates, A. *Recitation as a Factor in Memorizing*. Nova York: The Science Press, 1917.

Gladwell, M. *Outliers*: The Story of Success. Londres: Penguin, 2009.

Gremel, C. M. *et al.* Endocannabinoid Modulation of Orbitostriatal Circuits Gates Habit Formation. *Neuron*, v. 90, n. 6, p. 1.312-1.324, 2016. Disponível em: https://pubmed.ncbi.nlm.nih.gov/27238866/. Acesso em: 6 set. 2020.

Martiros, N.; Burgess, A. A.; Graybiel, A. M. Inversely Active Striatal Projection Neurons and Interneurons Selectively Delimit Useful Behavioral Sequences. *Science Direct*, v. 28, n. 4, p. 560-573, 2018. Disponível em: www.sciencedirect.com/science/article/pii/S0960982218300332. Acesso em: 6 set. 2020. (Arquivado em perma.cc/W7LG-2M4E.)

Nestojko, J.; Bui, D.; Kornell, N.; Bjork, E. Expecting to Teach Enhances Learning and Organization of knowledge in Free Recall of Text Passages, *Memory and Cognition*, v. 42, n. 7, p. 1.038-1.048, 2014.

Revise e reflita 11

Livrando-se da varinha de condão

O Curso de Treinamento Verdadeiramente Terrível

Ocasionalmente, por um pouco de diversão criativa, meus colegas e eu pensamos em criar um "Curso de Treinamento Verdadeiramente Terrível". Confesso que a ideia começou em resposta a dois dias particularmente difíceis em uma sala de treinamento, mas, mais frequentemente, o fazemos como um exercício ao estilo da psicologia reversa, no qual viramos de ponta-cabeça tudo o que as pessoas aprenderam sobre a concepção de um aprendizado fabuloso. Isso faz as pessoas rirem (o que libera endorfinas e reduz os níveis de estresse), contesta suposições e as estimula a verem o aprendizado sob múltiplos pontos de vista, o que ativa o córtex frontal.

Pedimos às pessoas que projetem um Curso de Treinamento Verdadeiramente Terrível do ponto de vista dos alunos, dos instrutores e da organização. Uma sugestão habitual é não rever nenhum aprendizado uma vez que a informação tenha sido disparada sobre as pessoas por meio de mil bullets em uma apresentação de PowerPoint. Eu de fato disse que era um Curso de Treinamento Verdadeiramente Terrível. Não revisar significa que os instrutores verdadeiramente terríveis podem terminar e ir para casa mais cedo, portanto, eles ficam felizes, pelo menos no curto prazo. Mas os alunos que não são solicitados a revisar não conseguem ver o objetivo do que aprenderam, esquecem quase imediatamente e a empresa fica furiosa, porque desperdiçou muito dinheiro e ninguém se lembra de nada. Desta forma, ninguém consegue fazer seu trabalho corretamente. A organização chama os instrutores e os demite por serem muito ineptos, o que gera descontentamento também para os instrutores.

Este capítulo trata da reflexão e da revisão do aprendizado para que ele seja duradouro. Esta é uma das áreas mais valiosas, mas muitas vezes negligenciada, da elaboração e da transmissão do aprendizado, e pode ser algo que requer uma mudança cultural na sua empresa.

Por que é preciso revisar — como é quando não faz isso

Você provavelmente já vivenciou o aprendizado de uma nova habilidade ou informação, e potencialmente a achou interessante ou útil, mas, cerca de um ou dois dias depois, você volta a pensar sobre isso e, de alguma maneira, isso lhe parece efêmero. Você não consegue se lembrar bem da informação, embora tenha uma noção geral, e tem certeza de que há seis partes úteis no processo de aprendizado que acabou de ler, mas não consegue trazer de volta à mente os dois elementos do meio.

Talvez algumas dessas informações fossem estimulantes para você, fortemente multissensoriais e definitivamente relevantes. Você provavelmente passou algum tempo explorando-as, e talvez até tenha contado a alguém sobre elas quando chegou em casa, de modo que definitivamente as codificou em sua memória, e pôde se lembrar delas inicialmente. Então, o que houve de errado agora? Por que os detalhes de que precisa são tão vagos? As evidências mostram que é necessário rever repetidamente e espaçar seu aprendizado por um período mais longo, a fim de retê-lo com algum sucesso.

Neste capítulo, você lerá sobre o que acontece no cérebro quando o aprendizado é revisado, sobre como recapitular efetivamente e pensará em alguns dos desafios que impedem uma revisão eficiente no mundo atarefado do trabalho e o que fazer a respeito disso. Descobrirá alguns momentos cruciais que farão com que o aprendizado se torne duradouro, e quem você pode envolver para dividir o fardo. Afinal, não é você como instrutor que precisa mudar seu cérebro — são seus alunos, e eles podem obter ajuda de muitos lugares diferentes. A Figura 11.1 fornece um mapa mental visual.

Figura 11.1 Rever e refletir

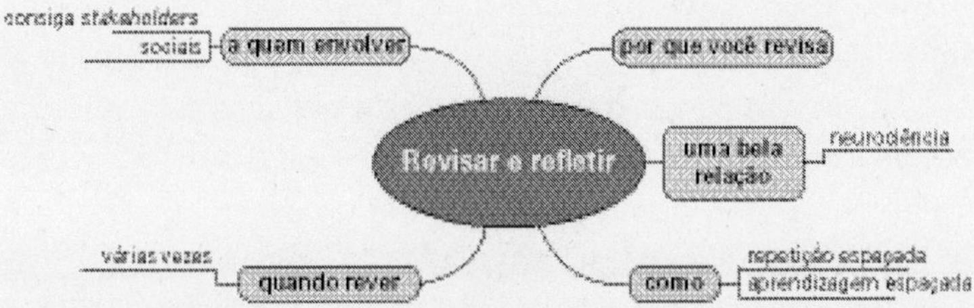

Por quanto tempo você precisa se lembrar desta nova informação? Talvez haja informações que queira lembrar por um período de tempo significativo, e outras que precisa saber muito bem por enquanto, mas que sabe que vai precisar substituí-la por outra coisa mais tarde. Imagine como os atores têm que decorar suas falas. Enquanto a peça está em cartaz, eles precisam ter o texto na ponta da língua, mas, depois que ela termina, querem substituir esse conhecimento por todo um novo conjunto de falas, e não querem interferência do anterior (veja o Capítulo 9, sobre memória, para lembrar como é importante "esquecer" para sua aprendizagem contínua e função cognitiva saudável). Caso se trate de um novo processo no trabalho que levou muito tempo para ser implementado e é uma mudança fundamental em seu modo de trabalhar, talvez precise se lembrar dele por anos ou mais. Se for o novo organograma da empresa, é provável que ele esteja desatualizado dentro de alguns meses. Então, você não precisará se lembrar dele por tanto tempo assim. Outras coisas como dirigir um carro ou andar de bicicleta são habilidades que deseja manter praticamente pelo resto de sua vida.

A revisão é uma parte vital da consolidação potente da memória — revisitar e repetir o aprendizado ao longo do tempo ajuda a fortalecer as vias neuronais e é também uma oportunidade para quebrar velhos hábitos e criar novos.

Como um profissional comprometido, você provavelmente quer acrescentar o máximo de valor e aprendizagem a qualquer evento que comande, e deve estar sob pressão para reunir muitas informações em um período curto de tempo, particularmente se for um programa no qual as pessoas tenham investido muito tempo e dinheiro. Às vezes, você chega ao final de sua sessão com muito pouco tempo restante. É tentador deixar de fora a revisão e simplesmente esperar que o aprendizado tenha acontecido, mas a revisão no final da sessão é apenas o início de uma parte vital do processo de aprendizagem. Portanto, além da revisão bem planejada e mais longa que elaborou quando preparou a sessão, tenha alguns métodos de revisão rápidos e eficazes em mente para o caso de imprevistos.

Revisão — a história de uma bela relação

Uma maneira de pensar sobre o poder de revisão é considerar que o aprendizado é um pouco como as relações entre as pessoas. A formação de novas redes neuronais começa como qualquer nova relação, quando dois neurônios que não se conheciam antes são apresentados um ao outro. Quando se está aprendendo, o resultado final desejado é criar padrões de neurônios fortemente conectados, porque eles disparam juntos, acabam se conectando (lembre-se da Lei de Hebb) e se tornam parceiros estáveis.

Quando os neurônios são apresentados pela primeira vez, eles ficam um pouco hesitantes, tímidos, e querem parecer educados, mas não querem se comprometer com nada nesta fase. Eles vão querer se encontrar mais algumas vezes até se sentirem mais seguros um com o outro. Quando se reencontram, se sentem mais cômodos, a conversa flui com mais facilidade e eles começam a pensar que esta nova amizade pode dar algum fruto, e que talvez valha a pena fazer um pequeno compromisso de se manter em contato. Assim, anotam os números de celular um do outro e podem entrar em contato de novo, se necessário. Após mais alguns encontros, eles se sentem cômodos juntos, a comunicação é fácil, rápida e suave e decidem começar a ser vistos juntos regularmente. Eles conversam o tempo todo ao telefone, enviam mensagens de texto um ao outro, mas ainda podem se encontrar com outros neurônios se quiserem. No fim, estão se vendo tanto que decidem ir morar juntos e começar a comprar coisas para a casa juntos. O tempo passa e, contanto que eles continuem se falando e resistindo à tentação de estabelecer conexões mais sedutoras, quando se derem conta, estarão celebrando suas bodas de ouro.

Esta é a história de um belo relacionamento duradouro, mas imagine todos os outros cenários que poderiam ter acontecido pelo caminho se eles não tivessem continuado a se encontrar, se não tivessem anotado o celular um do outro, se outro neurônio tivesse aparecido e lhes oferecido algo mais estimulante e os recrutado para outra rede, ou se tivessem se afastado simplesmente porque não estavam se encontrando o suficiente.

Revisão — a Neurociência da bela relação

O que acontece não é bem a mesma coisa, mas espero que a analogia perdure. Os neurônios se conectam por meio do espaço entre eles (sinapses) e trocam neurotransmissores a fim de estimular (ou às vezes suprimir) os sinais elétricos ao longo de seus extensos axônios, mas, inicialmente, os sinais entre eles são relativamente fracos e não muito rápidos (ver Figura 11.2). Como os neurônios disparam repetidamente, as conexões se fortalecem e eles passam a disparar juntos com mais facilidade. Isto acontece porque, à medida que os neurônios se conectam, a capa de gordura que envolve os axônios longos, chamada de bainha de mielina, muda, o que permite que os sinais sejam transmitidos mais rápida e eficientemente. À medida que as redes se desenvolvem, essas bainhas de mielina se tornam mais espessas e atuam como um isolante para que as mensagens possam ser transmitidas cada vez mais rápido (até um certo limite, é claro). Células vizinhas produtoras de mielina, chamadas oligodendrócitos, são as que reconhecem que os neurônios estão disparando repetidamente juntos e envolvem a fiação axonal com mielina.

Figura 11.2 Neurotransmissores que se movimentam pela sinapse

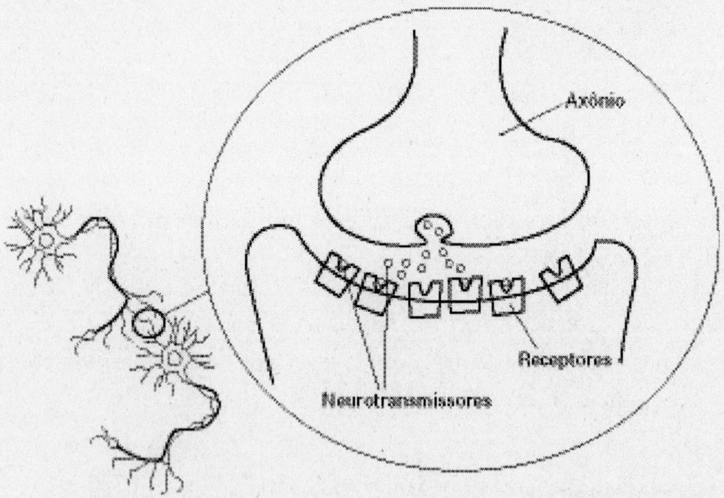

A mielina é a massa branca no cérebro e constitui cerca de cinquenta por cento de sua massa encefálica. Ela jaz em volta de

seus axônios um pouco como uma tira de linguiças, e pensa-se que a bainha de mielina pode permitir que os sinais circulem mais aceleradamente porque os impulsos elétricos saltam mais rapidamente entre as "linguiças" para áreas não isoladas (chamadas de nódulos de Ranvier) do que se os sinais corressem de uma ponta a outra do axônio (ver Figura 11.3).

Figura 11.3 Como a mielina afeta a transmissão do sinal

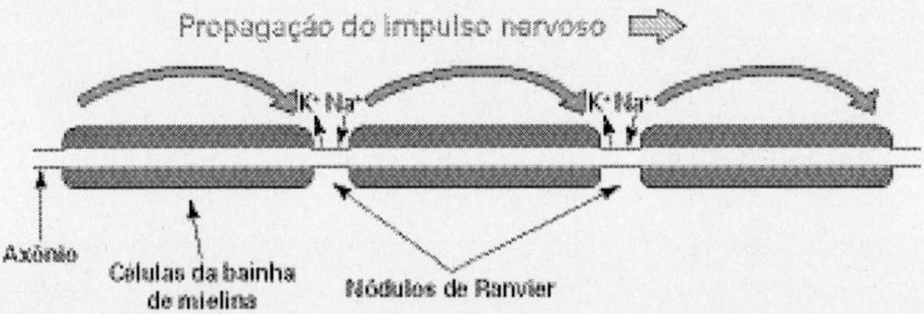

Em um estudo publicado na revista *Science (*McKenzie *et al.*, 2014), descobriu-se que a produção de mielina era necessária para os ratos aprenderem novas habilidades motoras, mas quando os cientistas bloquearam a produção de mielina, uma vez que a habilidade já tinha sido aprendida, isso não afetou o desempenho deles. Após algo ter sido aprendido, a mielina nova não é necessária. Na época da publicação, a equipe de cientistas do UCL Wolfson Institute for Biomedical Research não testou se este processo afetava apenas a aprendizagem motora, ou se seria o mesmo para as habilidades cognitivas também. Este é outro belo exemplo de Neurociência que pode ser representativa para todos os tipos de aprendizagem, mas até agora a evidência está apenas disponível para uma condição muito específica de ratos que aprendem a correr em uma roda complexa com degraus irregularmente espaçados e não sabemos ainda se isso vale para todo o aprendizado.

De volta ao belo relacionamento neuronal: ele vai ser significativo e o aprendizado vai ser útil no longo prazo. Os neurônios acabarão se comprometendo a se manterem unidos, aconteça o que acontecer, e será necessário um grande esforço para perturbar essa relação. Assim como em um relacionamento que já dura muito tempo, se você decidir se separar, isso pode ser doloroso. Os velhos hábitos e relacionamentos são laços mais fortes do que os novos, e vai ser necessário que apareça um aprendizado muito novo e atraente para rompê-los.

Como estabelecer a relação

Para chegar a este nível, é preciso que haja um pouco de esforço. É irrealista esperar que duas pessoas se encontrem, se casem no mesmo dia e depois tenham um relacionamento longo e significativo, com os neurônios não é muito diferente. Portanto, é preciso rever o aprendizado para que ele perdure. Você precisa garantir que seus neurônios se encontrem regularmente nestes novos padrões por tempo o suficiente para desenvolver o relacionamento, caso contrário, eles serão distraídos por outras ideias novas e brilhantes.

Você encontrará dados conflitantes sobre horários específicos para revisar informações, mas há evidências suficientes para se dizer que a revisão em intervalos regulares após o aprendizado funciona para garantir que ele seja permanente e não transitório. Pode ser que alguns desses encontros só precisem ser breves para manter viva aquela chama, mas eles precisam acontecer.

Repetição espaçada

Como já descobriu no Capítulo 9, sobre memória, diferentes tipos de memórias são processados e armazenados de maneira diferente, e que elas são efetivamente criadas de novo cada vez que você se lembra de algo. Cada "ensaio" de uma memória a incorpora mais profundamente, até que esteja consolidada. Até lá, a aprendizagem pode ser facilmente interrompida por outras informações ou experiências.

Estender o aprendizado no tempo e fazer com que ele ou a informação sejam de longa duração faz sentido intuitivo, e é bem respaldado por evidências. Em 1885, Hermann Ebbinghaus mostrou que espaçar o aprendizado por um período de tempo mais longo era muito mais eficaz do que tentar amontoar informações em um curto espaço de tempo. Mas Hermann Ebbinghaus e múltiplos pesquisadores desde então estavam fazendo "aprendizagem experimental", ou seja, o tipo de aprendizado de itens muito específicos que se pode fazer em um laboratório, mas que não é o que a maioria de nós encontra em uma situação de aprendizagem no local de trabalho. Entretanto, apesar das dificuldades de fazer este tipo de pesquisa no mundo real, há evidências suficientes para sugerir que períodos curtos de revisão durante um tempo mais longo produzirão recompensas muito melhores do que tentar digerir grandes quantidades de informações de inputs rapidamente. A Figura 11.4 ilustra a quantidade de informação que pode ser retida se você revisar regularmente.

Figura 11.4 A importância de rever

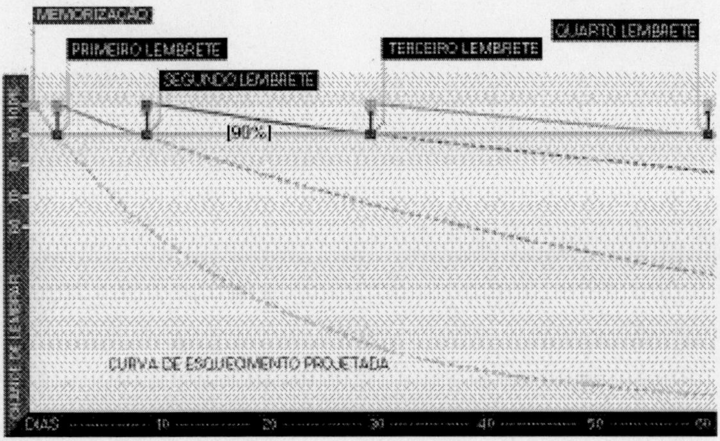

Felizmente, não é necessário gastar muito tempo em cada ensaio de informação subsequente, embora o aprendizado também seja mais eficaz se você se lembrar das informações em vez de apenas repetir sua exposição a elas. Continue lendo para ver algumas maneiras práticas de rever informações no mundo real, em vez de no laboratório.

Em um estudo de 2007, Doug Rohrer e Harold Pashler analisaram a relação entre o momento em que você deve rever o que aprendeu em comparação com o tempo em que quer se lembrar desse aprendizado. Eles sugeriram que você deveria rever o material em um ponto que é cerca de dez a trinta por cento do tempo pelo qual você quer se lembrar dele. Por exemplo, se precisar fazer uma prova em seis a oito meses, revisar o material após cerca de um mês é ótimo, mas se seu exame for apenas onze dias após a sessão de aprendizagem, é melhor revisar o aprendizado um dia depois.

A hipótese dos pesquisadores é que a revisão enquanto o material ainda está fresco na memória pode não funcionar tão bem quanto a revisão e os testes neste período de dez a trinta por cento, porque a informação ainda não começou a entrar em sua memória de longa duração, de modo que isso pode lhe dar a falsa confiança de que sabe algo que ainda está apenas em um estado recém-formado. Entretanto, estes resultados podem significar a diferença entre recordar ativamente para rever e meramente revisar o material sem recordar ativamente e, como de costume, esta foi uma experiência feita em uma situação particular. Acho que o peso das evidências mostra que se você esperar um mês antes de fazer qualquer tipo de revisão, muito do material já terá desaparecido. Assim, talvez uma abordagem melhor seria passar a primeira parte de seu tempo ativamente relembrando e praticando seu aprendizado, e revisando mais uma vez no período de dez a trinta por cento.

A repetição espaçada parece ser um dos mais importantes e bem pesquisados ingredientes de um aprendizado eficaz e, no entanto, muitas vezes é deixada de fora da receita da aprendizagem. Um dos enormes benefícios do aprendizado digital é que ele pode ser usado de maneira eficaz como uma ferramenta para a repetição espaçada. Para uma revisão abrangente da pesquisa sobre o espaçamento do aprendizado, procure o trabalho de Will Thalheimer (2006), que tem como missão colocar em primeiro plano a prática fundamentada em evidências.

Aprendizagem espaçada

Este é um tipo muito específico de aprendizagem relatada no Journal of Frontiers of Human Neuroscience por Paul Kelley e Terry Whatson (2013). O conteúdo é repetido três vezes, com dois intervalos de dez minutos nos quais os estudantes fazem atividades de distração, muitas vezes algo físico, como malabarismo. O método deles foi fundamentado na descoberta da Neurociência de que a potenciação de longa duração começa a acontecer dentro de minutos quando os estímulos repetidos são separados por espaços cronometrados. A potenciação de longa duração é o fortalecimento persistente de sinapses com base em padrões recentes de atividade e é uma das bases celulares da aprendizagem. Efetivamente, é quando seus neurônios estão falando bem um com o outro, e uma pequena conversa produz uma reação maior do que quando eles se encontraram pela primeira vez. Pense em um amigo próximo, que o conhece tão bem que só com um olhar em seu rosto ele reconhece que o que precisa é de uma xícara de chá, um pedaço de bolo e uma boa conversa de duas horas.

Kelley e Whatson colocaram à prova sua teoria de aprendizagem espaçada com um curso de Biologia e descobriram que os alunos que utilizavam este método tinham o mesmo nível de desempenho do que dois grupos de controle — um grupo utilizando "aprendizagem espaçada de uma hora", e o outro tendo um programa de ensino de quatro meses. Você pode se surpreender ao ler que não houve diferença no desempenho, pois, se este é o caso, então qual seria o sentido em usar esse método? A implicação óbvia é que o aprendizado foi muito mais eficaz por hora de instrução. Este tipo de aprendizado está sendo testado freneticamente, inclusive nas escolas britânicas, e parece ter um excelente potencial para o aprendizado sobre informações, embora ainda não se saiba se ele é aplicável para habilidades comportamentais ou treinamento de condutas.

O desafio de rever no mundo real

Os estudos de laboratório tendem a pedir aos alunos que aprendam uma coisa específica, o que não acontece em uma situação de aprendizagem no trabalho. Você pode estar em um longo programa de aprendizado intensivo no qual se espera que você faça mudanças fundamentais nas suas ações e na maneira de pensar. Você pode estar em um workshop por alguns dias e esperar encontrar múltiplas ideias novas, ou talvez esteja fazendo um pouco de *e-learning* junto com outras atividades. Não importa o tipo de aprendizado que você esteja fazendo, ele provavelmente será precioso e, enquanto você está absorvendo coisas novas, todos reconhecem que está aprendendo, mas, uma vez que se trata de revisão, talvez ouça as pessoas abordando isso de maneira diferente. "Bem, isso é apenas repetir o que você já fez"; "Você decerto é um aluno que aprende rápido — você não precisa repassar isso repetidamente, não é mesmo?"; "Aquele curso que fez era para lhe ensinar tudo — por que não consegue se lembrar de todos os detalhes?"

O treinamento não é uma varinha de condão. Você não pode simplesmente esperar que as pessoas façam um curso de treinamento e depois voltem "consertadas", ou que tenham aprendido tudo de que precisam. Como deve ter notado ao ler este livro, aprender é um processo confuso, longo, facilmente interrompido e é um trabalho duro para seu cérebro. Se você já leu *Rápido e devagar: duas formas de pensar* (2011), de Daniel Kahneman, reconhecerá que nosso cérebro é bastante preguiçoso — não queremos fazer mais com ele do que o necessário porque ele é muito faminto de energia. A familiaridade com o material é a própria maneira de seu cérebro enganá-lo para que pense que sabe das "coisas", mas até que tenha consolidado seu aprendizado — criado redes que podem disparar juntas de maneira regular e eficiente —, você não aprendeu nada. E seus alunos e colegas também não aprenderam. Revisar é muito fácil de ignorar, mas felizmente também é muito fácil de implementar sem que os guardiões dos bons costumes percebam, desde que as pessoas saibam que têm que fazer isso. Uma das primeiras coisas que precisa fazer com seus alunos é ensiná-los sobre o poder da revisão. Explique a eles que você não tem uma varinha de condão, que o aprendizado depende deles, e vai levar algum tempo e esforço.

Uma boa revisão é vital para todo aprendizado efetivo centrado no aluno. O aprendizado não acontece todo em um pacote de *e-learning*, em um jogo de realidade virtual, ou em um workshop — acontece em vários lugares e épocas diferentes, e na cabeça e no corpo das pessoas. Criar múltiplas oportunidades para redescobrir, refletir sobre e revisar o aprendizado — seja de habilidades, informações ou comportamento —, tudo isso contribui para o processo de aprendizado, e é aqui que a tecnologia digital pode ser um enorme benefício, pois pode estar muito prontamente disponível.

Sua próxima "Outra Voz" é a de Sandra Lace, que está entusiasmada com o nível mais profundo de aprendizado que participantes de seus cursos alcançam ao terem um ambiente diferente e ao revisarem efetivamente antes, durante e depois dos eventos de treinamento. Ela teve que superar alguma hesitação entre seus colegas, que achavam que os gestores seniores poderiam se sentir "ridículos" por estarem fisicamente envolvidos no aprendizado. Sua experiência tem sido a de que os gerentes seniores conseguem desfrutar da experiência mais profunda e rica que a reflexão e a revisão efetivamente lhes proporcionam, e estão mais abertos a mudar seus comportamentos. Todos os colegas dela agora estão convencidos dos benefícios de se criar um ambiente favorável ao cérebro e de rever o aprendizado. Eis Sandra, em suas próprias palavras.

Outras vozes

Sandra Lace, *chefe da Academia de Treinamento para um banco internacional, Letônia*

Após muitos anos trabalhando como instrutora e consultora de desenvolvimento de liderança, resolvi meu dilema interno: como influenciar o nível *meta* de pensamento dos gestores para fortalecer o aprendizado e influenciar as mudanças de comportamento. Minha observação foi a de que os gerentes são bons em fazer perguntas, compartilhar experiências, refletir sobre tarefas em grupo e fazer ligações entre pontos de aprendizagem discutidos e situações da vida real. Mas eles têm dificuldades para refletir sobre seu próprio comportamento durante a tarefa ou processo de aprendizagem: como ele/ela influencia os membros do grupo e como o processo pode ser influenciado por diferentes tipos de atitudes ou mensagens não ditas. Sei por experiência própria que, se este nível *meta* for ativado, os gerentes poderão mais facilmente transformar as competências aprendidas em ações e fortalecer novos hábitos. A metodologia do Aprendizado Favorável ao Cérebro me deu exemplos convincentes e ideias criativas sobre como elevar o treinamento a um novo nível. A outra parte da implementação desta metodologia em programas de desenvolvimento é subjetiva: ela jaz na coragem de um instrutor para fazer tentativas e, para superar seus próprios estereótipos e suposições com relação ao que os participantes do treinamento — "gerentes de alto nível e sérios" — gostam e não gostam.

Eu queria estruturar os métodos de Aprendizagem Favorável ao Cérebro que aprendi, e ter a coragem de criar um treinamento alegre e produtivo que ativasse três níveis de aprendizagem:

1 Fazendo tarefas e refletindo sobre o que foi feito — quais são as ideias que podem ser adotadas?

2 Refletindo sobre o processo de como a tarefa foi feita — quais são os pontos de aprendizado para todos?

3 Influenciando o pensamento de metanível e a reflexão sobre sentimentos, interação e colaboração.

Para garantir os resultados desejados, faço atividades passo a passo, uso materiais de pré-leitura enviados por e-mail ou aplicativo de celular e crio um pouco de diversão usando jogos de liderança (por aplicativo de celular). Não tenho medo de criar uma atmosfera colorida e criativa na sala de treinamento com muitas "estações de trabalho", e de usar tarefas curtas e simples que podem parecer infantis no início, mas que se desenvolvem, e tarefas com movimento. Isso ajuda a vivenciar um processo, em vez de falar e pensar sobre ele.

Tenho experimentado uma surpresa positiva dos participantes com relação ao ambiente, ao equipamento e às pré-tarefas, o que cria um aprendizado aberto e cooperativo. Eles dão feedback que confirma a abertura dos gestores aos métodos criativos: por exemplo, escrever uma mensagem no Twitter, usar a mnemônica, criar um poema, ou o blog do dia. Meus métodos favoritos são fazer o "mapa mental" com diferentes objetos para refletir sobre o dia e mensagens do Twitter para os colegas sobre os principais pontos do aprendizado. Aprender competências sérias de liderança não significa fazê-lo em uma atmosfera fria e pouco atraente. Tento usar recursos cotidianos na metodologia favorável ao cérebro: infográfico, Instagram, blogs etc. para combinar com a mnemônica e a psicologia cerebral. Muitas vezes uso o "método do chapéu do gestor" para separar os papéis dos participantes durante o treinamento: os participantes fazem e analisam todas as tarefas a partir de uma perspectiva e depois praticam o metapensamento com o "chapéu do gestor" em suas cabeças.

O uso destes métodos tem criado resultados brilhantes. Os métodos funcionam para criar a disposição de fazer mudanças no comportamento. Como resultado, os gerentes fazem pequenas mudanças e descobrem que o sucesso os motiva a tentar os próximos passos para implementar suas competências aprendidas na vida profissional.

Como e quando rever o aprendizado

Comece a sessão com uma revisão do que as pessoas já sabem. Uma maneira é fazer com que desenhem um mapa conceitual de tudo o que já sabem. Mostre a todos como criar uma cartografia cognitiva (outro nome para um mapa mental). Dê a cada pessoa um pouco de tempo para refletir e capturar o que ela já sabe. Depois, peça que trabalhem em duplas para gerar mais ideias ao despertar pensamentos uns nos outros. Isto pode levar a mais recordações ou a pessoas aprendendo algo novo de seus colegas. Finalmente, incentive que todos contribuam para um grande mapa conceitual na parede feito com folhas do bloco de notas do cavalete ou com um rolo de papel de jornal para que todos possam ver todas as informações que já sabem sobre o tema. Isto dará a você uma imagem mais clara dos níveis atuais de conhecimento, para que possa organizar o resto das sessões de maneira apropriada. Também dará a todos uma chance de obter um mapa geral do que pode ser abordado durante o aprendizado e começar a aquecer aquelas redes neuronais relevantes — isso se torna uma revisão, uma visão geral e, ao mesmo tempo, um início do aprendizado. Se estiver elaborando aprendizado digital, então comece com um teste dos níveis atuais de conhecimento. Você pode decidir se fornece as respostas no momento ou se simplesmente usará o teste como um exercício de reflexão e as respostas serão reveladas mais tarde.

Enquanto estiver transmitindo o conteúdo, faça-o rapidamente, com intervalos regulares de revisão de dez minutos, tendo como base os resultados do aprendizado espaçado. Transmita as informações de modo multissensorial, e depois faça uma pausa e peça às pessoas que façam algo físico e totalmente diferente do método de transmissão do conteúdo. Em seguida, repita o conteúdo, mas desta vez encoraje as pessoas a contestá-lo e a explorá-lo, faça outra pausa de dez minutos, e uma terceira repetição do conteúdo, com ênfase na aplicação do conteúdo pelos alunos.

O *e-learning* pode fazer isso muito bem porque é fácil dividir em pequenos blocos. Você pode precisar de um mecanismo para estimular as pessoas a se afastarem de seus computadores e depois voltarem à aula, para que também se distraiam fisicamente. Também é possível usar algum outro tipo de atividade on-line sem relação com o aprendizado.

No final de uma atividade, estimule as pessoas a passar alguns minutos trabalhando socialmente para discutir o que a sessão significou para elas, e o que farão com esse conhecimento. Quem sabe você pode criar folhetos ilustrados com uma linha do tempo para as pessoas elaborarem seu próprio plano de ação individual. Dê um título criativo a esse período de tempo, como um respiro, para que as pessoas saibam que, quando terminarem um exercício, haverá tempo para refletir. Dê flexibilidade às pessoas com relação a quanto tempo elas gastam recapitulando, amarrando, fazendo as revisões pouco antes de um intervalo, para que as pessoas tenham a opção de dedicar mais tempo à revisão se preferirem, mas não deixe que as pessoas pulem essa parte.

Ao final da sessão, revise o que foi abordado durante o dia inteiro ou todo o programa. Incentive os participantes a criarem suas próprias revisões com base nas inteligências múltiplas. Muitos instrutores adoram usar softwares de apresentação de slides como PowerPoint ou Prezi, e outros simplesmente os detestam. A morte por PowerPoint é algo que ninguém quer sofrer, entretanto, uma revisão com slides pode ser uma excelente maneira de relembrar o aprendizado. Use slides coloridos, gráficos e com baixo conteúdo de texto. Acrescente alguns textos que contam histórias para guiar as pessoas pela cronologia do dia e estimulá-las com sugestões e perguntas reflexivas como: "Você começou explorando algumas partes fascinantes da Neurociência."; "Você agora se lembra dos seis passos do processo de aprendizagem."; "O que você planeja fazer de diferente?" Em seguida, crie uma sequência deles automática, alterando a transição dos slides para o modo automático, com um espaço de cerca de nove a dez segundos entre cada slide. Use alguma música indutora de ondas alfa e depois deixe seus participantes se sentarem e relaxarem para rever o aprendizado. É incrível o quanto é abordado e esquecido, mesmo em sessões curtas. Então, isso é um lembrete valioso para logo antes de você pedir às pessoas que escrevam seus planos de ação.

Uma revisão no início de cada dia subsequente de um workshop de vários dias levará todos de volta ao estado apropriado para um novo aprendizado e, após uma boa noite de sono, as pessoas estarão mais aptas a expandir o que aprenderam no dia anterior. Lembre-se da Curva do Esquecimento de Hermann Ebbinghaus (ver Figura 11.4) — se não for encontrar seus alunos no dia seguinte, certifique-se de marcar uma revisão 24 horas depois, porque é um período crítico para o aprendizado de longa duração.

Crie um questionário ou um caça-palavras para que todos comecem a pensar, peça às pessoas que criem seus próprios fluxogramas lógicos, para construir um modelo, discutir as ideias mais valiosas que eles podem adotar, e classificar perguntas e os cartões de resposta, usar a criatividade com relação ao uso de diferentes revisões e a dar às pessoas escolhas. Coloque uma atividade de revisão em um envelope ou e-mail marcado com a frase "Não abrir até amanhã" e despertará a curiosidade — você se surpreenderia em saber como as pessoas ficam com vontade de espiar dentro desses envelopes.

Uma semana, um mês, dois meses, três meses e seis meses

As evidências a favor da repetição espaçada indicam que há períodos críticos para a revisão que fazem a diferença. Quando fazemos revisões curtas regularmente nesses intervalos de tempo, a retenção de informações é mantida. Depois de cerca de seis meses, essa informação ou habilidade está bem consolidada. Você não pode ter certeza de que se lembrará dela para sempre, mas a probabilidade é muito maior do que se não fizer nada. Crie um cronograma para essas revisões e use a maravilha da tecnologia digital para transmiti-las.

Incentive seus participantes a elaborar suas próprias revisões. Em programas modulares, digitais ou presenciais, pode haver um período de duas ou três semanas antes das sessões, então selecione um grupo diferente a cada vez para inventar uma revisão interativa para todos os outros. Eles tenderão a seguir as indicações do instrutor, ou seja, você. Se suas revisões tiverem sido interessantes e envolventes, as deles normalmente serão também.

A quem envolver

Usando conexões sociais

Quando nos conectamos socialmente com outras pessoas, liberamos neurotransmissores como a oxitocina, o hormônio do afeto. Como parte do ciclo de revisão, reative esses laços sociais e incentive os alunos a continuarem a apoiar uns aos outros. Parte disto pode ser simples. Escreva um pequeno e-mail com algumas perguntas rápidas e peça a seus alunos que as respondam, com todos os outros participantes copiados no e-mail, para que possam ver os desafios e as vitórias das outras pessoas. Por exemplo:

- Qual foi a ideia principal que extraiu do treinamento?
- Qual tem sido seu maior sucesso após o treinamento?
- O que começou a desaparecer de sua memória e precisa ser revisitado?
- Com que obstáculos se deparou e como os contornou?

Ligue para os participantes e pergunte-lhes como estão se saindo. Organize um seminário virtual em que todos partilhem suas novidades. Use plataformas digitais de compartilhamento para carregar materiais de apoio para discutir.

Crie fóruns sociais ou utilize plataformas de mídia social de uso geral ou sistemas internos feitos sob medida.

Pegue ideias da Psicologia Social sobre prova social, como a de que as pessoas são influenciadas pelas ações de outras semelhantes, e diga explicitamente aos alunos que a maioria das pessoas participa desta parte importante do processo de aprendizagem (desde que isso seja verdade, é claro).

Inclua outras partes interessadas no processo de revisão

Gerentes, colegas de trabalho, fornecedores e clientes podem ser incluídos na revisão do aprendizado.

Você provavelmente já se familiarizou com conceitos como ter companheiros de estudo, criar conjuntos de *action learning* ou aprendizado em cascata ao transmitir pontos-chave após uma sessão de treinamento. Todas estas são formas eficazes de incluir outros colegas no aprendizado e, ao mesmo tempo, é uma revisão útil do aprendizado.

É possível optar por envolver fornecedores e clientes porque é mais provável que eles fiquem satisfeitos do que descontentes por você estar desenvolvendo seu pessoal. Você poderia pedir a seus alunos que relatem aos clientes o que aprenderam e que diferença acreditam que isso fará para eles. Você contaria aos seus clientes se recebesse um prêmio de Investidor em Pessoas? Então, por que não contar para eles o que está aprendendo?

De modo consistente, você ouvirá sobre a importância vital que os gestores têm no apoio ao aprendizado no local de trabalho e em quão bem as pessoas implementam o que aprenderam, o que, naturalmente, reflete no retorno do investimento em treinamento. Então, o que você pode fazer para garantir que os gestores reconheçam a importância da revisão e fazer deles uma parte significativa desse processo? Você provavelmente não pode esperar que cada gestor se sente com todos os que fizeram algum treinamento para perguntar sobre o que aprenderam e de que apoio adicional precisam. Os gestores são pessoas ocupadas, e é fácil para eles imaginar que o treinamento foi feito pelo Departamento de Aprendizado e Desenvolvimento — acenou com sua varinha de condão e agora conseguiu resolver.

Você pode tornar isso mais fácil para eles e mais provável de acontecer ao fazer coisas simples como criar um resumo para o gestor com uma visão geral dos destaques do treinamento. Envie isto aos alunos e seus respectivos gestores uma semana após a sessão de treinamento, para iniciar uma conversa de dez minutos sobre o que foi aprendido e como isso será aplicado. Você não pode garantir que eles vão se sentar e compartilhar informações, mas pode aumentar a probabilidade, se fizer disso uma parte simples, mas necessária, do processo de aprendizagem. Outra opção é convidar os gestores para uma apresentação final ao término do programa de treinamento, e pedir aos alunos que apresentem o que aprenderam. Isso tem múltiplos benefícios, como a revisão do aprendizado, o estabelecimento de relacionamentos, além de dar aos alunos mais confiança para testar novas ideias na volta ao trabalho porque eles percebem que seus gestores sabem quais são as suas novas habilidades. Além disso, às vezes é uma maneira útil de refrescar a memória de gestores que podem já ter feito o treinamento no passado, e às vezes é uma maneira de dar treinamento aos gerentes sem que saibam que é isso que você está fazendo. Eles têm a oportunidade de aprender algo novo sem ter que admitir que não o sabiam. Elabore uma versão geral de uma parte do aprendizado digital para os gestores por razões similares.

Dê-lhes também um gancho emocional. Obtenha sua adesão fazendo-os se sentir valorizados e estabeleça a credibilidade e autoridade deles fazendo com que se sintam uma parte importante do processo. Isto pode lhe dar maior influência com eles para o futuro. Envolver-se em Aprendizagem e Desenvolvimento às vezes é como estar envolvido em Vendas e Marketing, porque você está vendendo ideias e conceitos. Use ideias que o marketing talvez use, como se concentrar no que a maioria das pessoas está fazendo, e não na minoria. Ainda hoje, alguns gestores darão a desculpa de que estão muito ocupados para desenvolver seu pessoal, mas não se preocupe com eles. Em vez disso, faça com que seja a norma que os gerentes se envolvam, ao dar destaque àqueles gestores que apoiam o aprendizado desta maneira — e fale sobre isso com o resto da organização. Isso ajudará a criar uma cultura na qual o aprendizado prospera e é apoiado por todos, e alguns desses dinossauros "muito ocupados" podem acabar se juntando ao resto do grupo.

É muito mais fácil transformar o aprendizado espaçado em um programa se já houver imersão em uma cultura de aprendizagem contínua, por exemplo, a aplicação genuína do modelo 70:20:10, em que mais do aprendizado acontecerá informalmente do que formalmente. Mas é importante que alunos, gestores e partes interessadas compreendam este processo de revisão para que ele não seja deixado ao acaso ou aos caprichos dos horários de trabalho.

Dicas principais

- Use as múltiplas inteligências como uma estrutura para revisões que reflitam tópicos e pessoas diferentes.
- Faça revisões curtas e rápidas para que ativem as vias neuronais, mas não demorem muito tempo.
- Faça com que as pessoas revisem e recordem ativamente seu aprendizado em vez de revisá-lo passivamente.
- Agende as revisões para que façam parte do processo normal em sua organização.
- Eduque seus alunos para que saibam que você não tem uma varinha de condão — são os neurônios deles que precisam se conectar e permanecer conectados, e não os seus.

Resumo

Este resumo é uma maneira de rever o que acabamos de ver no capítulo. Então, leia-o para ativar mais uma vez essas redes neuronais:

- Você precisa revisar porque as memórias se deterioram muito rápido se não forem mantidas frescas de forma ativa.
- Você está tentando estabelecer e manter uma relação de longo prazo e duradoura entre os neurônios por meio da melhoria da conectividade.
- A conectividade entre os neurônios é melhorada pela mielina — uma cobertura branca e graxa ao redor de seus axônios.
- A repetição espaçada desenvolve melhor a memória de longa duração do que amontoar informações.
- As revisões são melhores como recordação ativa do que como revisão passiva.
- O aprendizado espaçado é uma maneira específica de rever e aprender informações — repita o input três vezes com dez minutos de distração entre as repetições.
- Desenvolva uma cultura de revisão para superar os desafios da revisão no mundo real dos negócios — programe-a como parte do processo.
- Faça revisões imediatamente, 24 horas depois, uma semana, um mês, dois meses, três meses e, finalmente, aos seis meses, para criar um aprendizado duradouro no longo prazo.
- Explore as conexões sociais e envolva outras partes interessadas.
- Ajude os alunos a aprender explicando o que precisam fazer — você não tem uma varinha de condão.

Referências e leituras adicionais

Bradley, A.; Patton, A. *Spaced Learning*: Making Memories Stick, s.n.t. Disponível em: www.innovationunit.org. Acesso em: 2 jul. 2015. (Arquivado emperma.cc/C5N4-QZFZ.)

Kahneman, D. *Thinking, Fast and Slow*. Londres: Allen Lane, 2011.

Kelley, P.; Whatson, T. Making Long-Term Memories In Minutes: A Spaced Learning Pattern from Memory Research in Education. *Frontiers in Human Neuroscience*, v. 7, p. 589, 2013. Disponível em: www.ncbi.nlm.nih.gov/pmc/articles/PMC3782739/. Acesso em: 6 set. 2020. (Arquivado em perma.cc/9HAJ-RQ82.)

Kimura, F.; Itami, C. Myelination and Isochronicity in Neural Networks. *Frontiers in Neuroanatomy*, v. 3, p. 12, 2009.

McKenzie, I. A. *et al.* Motor Skill Learning Requires Active Central Myelination. *Science*, v. 346, n. 6.207, p. 318-322, 2014. Disponível em: www.sciencemag.org/content/346/6207/318.abstract. Acesso em: 6 set. 2020. (Arquivado em perma.cc/PKJ3-KX8T.)

Rohrer, D.; Pashler, H. Increasing Retention Time without Increasing Study Time. *Current Directions in Psychological Science*, v. 16, n. 4, p.183-186, 2007.

Thalheimer, W. *Spacing Learning Events Over Time*: What the Research Says. Sommerville, MA: Work-Learning Research, Inc., 2006. Disponível em: http://q-mindshare.com/assets/spacing_learning_over_time__march2009v1_.pdf. Acesso em: 6 set. 2020. (Arquivado em perma.cc/EDT5-VMLH.)

Histórias mais duradouras e coisas para refletir 12

Há anos se discute se você deve dar folhetos ou outro material às pessoas antes de apresentar esse conteúdo a elas pessoalmente. Argumenta-se que se o público já leu o material, não vai prestar atenção quando você for apresentar suas informações. Mas o que as pesquisas sugerem? Um estudo de 2009 (Marsh e Sink) testou quanto os alunos se lembravam de uma palestra. Eles receberam anotações antes, durante ou depois da apresentação, e sua memória sobre ela foi testada imediatamente depois e uma semana mais tarde. O desempenho em ambos os testes foi praticamente o mesmo, independente de quando as anotações foram entregues — portanto não houve vantagem em esperar até o final para entregar as informações.

Os pesquisadores observaram que os estudantes que haviam recebido as anotações antes da palestra tomaram menos notas, mas suas conclusões foram que essas notas eram mais uma distração do que uma "tarefa de codificação profunda".

Dar as anotações logo no começo parece não ter um efeito negativo sobre quão bem as pessoas se lembram, e os pesquisadores sugeriram que "os estudantes ainda se beneficiam no sentido de que alcançaram o mesmo nível de aprendizado com menos trabalho". Com muitas pessoas já tendo uma sobrecarga cognitiva significativa, fazer o aprendizado ser menos trabalhoso é um resultado positivo. E quem parece estar tomando notas diligentemente enquanto você fala pode, na verdade, estar apenas se distraindo.

Meu ponto de vista é que, especialmente com os alunos adultos, precisamos tratá-los como adultos e deixá-los escolher se querem ler com antecedência ou se vão esperar até o momento apropriado. Examinar com antecedência pode ajudá-los a criar alguns ganchos iniciais para ideias mais complexas à medida que se deparam com elas. Contanto que os alunos aprendam o que precisam, não importa se aprendem ouvindo você, lendo com antecedência por conta própria ou conversando com os colegas. Cada exposição a um fragmento da informação aumenta a probabilidade de que eles a aprendam.

O que você vai aprender neste capítulo

Este capítulo trata de algumas áreas fascinantes, cada uma das quais poderia ser um capítulo ou um livro independente, mas o tempo urge, então vamos nos conectar com elas a fim de descobrirmos alguns insights pragmáticos que você mesmo pode usar rapidamente na concepção e na transmissão de aprendizado duradouro. Você aprenderá por que as histórias podem ser muito mais duradouras do que os fatos, que tipos de ambiente fazem a diferença para os alunos, algumas ideias para estimular a criatividade, como a linguagem que usada pode afetar o que as pessoas fazem, e como criar uma música chiclete, que não sai da cabeça (ver Figura 12.1).

Figura 12.1 Ideias deste capítulo

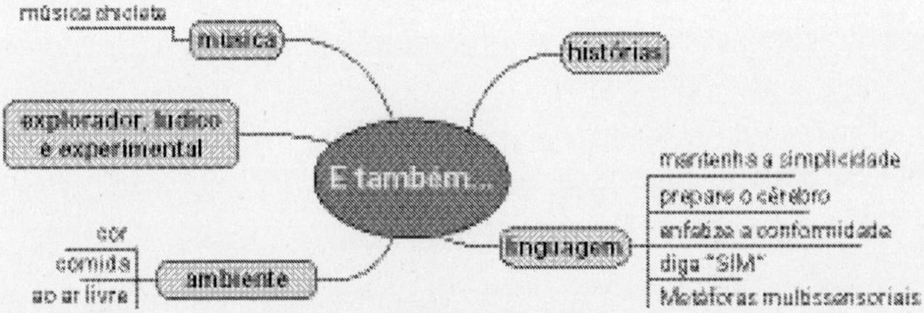

Histórias mais duradouras

Como você provavelmente já sabe, as histórias são ótimas para o aprendizado; há inúmeras pesquisas que mostram como os alunos se beneficiam delas e como elas perduram na memória. Mas vamos analisar um pouco do que acontece no cérebro das pessoas quando elas estão ouvindo ou lendo uma história, em vez de apenas serem expostas a fatos.

Quando você vivencia o mundo, seus sentidos enviam mensagens ao cérebro que serão processadas pelas áreas relevantes. Quando se lembra de uma informação, seu cérebro sai oficiosamente em busca dela mais uma vez e a reconstrói praticamente da mesma maneira para que você possa se lembrar do evento original. De igual modo, se imaginar algo, o cérebro sai diligentemente em marcha em busca das informações que pode encontrar em seus bancos de memória para construir a situação imaginada. É difícil para o cérebro dizer se esse evento é real ou não, razão pela qual as falsas lembranças podem ser construídas e as alucinações parecem verídicas. E, mais tarde neste capítulo, descobriremos como, quando se pensa em uma sensação, como uma textura, o córtex sensorial dispara como se a pessoa estivesse sentindo essa textura. Em um artigo na Scientific American, em 2014, pesquisadores mostraram que a força do pulso poderia ser aumentada apenas pensando em mover os pulsos — não tão forte quanto se realmente fizesse o exercício, mas mensuravelmente mais forte (Mosher, 2015). Portanto, uma boa história pode estimular seu cérebro de um modo que um simples fato ou dados isolados simplesmente não conseguem.

Imagine que alguém está prestes a ensinar uma nova regra de segurança contra incêndio que sua organização implementou, e inicia a sessão mais ou menos assim:

> Vamos aprender sobre a nova Regra de Segurança contra Incêndios. É muito importante ler, entender e cumprir a regra, porque ela salva vidas. Eis a regra...

E a nova regra é mostrada em um slide. Quanta atividade está ocorrendo na cabeça da plateia em relação à regra de segurança contra incêndios? Na coluna "Somente a regra" da tabela 12.1, assinale quaisquer áreas do cérebro que você acha que serão particularmente ativadas ao observar a regra em um slide PowerPoint.

Agora considere um cenário um pouco diferente, no qual começa algo no estilo:

Tabela 12.1 Exercício de histórias ou fatos

Sistema cerebral	Função	Somente a regra	História e regra
lobos parietais	leitura		
córtex frontal esquerdo	lógica/procedimento		
sistema de ativação reticular	atenção		
hipocampo	memória		
amígdala	emoção		

Sistema cerebral	Função	Somente a regra	História e regra
Áreas de Broca e de Wernicke	processamento da linguagem		
lobo occipital	visão		
lobo temporal	audição		
córtex motor	movimento		
bulbo olfatório	olfato/paladar		

Eu gostaria de lhe contar uma história....

Em uma manhã de quinta-feira, em 1952, um *chef* francês, Raymond Lempereur, estava dando os retoques finais a uma deliciosa musse de chocolate no Croxteth Hall, perto de Liverpool. Ele se viu recordando seus dias na Resistência Francesa durante a Segunda Guerra Mundial, em que ateava e apagava incêndios, quando percebeu que o cheiro de queimado que ele sentia não vinha da sua imaginação nem da sua cozinha. Um verdadeiro incêndio havia começado na ala da rainha Ana, e ele correu imediatamente para o telefone para dar o alarme e começou a evacuar todos do prédio.

Os bombeiros chegaram rapidamente em meio ao badalar dos sinos, aos gritos assustados das pessoas que fugiam do prédio em chamas, e ao crepitar do próprio fogo.

A restauração do Croxteth Hall levou mais de sessenta anos para ser concluída, e, embora *monsieur* Lempereur soubesse que ela havia começado, ele infelizmente morreu em 2013, e não viveu para ver os novos painéis de madeira, as novas janelas, a iluminação e as grandes obras de redecoração em uma das joias do patrimônio

> histórico de Liverpool. Ele sabia que sua rápida reflexão e ação tinham impedido qualquer um de sair ferido, e o salão, de ser queimado até o chão, e isso significou que a inestimável coleção de duzentos quadros não fora destruída pelo fogo.

Ao contar a história, você mostra uma velha foto em preto e branco do *Liverpool Echo* de 1952, que retrata um bombeiro olhando com tristeza para a casca queimada de um edifício. Quando a história termina, passa para o slide da regra de segurança contra incêndio.

Que áreas do cérebro você acha que podem ser estimuladas por esta história e pela foto? Complete o resto da tabela 12.1. Quando tiver terminado, continue lendo para ver uma versão completa da tabela (tabela 12.2).

Claramente, isto é uma simplificação do que acontece quando alguém vê e ouve uma história, mas ilustra por que contar histórias é muito mais envolvente do que falar fatos simples.

Você também pode usar as histórias para mais coisas além de apenas criar um maior envolvimento, porque elas têm estrutura. É possível usá-las para ajudar as pessoas a lembrarem de dados específicos, principalmente se você quiser que elas se lembrem de informações em uma sequência, ou se precisar ligar dados aparentemente não relacionados. A estrutura da história fornece uma armação para que as informações sejam depositadas, e quanto mais curiosa, nova e ricamente bordada for a história, mais ela será lembrada.

Tabela 12.2 Histórias ou fatos: respostas sugeridas

Sistema cerebral	Função	Somente a regra	História e regra	Comentários
lobos parietais	leitura	√	√	

Sistema cerebral	Função	Somente a regra	História e regra	Comentários
córtex frontal esquerdo	lógica/procedimento	√	√	
sistema de ativação reticular	atenção		√	O que chama sua atenção?
	memória		√	O que é mais memorável?
amígdala	emoção	?	√	Quão emocional é a regra?
As áreas de Broca e de Wernicke	processamento da linguagem	√	√	
lobo occipital	visão	?	√	Quão visualmente estimulante é esta regra?

Outras vozes

Larry Reynolds, *instrutor e escritor*

Tornando as coisas memoráveis com histórias

Quantas pessoas morreram quando terroristas sequestraram e fizeram colidir duas aeronaves em Nova York, em 11 de setembro de 2001? A menos que você seja bastante incomum, provavelmente não consegue se lembrar do número exato. Seu córtex, a parte do cérebro envolvida principalmente no processamento de dados abstratos, não é muito bom em lembrar fatos e números, a menos que faça um esforço consciente para repetir o aprendizado. A cifra oficial é 2.996. Mas aposto que você consegue se lembrar perfeitamente de onde estava quando ouviu a trágica notícia do Onze de Setembro. Esta é uma grande proeza de memória para algo que aconteceu há mais de uma década. Isto acontece porque o seu hipocampo — a parte de seu cérebro envolvida no processamento de lugares e eventos — é muito mais eficaz na criação e na recordação de memórias de longa duração.

Embora seja enganoso dizer que certas funções só acontecem em partes específicas do cérebro, é verdade que algumas áreas estão mais implicadas do que outras. A ligação entre o hipocampo e lugares e eventos foi bem demonstrada por pesquisadores do University College, em Londres, que colocaram taxistas em uma máquina de varredura cerebral de RMF. Eles descobriram que o hipocampo de um taxista londrino é de fato maior fisicamente do que o seu ou o meu, porque eles passam muito tempo aprendendo e pensando em lugares e eventos.

Eles chamam isso de "o conhecimento".

Você acha mais fácil lembrar o conteúdo de um documento de uma norma, ou de uma cena de seu romance ou filme favorito? Mais uma vez, as partes do cérebro envolvidas no processamento de fatos abstratos em um documento de uma norma são muito menos eficazes do que as partes envolvidas no processamento de uma história — especialmente uma que é multissensorial, como costumam ser a maioria das boas histórias. As implicações para os instrutores são claras. Se quiser que as pessoas se lembrem de coisas, use menos fatos abstratos e mais histórias que envolvam lugares e eventos.

Muitas vezes, ministro um curso chamado "Conversas Corajosas". Ele é projetado para ajudar os gestores a ter no trabalho aquelas conversas complicadas que sabem que precisam ter, mas ficam evitando porque se preocupam com como será. Dar feedback é um tipo de conversa corajosa. Quando comecei a ministrar este tipo de treinamento, há muitos anos, começava com os princípios de dar feedback — certifique-se de que conhece os fatos, seja claro sobre o que quer que a pessoa faça de modo diferente da próxima vez, e assim por diante. Funcionava moderadamente bem.

Agora faço isso de maneira bem diferente. Começo contando histórias: como uma vez tentei dar à minha parceira algum feedback sobre sua direção, e o que aconteceu. Algum feedback que meu primeiro chefe uma vez me deu e o efeito que isso teve. Então, convido as pessoas a compartilharem algumas de suas histórias de feedback — boas e ruins. Dessas histórias emergem algumas regras de ouro sobre a melhor maneira de dar feedback. Praticamos e refinamos estas ideias por meio de dramatizações e de mais compartilhamento de histórias.

Esta abordagem é mais divertida porque as pessoas gostam de contar e ouvir histórias. É mais memorável porque as partes do nosso cérebro que lidam com histórias e eventos são melhores em criar memórias de longa duração do que as partes que lidam com dados abstratos. E é mais eficaz porque as coisas de que estamos falando estão muito mais próximas das experiências reais dos participantes.

Sistema cerebral	Função	Somente a regra	História e regra	Comentários
lobo temporal	audição	√	√	
córtex motor	movimento		√	O córtex motor é ativado até por palavras que descrevem movimento
bulbo olfatório	olfato/paladar		√	Da mesma forma para o córtex olfatório

Linguagem e aprendizado

Enquanto você tem pensado em histórias, vamos também descobrir algumas sugestões interessantes sobre a linguagem e algumas pesquisas que são relevantes para ambientes de aprendizado.

Se você fizesse qualquer tipo de pesquisa sobre a Neurociência da Linguagem, encontraria milhares de artigos de periódicos com títulos cada vez mais complexos e complicados, e uma linguagem ainda mais enigmática e intrincada uma vez que começar a ler os artigos. Isto pode ser tranquilo para cientistas pesquisadores, mas a linguagem complicada definitivamente não é muito útil para você ou seus alunos, e eu argumentaria que cientistas não estão fazendo nenhum favor a si se o que querem fazer é comunicar suas grandes pesquisas. Quando está elaborando ou transmitindo aprendizagem, é melhor usar uma linguagem direta para poder comunicar informações complexas de maneira clara.

Portanto, aqui estão cinco sugestões da Neurociência que o ajudarão a tornar sua linguagem e suas mensagens mais acessíveis.

1. Mantenha as coisas simples

Embora possa ser tentador soar inteligente e usar palavras longas e frases complexas, as pessoas de fato pensam que você se organiza melhor e tem uma melhor compreensão dos fatos se explicar as coisas de maneira simples. Em uma experiência em 1978 com estudantes da Bangor University, foram-lhes dados dois textos em prosa para ler, e ambos descreviam a mesma informação — mas um havia sido escrito em um estilo supercomplexo e altamente acadêmico, e o outro praticamente como você o diria em voz alta (Bardell, 1978; Turk e Kirkman, 1978). Os estudantes classificaram o escritor do estilo mais simples como mais organizado, mais culto e até lhe deram características que não podiam saber a partir das informações, como que ele era mais simpático. Quando estamos nervosos ou menos seguros dos fatos, temos a tendência de falar ou escrever de uma maneira mais formal e complexa, o que pode atrapalhar a mensagem.

Às vezes, as pessoas escondem as informações importantes no final de uma frase. Lembre-se de como a memória de trabalho é limitada quanto ao que ela pode processar em um determinado momento. Se deixar o argumento de sua frase para o final, seu ouvinte ou leitor tem que manter todo o pensamento em mente enquanto você chega ao argumento. Isso fatiga a memória de trabalho deles. Expresse o argumento-chave em primeiro lugar quando estiver escrevendo, particularmente caso se trate de algo que as pessoas devem fazer. Se esgotar a memória de trabalho delas, elas podem não chegar à coisa importante que "devem fazer". Eis um exemplo do que não se deve fazer:

> A primeira e mais importante regra da marcenaria é usar equipamento de segurança apropriado. Embora os protetores de ouvidos sejam necessários para algumas ferramentas muito ruidosas, como rebaixadores e plainas, e luvas de látex possam ser necessárias ao aplicar revestimentos na oficina de marcenaria, não há momento em que você deve ficar sem os óculos de segurança. Coloque-os quando entrar na oficina e não os tire antes de sair. Sua visão é importante demais e não deve ser colocada em risco.

Até que ponto foi preciso ler antes de descobrir a mensagem crucial sobre o uso de óculos de segurança? Ela poderia ter sido escrita assim:

> Use **sempre** seus **óculos de segurança** na oficina de marcenaria.
>
> - Coloque-os assim que entrar na oficina.
> - Use-os até que vá embora.
> - Sua visão é importante demais e não deve ser colocada em risco.
>
> Use **proteção auditiva** ao operar ferramentas ruidosas, como rebaixadores e plainas. Coloque **luvas de látex** ao aplicar revestimentos.

2. Prepare o cérebro com o que quer

Enquanto falamos sobre o que não fazer, você já se deparou com o conceito de *priming* [preparação, em tradução livre]? O *priming* sugere que as coisas no ambiente das quais não temos conhecimento podem nos levar a reagir de determinada maneira, por exemplo, se receber uma bebida quente de alguém, é mais provável que a classifique como uma pessoa "simpática". Às vezes você pode estar comunicando uma mensagem de forma não intencional, e a maneira simples de fazer isso é usar uma linguagem negativa.

Com que frequência você diz "Não se esqueça de..." ou escreve "Não hesite em entrar em contato comigo"? O que está dizendo? As pessoas têm mais dificuldade para processar um pensamento negativo porque ele dá mais trabalho para o cérebro. Você tem que efetivamente ativar todas as conexões relacionadas a essa palavra, depois reprimi-las e, enquanto as reprime, está de fato pensando nelas de novo, até que consiga substituir esse pensamento por outra coisa. Mas se sua memória de trabalho está cheia de mensagens como "não pense em um elefante cor-de-rosa", não resta a ela muita capacidade para encontrar algo diferente em que pensar.

Esta próxima pesquisa (Earp *et al.*, 2010) demonstra que dizer às pessoas o que você não quer pode aumentar o comportamento que está tentando evitar. No estudo, eles testaram dois grupos de fumantes. Pediu-se a ambos que olhassem para fotos e dissessem se elas haviam sido tiradas por fotógrafos amadores ou profissionais. O que eles não sabiam era que as fotos ou tinham sinais discretos de "Proibido Fumar", ou que os sinais haviam sido editados. A presença do sinal de "Proibido Fumar", quer as pessoas o notassem ou não, aumentava significativamente a tendência de abordar os "estímulos relacionados ao fumo". Enquanto os pesquisadores enfatizam que precisam fazer mais pesquisas no mundo real, pareceu que o sinal de "Proibido Fumar" tinha mais probabilidade de promover o fumo do que a falta de um sinal.

Por que isso é importante para você? Ao elaborar instruções, diga às pessoas o que você quer que elas façam, e não o que está tentando evitar. "Lembre-se de fazer sua revisão de 24 horas" é provavelmente mais eficaz do que "Não se esqueça de sua revisão de 24 horas". Se você está ensinando algo que é proibitivo, está potencialmente aumentando os comportamentos que está tentando eliminar? Que mensagens as pessoas podem estar vendo antes de vir às reuniões ou workshops, ou depois de completar um programa on-line, que estão em contradição direta com o que você quer que elas aprendam? Como utilizar de maneira construtiva o *priming* para transmitir suas mensagens-chave?

3. Enfatize os comportamentos que demonstram conformidade

É da natureza humana perceber o que é diferente e o que se destaca, mas, às vezes, ao salientar as anomalias ou ao apontar diferenças, você pode não estar conseguindo influenciar as pessoas com quem está falando. Qualquer pessoa que trabalha com treinamento reconhece os desafios de conseguir que as pessoas se envolvam, de incentivar os gerentes a apoiá-lo, e das pessoas que se esquivam da capacitação quando algo mais "empolgante" ou operacionalmente urgente acontece. Na realidade, apenas uma pessoa abandonou o treinamento, e as outras quinze ficaram o dia inteiro, mas temos uma ligeira tendência a falar sobre aquela que saiu. Talvez chamar a atenção para estes comportamentos e para a linguagem utilizada seja o que potencialmente está piorando a situação.

As evidências de múltiplos estudos das Ciências Sociais mostram que somos influenciados a fazer o que aqueles à nossa volta estão fazendo. Isto é chamado de "prova social". Em vez de apontar comportamentos irregulares, se você destacar o que está funcionando, poderá ser mais capaz de influenciar as pessoas a obedecer. Por exemplo, é possível que você já tenha visto avisos em consultórios médicos sobre quantas pessoas faltam às consultas.

Estes avisos são projetados para constrangê-lo e alfinetar a sua consciência para que você faça um esforço adicional e não falte. Entretanto, pesquisas demonstraram que informar as pessoas sobre o número de pacientes que faltam as consultas não é uma estratégia eficaz para aumentar o comparecimento. Um estudo com o Sistema Nacional de Saúde inglês [National Health Service, NHS], em Bedford, realizado por Steve Martin *et al.* (2011) da Influence at Work, e a empresa Binder Dijker Otte (BDO), mostrou que os avisos que verdadeiramente destacavam o número de pessoas as quais compareceram às consultas contribuíram para uma redução de trinta por cento no número de "ausências" às consultas do NHS, e calculou-se que isso poderia representar uma economia de até £250 milhões se fosse replicado em todo o NHS. Este princípio de "prova social" sugere que devemos ver como os outros estão se comportando a fim de decidir como devemos nos comportar. Em outras palavras, tendemos a seguir a multidão.

Quando nos sentimos parte de algo, as áreas do nosso cérebro relacionadas à recompensa, incluindo o córtex pré-frontal ventromedial e o córtex cingulado posterior, são ativadas, liberando compostos químicos redutores de estresse, como a oxitocina. Então, é mesmo de admirar que gostemos de fazer parte da multidão? Sei que haverá alguém lendo este livro e dizendo "Não gosto de seguir a multidão" ou "Gosto de ser diferente", e realmente — algumas vezes isso faz sentido, mas desafio você a observar o seu próprio comportamento e simplesmente notar quantas vezes faz algo porque essa é a norma social, ou porque era o que a maioria das outras pessoas à sua volta estavam fazendo.

De volta à linguagem que você usa: em vez de escrever e-mails centrados em quantas pessoas não completaram seu treinamento, ou em quem não está apoiando os colegas, pode ser mais influente alterar a sua linguagem para se concentrar na maioria das pessoas que estão fazendo a coisa "certa". Publique números e conte histórias sobre a porcentagem maior de pessoas que completam o treinamento ou que comparecem a ele pontualmente, ou gestores que facilitam o aprendizado das pessoas dentro e fora do trabalho.

Quando estiver pedindo que as pessoas entreguem as atividades previamente, indique que a maioria das pessoas as entregam dentro do prazo. Envie e-mails agradecendo por completarem as atividades prévias e coloque todas as outras em cópia. Se puder usar estatísticas, use-as — mas certifique-se de que sejam verdadeiras, porque se trata de influenciar e não de manipular as pessoas. Quando estiver se comunicando com as pessoas, pense em como pode fazer com que elas se sintam incluídas e liberem um pouco de oxitocina redutora de estresse.

4. Diga "sim" em vez de "não"

Há palavras específicas que devem ser evitadas na vida? Bem, parece que "não" pode ser uma se você quiser ajudar as pessoas a pensar melhor, aprimorar suas habilidades cognitivas, reduzir o estresse e aperfeiçoar a comunicação. Mostrar três vezes a palavra "não" para as pessoas em um aparelho de RMF provoca uma liberação repentina de neurotransmissores produtores de estresse, o que não acontece quando elas veem a palavra "sim". Estes hormônios têm um efeito em quão bem as pessoas processam as informações, bem como em seu estado emocional. Em seu livro *Words Can Change Your Brain* [Palavras podem alterar o seu cérebro, 2014], Andrew Newberg e Mark Robert Waldman falam sobre o poder da linguagem positiva para melhorar o raciocínio das pessoas, além da comunicação e da capacidade delas de lidar com o mundo. Entretanto, há um desafio, porque as palavras positivas não têm o mesmo poder de alterar o seu cérebro do que as negativas, portanto, é preciso usar muito mais palavras positivas para neutralizar as negativas. Com base no trabalho da Psicologia Positiva, eles sugerem que devemos dizer pelo menos três coisas positivas para cada negativa, e isto inclui linguagem corporal negativa, como franzir o cenho enquanto falamos. Você talvez queira experimentar o exercício "Sim, e..." como um modo de praticar a reação positiva em vez da negativa. Trabalhe em dupla, e, independente de o que sua dupla disser, responda com "Sim, e..." e desenvolva o que eles falarem. Eles então dizem "Sim, e..." em resposta a você, e por aí vai. Como exercício, é muito divertido e promove o pensamento criativo, e como uma mentalidade de crescimento mais permanente, é uma maneira de reconhecer o valor que todos podem acrescentar a uma conversa.

5. As metáforas tocam seu cérebro multissensorial

Você talvez já tenha se acostumado com o conceito de falar em linguagem multissensorial e, se não estiver, começará a ver com que frequência nossos sentidos se infiltram em nossa língua. Somos tão intensamente dominados por nossos sentidos que eles se intrometem na linguagem cotidiana, tanto como metáforas sensoriais quanto nas palavras que você normalmente vê,

Outras vozes

Krystyna Gadd, *fundadora da How to Accelerate Learning, Reino Unido*

Usando uma linguagem limpa para criar um ambiente seguro

Um dos meus cinco segredos para o aprendizado acelerado é prestar atenção ao ambiente. Não apenas o ambiente físico, como também o emocional e o social. Isto me levou a pensar muito cuidadosamente sobre como organizo a sala de aula (fisicamente) e como me comprometo com os alunos para torná-la um lugar seguro e estimulante para aprender. O que me levou a pensar profundamente sobre o ambiente, alguns anos atrás, foi um porta-voz desafiador que tive em um programa de nove meses de duração. Este indivíduo foi provavelmente o mais difícil com o qual tive que lidar. O que o tornava "difícil" foi um descompasso entre suas expectativas e as minhas.

O indivíduo e suas questões específicas não justificam nenhum grande debate, nem mesmo uma descrição, mas o encontro me fez refletir profundamente sobre como eu me "comprometo" com os alunos. Isso me fez refletir sobre como estabelecer e administrar as expectativas deles:

- com relação a mim, na condição de facilitadora;
- com relação ao programa;
- com relação ao seu próprio comportamento como alunos;
- com relação a como interagem uns com os outros.

Criar um ambiente seguro para os alunos aprenderem sempre foi um fator importante para mim ao estabelecer expectativas. Se o ambiente é seguro, os alunos confiarão em mim como facilitadora, para que eu os leve além do ponto em que estão agora para criar novos insights sobre um tópico. Um ambiente positivo ajudará a alcançar isso, e está confirmado em um documento do CIPD (2014) "[...] o fato de que os humores negativos podem impedir o pensamento e o discernimento". Várias versões da expressão "Como devemos trabalhar juntos." pareciam ajudar um pouco, mas nunca pareceram funcionar tão profundamente quanto três questões específicas, que se originaram da Linguagem Limpa.

Estas são as perguntas originadas por Caitlin Watkins, em seu livro *From Contempt to Curiosity* [Do desprezo à curiosidade]:

1 Para que este (evento) tenha valor para você, como ele deve ser?
2 Para que este (evento) seja assim, como você tem que ser?
3 Para que você seja assim, como os outros têm que ser?

As perguntas são pré-escritas em um bloco de notas no cavalete, e minha função é simplesmente ler as perguntas e registrar as respostas. Escrevo exatamente o que eles dizem, e não a minha interpretação. Não comento nenhuma de suas respostas, além de agradecê-los, e só pergunto "Há algo mais?" se elas ficarem em silêncio. Uma vez terminado, peço a um voluntário que leve as folhas, digite-as, e depois faço com que todos as assinem.

O efeito de fazer estas três perguntas é notável. Houve três coisas específicas que observei:

- Os alunos discutem em um nível bastante profundo o significado do que foi dito. Por exemplo, eles podem perguntar "O que quer dizer com 'desafiador'?".
- Eles parecem se unir rapidamente como um grupo, o que lhes dá uma compreensão compartilhada do que se espera e do que devem esperar uns dos outros (incluindo apoio).
- Parece que se desenvolve uma profunda confiança no facilitador. Isto, acredito, é o resultado de perguntar "O que você espera?" sem o habitual prejulgamento do que isso poderia ser.

Estes três resultados observados me convenceram a continuar a utilizar estas questões tanto em programas longos quanto curtos.

ouve ou escreve. Pense em frases conhecidas ou dizeres que você sabe que são visuais: "Está vendo o que eu quero dizer?" Com que frequência você ouve frases que estão relacionadas a sons? "Isto lhe soa familiar?". Que tal palavras ou frases que são físicas e que o ajudam a "apreender" o que estou falando? Leia de novo este parágrafo e veja quantas palavras eu usei que têm um elemento sensorial. Palavras como "acostumado", "falar", "vendo", "infiltram", "intrometer", "dizeres", "escreve", "soa", "apreender". A maioria dessas frases poderia ter sido escrita usando sentidos diferentes, mas ainda assim transmitindo o mesmo significado.

Há evidências crescentes que indicam que a linguagem sensorial pode ser mais interessante e memorável para seu ouvinte ou leitor porque ela estimula mais áreas do cérebro do que apenas as áreas de processamento da linguagem. Pediu-se a estudantes em um aparelho de RMF que ouvissem frases com metáforas táteis, como "um dia duro", e frases que foram emparelhadas por significado e estrutura, mas sem qualquer metáfora tátil. Eles demoraram ligeiramente mais para processar a metáfora tátil, mas as áreas de seu cérebro previamente identificadas como sendo as que registram a entrada textual real pelo toque, o opérculo parietal, mostraram um aumento do fluxo sanguíneo. Quando você usa uma linguagem multissensorial, está de fato criando uma estimulação neuronal mais ampla do que quando usa uma linguagem não sensorial. Se a estimulação mais ampla ajuda a criar experiências mais ricas, está melhorando a capacidade das pessoas de aprender e lembrar ao usar essa linguagem sensorial.

Isto também pode ajudar a explicar por que a linguagem concreta é mais fácil de entender e processar do que a linguagem abstrata — ela talvez de fato "toque" partes de seu cérebro que normalmente respondem a estímulos reais. Então, tem uma imagem mais rica para a linguagem concreta do que para a linguagem abstrata, que quase "flutua" sem ter nada a que se agarrar.

Enquanto falamos sobre o ambiente

Você se lembra da história sobre o Curso de Treinamento Verdadeiramente Terrível do Capítulo 11, sobre revisão? Uma das coisas sobre as quais costumávamos fantasiar para criar um workshop hediondo e sem valor para ninguém era com relação ao que seria um lugar horrível para se aprender. Você talvez já tenha trabalhado em um lugar desses. Vi alguns calabouços escuros e armários minúsculos e me disseram: "Este é o nosso local de treinamento." Há instrutores entre vocês que talvez precisem treinar em áreas de fabricação, em canteiros de obras, em estradas no meio da noite, em armários de centros comerciais nos subúrbios, e em uma variedade de áreas de treinamento não especializadas. Às vezes não há escolha. Ainda assim, algumas pessoas nunca pensam em questionar o local ou o layout que lhes é dado, mesmo quando poderiam. Há amplas evidências que mostram que o ambiente tem um efeito significativo sobre como você pensa, como se sente e, finalmente, como aprende. Eis algumas reflexões sobre ambientes de aprendizagem.

Colorindo seu julgamento

A cor é extremamente importante para todos nós, e pode mudar nosso comportamento e nosso pensamento. O uso do vermelho torna as equipes esportivas mais bem-sucedidas, e pode aumentar seus níveis de testosterona, fazendo com que o usuário se sinta e pareça mais confiante. Um ambiente vermelho pode reduzir o pensamento analítico, enquanto a luz vermelha torna as pessoas mais conscientes do ambiente, e o tempo parece passar mais lentamente quando comparado com a luz azul. As cores quentes, como laranja, vermelho e amarelo fazem pensar que a temperatura é mais quente do que de fato é, e as cores frias tendem a fazer você sentir mais frio. Os ambientes verdes parecem ser melhores para o pensamento criativo, e até a visão de plantas verdes parece ser relaxante. Você pode pensar que tudo isso é muito confuso, então, decida escolher um ambiente branco para tornar as coisas mais simples, mas isso pode fazer com que seus alunos simplesmente se sintam entediados. Talvez, no mundo ideal, seria possível projetar um ambiente em que as cores poderiam ser mudadas dependendo do tipo de pensamento necessário, e conheço alguns locais em que se pode controlar a cor da luz. Enquanto isso, esteja ciente da cor do ambiente em que você se encontra, porque talvez tenha que fazer algo para trabalhar ou neutralizar o seu efeito. Se estiver projetando um ambiente de aprendizagem, certifique-se de ter verificado o impacto da cor em seus usuários, pessoas com dificuldades visuais ou de leitura podem achar certas cores ou contrastes muito mais difíceis de processar. Isso pode desestimular o aprendizado delas por completo, fazer com que elas procrastinem, demorem ou desperdicem energia processando complexidades desnecessárias.

Trazendo o exterior para dentro e levando o interior para fora

A luz natural aumenta os níveis de atenção, portanto selecione salas com luz natural. Abra as persianas e deixe a luz entrar. Se puder alterar o projeto de seu ambiente, substitua as lâmpadas comuns por lâmpadas do espectro azul, que são mais parecidas com a luz do dia. O melhor lugar para obter luz natural é ao ar livre; assim, se o clima permitir que você leve as pessoas para fora, invente maneiras de se aprender ao ar livre. Tenho um cliente que ensina regularmente conhecimentos financeiros e elaboração de orçamentos no estacionamento de sua empresa — isso não só chama a atenção dos alunos, como também aumenta a conscientização da equipe de Aprendizagem e Desenvolvimento, porque todos os outros na organização ficam se perguntando o que eles estão fazendo. Descobriu-se que ter uma vista para o exterior faz as pessoas se sentirem mais refrescadas, mas, se você não puder ter uma vista real, experimente um *loop* de vídeo de uma cena ao ar livre, embora isto não seja tão refrescante quanto a realidade.

O que você coloca dentro de si

Todos os tipos de nutrientes diferentes parecem ter um efeito em nosso cérebro, mas há enormes quantidades de desinformação sobre quais alimentos são "bons" para seu cérebro e quais não são — você poderia escrever um livro só sobre isso. Os óleos de peixe com ômega 3 foram exaltados como o grande alimento para o cérebro por um tempo, mas algumas das alegações feitas sobre seus efeitos parecem ter sido exageradas, e estudos posteriores mostram que eles podem não ser exatamente o superalimento como pensado anteriormente. Você precisa de gordura em sua dieta porque seu cérebro é composto de muito tecido graxo: a mielina. Você provavelmente pode encontrar uma alegação ou contra-alegação feita para quase todos os tipos de alimentos dos quais gosta, algumas delas aparentemente válidas, e outras, financiadas por interesses particulares. Então, quando ouvir os resultados de uma pesquisa, sugiro que volte àquelas perguntas sobre as quais leu no Capítulo 3, e se pergunte se a pesquisa parece razoável. Você pode até se perguntar o que a sua intuição lhe diz sobre a pesquisa.

Algumas descobertas publicadas na *Nature* em 2012 relacionam as bactérias da sua flora intestinal com possíveis mudanças de desenvolvimento na estrutura do cérebro, bem como com o processamento de neuroquímicos (Cryan e Dinan, 2012). Ratos estressados alimentados com microrganismos do intestino de ratos relaxados demonstraram mudanças no comportamento e na química cerebral, e um grupo de cientistas demonstrou que mulheres saudáveis que consumiram probióticos específicos mostraram pequenas mudanças em seus circuitos cerebrais de ansiedade. Esta pesquisa está ainda em seus primórdios, mas com certeza poderia acrescentar credibilidade a algumas frases antigas, como "alimento para o pensamento".

Ser explorador, lúdico e experimental

Você talvez tenha ouvido dizer que a criatividade jaz no lado direito do seu cérebro, mas espero que já esteja vendo que é muito raro que uma única parte do cérebro seja responsável por uma atividade específica ou tipo particular de pensamento ou de processamento. A criatividade é, como a maioria das outras "atividades" cerebrais, extremamente complexa, e há muito mais coisas que não sabemos sobre ela do que aquilo

Outras vozes

Helen Ashton, *consultora sênior de aprendizagem, First Class aprendizagem e desenvolvimento*

"Reservamos a sala de reuniões para o seu dia"

Meu coração se entristece com estas palavras. Pergunto se as mesas podem ser movidas e a resposta é: "Não, não é possível. É uma bela mesa de carvalho maciço e nunca a movemos.". Meu coração frustra-se mais um pouco. À primeira vista, o que importa o fato de os participantes trabalharem em volta de uma mesa de reunião o dia todo? Minha experiência mostra que isso faz diferença para os níveis de energia.

Entendo que há muitos fatores que podem ter impacto no nível de energia de um grupo, mas ao fazer minha observação sobre a disposição da sala, valho-me da minha experiência de dar um workshop específico para o mesmo cliente. Eles são uma organização nacional e os workshops são realizados em todo o país em seus diferentes locais. A disposição dos móveis, o tamanho e a flexibilidade das salas variam entre as filiais. Minha preferência é por cadeiras em forma de U com uma mesa na sala para trabalhos em grupo. Isso é adequado para este programa pois facilita o deslocamento para o trabalho em grupo, e podemos usar o espaço livre no chão para caminhar por modelos e processos.

Às vezes não é possível criar a disposição que quero, tenho que trabalhar com uma sala que pode estar apertada e ficar sentada em mesas redondas. Pessoalmente, acho a falta de liberdade para me mover mais cansativa, e posso sentir que meus níveis de energia ficam mais baixos do que quando tenho espaço para me movimentar. No passado, já tive a sensação de que os participantes sentiram a mesma coisa: estavam menos dispostos a se mover e se sentiam "presos" no território de suas cadeiras e mesas. Entretanto, recentemente, estive no mesmo local por duas semanas seguidas. Tendo verificado a disposição da sala com antecedência, fui informada de que a grande mesa da sala de reuniões não podia ser movida, e trabalhei em volta dela. Apesar de ser um grande grupo de pessoas, elas estavam esgotadas no final do dia, e os comentários no momento do feedback diziam que o dia era muito longo. Na semana seguinte, estive lá por dois dias consecutivos para dar o mesmo treinamento para outros dois grupos, na mesma sala. A ideia de ocupar aquela sala por mais dois dias me deixou determinada a fazer algo com "a mesa" e, por isso, mudei-a para um dos lados da sala. A diferença entre os meus níveis de energia e os do grupo foi espantosa. Eles entravam e saíam dos grupos facilmente, e não houve comentários sobre a duração do dia!

que sabemos.

Quando você está sendo criativo, as partes do cérebro que desempenharão o papel mais forte vão depender do tipo de pensamento criativo que está fazendo.

Em vez de a criatividade estar localizada em seu hemisfério direito, as pesquisas agora sugerem que se trata de uma rede complexa de atividades. Estamos possivelmente usando três redes particulares quando ativamos a criatividade: a de atenção executiva, a da imaginação e a da saliência. Todas as três redes mostram interações complexas entre os hemisférios esquerdo e direito, processos de pensamento consciente e inconsciente, regiões corticais e subcorticais. Diferentes redes podem ser mais dominantes à medida que você passa por diferentes estados de pensamento criativo.

Independente de onde a criatividade acontece no cérebro, como podemos incentivar o pensamento criativo nos ambientes de aprendizagem?

Encorajar as pessoas a experimentar coisas novas e diferentes ajuda o cérebro a ser mais plástico e aberto às ideias. Então, eis uma breve lista de coisas as quais se demonstrou o aumento do pensamento divergente e criativo. Sinta-se à vontade para acrescentar outras que provoquem este efeito em você:

- rir;
- abraçar;
- brainstorming em grupo — de pé;
- brainstorming por conta própria antes de compartilhar;
- exercícios de movimento horizontal dos olhos;
- ficar entediado;
- sonhar;
- trabalhar em um escritório azul;
- caminhar;
- ser distraído;
- morar no exterior;
- trabalhar quando está se sentindo grogue;
- estar ligeiramente bêbado;
- trabalhar com pessoas novas;
- conhecer pessoas novas;

- distanciar-se do problema;
- se desenvolver a partir do que já sabe;
- jogar/brincar.

Falando musicalmente

Não sou musicista, e sempre admirei as pessoas que sabem cantar, tocar um instrumento ou compor. A música afeta de fato nossas emoções e pode ser uma ferramenta útil na criação de diferentes ambientes emocionais em uma situação de aprendizagem. O que gostaria que você pensasse aqui é sobre como a

Sono e aprendizagem 13

Dormir, talvez sonhar. (*Hamlet*, ato III, cena I, Shakespeare)

Uma atividade perigosa

Você está ciente de que realiza diariamente uma atividade de aprendizagem muito arriscada, mas permanece alheio a ela por completo? Em geral ela acontece à noite, quando é mais provável que você se ponha em perigo, e a maioria de nós o faz de boa vontade, às vezes até esperando desesperadamente que isso aconteça. De um ponto de vista evolutivo, parece muito estranho que você deixe de prestar atenção em informações sobre possíveis alimentos, companheiros, presas ou inimigos e, em vez disso, feche-se a todos os estímulos externos para se concentrar apenas no que está acontecendo dentro de sua cabeça. Mas é claro, você não está se concentrando conscientemente porque está dormindo.

Enquanto dorme, você fica inconsciente com relação ao mundo exterior e, durante parte do tempo, não apenas se isola de todos os avisos potenciais de ameaças, como também se paralisa, tornando-se incapaz de reagir ao perigo, mesmo que estivesse ciente dele.

Cada animal do planeta parece mostrar algum tipo de atividade de "sono", até mesmo insetos e nematódeos. Como eles dormem varia em termos de tempo, se o sono é diurno ou noturno, e se eles dormem de pé ou deitados. Há animais, como algumas aves migratórias e mamíferos aquáticos, que conseguem continuar se movendo enquanto dormem, porque apenas um lado de seu cérebro dorme de cada vez. O sono é uma necessidade universal, mas o que ele é, de fato, e por que é uma atividade de aprendizagem tão vital?

Visão geral — o que você vai aprender

Vimos um pouco sobre o sono ao longo do livro, mas este capítulo vai mergulhar mais profundamente nessa estranha parte de um terço da nossa vida à qual normalmente prestamos pouca atenção — exceto quando não somos capazes de dormir.

Ainda há uma enorme quantidade de aspectos relacionados ao sono que são muito misteriosos e calorosamente debatidos. Embora seja uma área relativamente subexplorada da Neurociência, há um interesse crescente e novas descobertas estão sendo feitas o tempo todo, mas assim como a maior parte do que descobrimos sobre o cérebro, de maneira geral, seu estudo lança mais perguntas do que respostas.

Figura 13.1 Sono e aprendizado

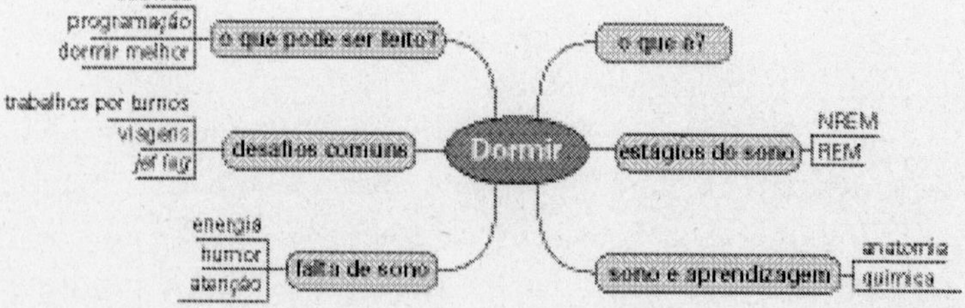

A Figura 13.1 apresenta o mapa mental para o capítulo. Vamos começar definindo o que é e o que não é o sono, e algumas ideias sobre seus diferentes estágios. Você vai descobrir que partes do cérebro ajudam a regular tanto o sono quanto a vigília, os neurotransmissores que têm impacto e, o mais relevante no nosso caso, o papel vital que o sono desempenha na aprendizagem: particularmente a consolidação da memória e a criação de sentido.

Analisaremos alguns dos desafios da falta de sono, particularmente em um mundo moderno "sempre ligado" e o impacto que isso tem no aprendizado efetivo tanto entre adultos quanto entre crianças. Você descobrirá sobre cochilos e microssono e o que podemos fazer para trabalhar com eles em vez de contra eles.

Finalmente, você obterá algumas ideias para ajudar seus alunos e a si a dormir melhor. Entretanto, esta é uma área em que, como designer ou facilitador do aprendizado, você pode ter menos influência direta, e é uma questão maior para indivíduos, organizações e práticas educacionais.

O que é o sono?

Todos dormimos, então temos alguma ideia de o que é dormir, mas o que sabemos efetivamente sobre isso? Como é diferente de estar inconsciente sob anestesia ou por ter sido atingido na cabeça? O que acontece enquanto estamos dormindo?

O sono é diferente de outros tipos de atividade inconsciente, pois é natural, regular e rítmico, controlado tanto por ritmos circadianos no cérebro e no corpo quanto por um sistema homeostático de compostos químicos. Os ritmos circadianos ocorrem naturalmente, parecem estar ligados à rotação da Terra e estão incorporados a muitos dos processos do nosso corpo. O ciclo do sono, como outros ritmos circadianos, persistirá mesmo sem o estímulo da luz e da escuridão, e as estimativas mais precisas calculam que ele ocorra, em média, em 24 horas e 11 minutos (Czeisler *et al.*, 1999). As estimativas anteriores foram consideradas imprecisas porque os participantes das pesquisas tinham acesso à luz elétrica, o que prolonga o ritmo circadiano. O sistema homeostático é um equilíbrio entre um sistema de vigília e sono controlado por hormônios e neurotransmissores, com a adenosina desempenhando um papel particularmente importante na "pressão do sono". As evidências não são claras quanto a se um controla o outro, mas atualmente parecem pesar a favor de que o sistema homeostático tenha mais influência sobre o sistema circadiano do que o contrário. As regiões corticais são afetadas por ambos os sistemas, mas as subcorticais são influenciadas de forma mais intensa pelo ritmo circadiano.

Nem todos precisam dormir a mesma quantidade de horas, mas os dados sugerem que dorme-se, em média, de sete e meia a oito horas por dia. Matthew Walker, em seu livro *Por que dormimos* (2018), descreve estudos de longo prazo que sugerem que pessoas como Margaret Thatcher e Ronald Reagan, que notoriamente só precisavam de poucas horas de sono todas as noites, podem funcionar bem em curto prazo com horas de sono reduzidas, mas estão criando problemas para si, como demência ou mal de Alzheimer, à medida que envelhecem.

O sono é uma ferramenta multiuso para reparar o cérebro e as células do corpo, limpar detritos encefálicos, promover um melhor funcionamento e, o que é importante no nosso caso, desempenhar um papel enorme na memória e no aprendizado. Memórias que aprendemos são codificadas e recordadas enquanto estamos acordados, mas o sono é vital para consolidar, armazenar e dar sentido ao que você aprendeu.

Fases do sono

Durante muito tempo, as pessoas pensaram que o cérebro se desligava durante o sono, e nada acontecia durante toda a noite, exceto alguns sonhos, mas, nos anos 1950, um pesquisador, Eugene Aserinksy, usou o EEG para medir os padrões de sono de seu próprio filho, mostrando que temos várias fases diferentes de sono durante a noite (Brown, 2003). Com suas descobertas surpreendentes, a ciência do sono foi despertada. (Você pode ler uma excelente versão completa desta história na revista Smithsonian*)*.

Entre as primeiras sensações de adormecer até acordar de novo, passamos por cinco estágios diferentes a cada noite, que são divididos em duas categorias: o sono com Movimento Rápido dos Olhos [*Rapid Eye Movement*, REM], quando o cérebro está tão ativo quanto durante o dia; e o sono com Movimento Não Rápido dos Olhos [*Non-Rapid Eye Movement*, NREM], quando o cérebro está fazendo mais em recuperação. Às vezes, encontramos apenas a descrição de três estágios do sono NREM, porque a American Academy of Sleep Medicine (AASM) combinou os estágios três e quatro, mas vamos descrever todos os cinco.

Sono NREM

Você passa por fases gradualmente mais profundas de cinco a quinze minutos cada, dos estágios um a quatro do sono NREM, e depois passa para o sono REM, e tudo isso leva cerca de noventa minutos. Então, inicia-se novamente esse mesmo ciclo; desta forma, em uma boa noite de sono de oito horas, você provavelmente passa por cerca de cinco ciclos. Entretanto, como em muitas coisas em seu cérebro, isso não é tão simples quanto parece, porque tendemos a ter um sono mais profundo (NREM) na primeira metade da noite e mais sono REM (sonhos) na segunda.

Além disso, há mudanças significativas com a idade. Assim, ao passo que um bebê tem cerca de oito horas de sono REM ao nascer, você provavelmente está tendo cerca de duas horas em seus vinte e poucos anos, mas quando estiver na casa dos setenta, terá apenas cerca de 45 minutos. Isto tem um impacto no aprendizado, como verá quando explorarmos o que está acontecendo nas diferentes etapas.

Durante os diferentes estágios, seu cérebro revela diferentes padrões de ondas cerebrais relacionadas a diferentes atividades em cada fase. Vimos isso brevemente no Capítulo 2. Do que você se lembra?

Etapa 1 NREM — à medida que adormece, as ondas cerebrais começam a desacelerar, você sentirá primeiro as ondas alfa e, depois, as ondas teta. Durante este estágio é possível ter experiências semelhantes a sonhos, mais como devaneios e estranhas ilusões de estar caindo ou ouvindo coisas. Estas são chamadas alucinações hipnagógicas. Pesquisas do acadêmico Sridhar Jagannathan, da Cambridge University, indicam que a pessoa comum, sem problemas de sono, leva entre cinco e vinte minutos para adormecer (Coughlan, 2018). Para ajudar a adormecer mais rapidamente, crie um hábito de sono regular, com rituais e rotinas, incluindo a redução da temperatura corporal antes de ir para a cama.

A **etapa 2 NREM** é quando se começa a gerar “fusos de sono”, explosões de ondas com uma frequência de cerca de dez a doze Hz, que duram pelo menos meio segundo (às vezes, são chamadas de ondas sigma). Elas não são muito bem compreendidas pelos cientistas do sono, mas têm grande importância para a aprendizagem, em especial para a memória declarativa. Lembre-se de que esse é o tipo de memória a qual você pode descrever, então trata-se das memórias semânticas e episódicas. Pensa-se que os fusos correspondem à transferência de informações da memória de curta duração no hipocampo para o córtex frontal, e são importantes para integrar novos conhecimentos ao que você já sabe. Os fusos do sono aumentam em quantidade se estiver aprendendo algo novo, e algumas pessoas sugerem ainda que eles podem ser um marcador fisiológico de “inteligência”.

Você se lembrará de ter lido sobre participantes “ESTRANHOS” [WEIRD em inglês, se referindo às pessoas ocidentalizadas, instruídas, de democracias industrializadas e ricas] de pesquisas. Talvez eles devam ser chamados de WEIRDM, porque, em grande parte das pesquisas anteriores, a esmagadora maioria das cobaias humanas eram jovens estudantes do sexo masculino, e os dados relativos às mulheres podem ter sido negligenciados nos resultados agregados.

As mulheres normalmente têm o dobro de fusos do sono que os homens, e têm uma vantagem quando se trata de testes para memórias episódicas e semânticas, olfativas, além de memórias para rostos. O estrogênio parece aumentar os fusos do sono e alguns cientistas propõem que há oscilações na memória durante o ciclo menstrual. No entanto, mais pesquisa é necessária para que isso seja uma descoberta conclusiva.

O número de fusos do sono diminui com a idade, o que pode ser o motivo pelo qual "é mais difícil para um cão velho aprender novos truques". Pesquisas recentes demonstraram que aplicar uma corrente externa oscilante no momento em que você entra no sono de ondas lentas pode induzir mais fusos do sono e melhorar a memória declarativa para um grupo de estudantes. Talvez uma cura para o declínio da memória com a idade esteja a caminho. Entretanto, esta estimulação estava sob condições laboratoriais rigorosamente controladas, portanto não se recomenda fazer o mesmo em casa.

A **fase 3 NREM** é uma transição entre as fases mais leves e o sono profundo. É caracterizada pelo aparecimento de ondas cerebrais delta, que então perduram até a Etapa 4 de sono profundo ou sono de ondas lentas.

A **etapa 4 NREM** é quando é mais difícil acordar alguém, mas é o sono que mais refresca e arruma o cérebro. As ondas cerebrais entram em sua velocidade mais lenta, a respiração abranda, a temperatura diminui. Quando participantes de pesquisas são privados do sono por mais de uma noite, este é o tipo de sono que o cérebro deles tenta imediatamente recuperar.

Você pode se ajudar a dormir mais profundamente durante o sono NREM com artifícios óbvios, como reduzir o ruído, estar em um quarto escuro ou usar uma máscara e tampões para os ouvidos.

Você se lembrará de que a potenciação de longa duração acontece nas sinapses quando estamos acordados. As conexões neuronais que se repetem se tornam mais propensas a disparar de novo. Durante a Fase 4 do sono, parece que as sinapses fortemente estimuladas, potenciadas, são mantidas, ao passo que as mais fracas são filtradas. É como se seu cérebro estivesse decidindo o que manter e o que jogar fora. Algumas pessoas sugerem que isso é o que nos dá aquele "insight" que, muitas vezes, acontece quando dormimos: vamos para a cama intrigados com um problema ou nos sentindo sobrecarregados por novas informações, mas quando acordamos elas já começaram a se cristalizar e a se tornar mais claras. Trata-se de um período de "criação de sentido".

Outra observação importante para o aprendizado é que as partes mais ativas do cérebro quando estamos acordados também têm os níveis mais altos de ondas delta nesta etapa. Se formos acordados durante o sono profundo, leva algum tempo para que nossas ondas cerebrais corticais "acelerem" de novo, e esta é a razão pela qual nos sentimos particularmente grogues e incapazes de pensar claramente.

Quando somos privados deste sono profundo, as proteínas amiloides e os radicais livres se acumulam, causando danos ao cérebro. Conforme mencionado, isso está associado, no longo prazo, à demência e ao mal de Alzheimer (Ow e Dunstan, 2014).

Sono REM

O sono REM está particularmente ligado aos sonhos, e as medições de EEG mostram que o cérebro permanece ativo. A maioria de nós sonha, mesmo que nem sempre nos lembremos. Por muitos anos, e ainda hoje, algumas pessoas acreditavam que poderíamos interpretar os sonhos para entender melhor nossas personalidades e pensamentos mais profundos. Entretanto, há poucas evidências de que nossos sonhos tenham algum potencial de prever o futuro (além da consideração de que o propósito da memória pode ser a previsão) ou de adentrar nossa psique mais profunda e obscura. Esta parte do ciclo de sono é, no entanto, particularmente importante para aprendermos habilidades e hábitos não declarativos.

Há uma bela história no livro de Matthew Walker, *Por que dormimos*, sobre um insight que ele teve depois de conversar com um pianista de orquestra. O pianista lhe diz que, apesar de ser um *expert* no piano, quando está aprendendo uma nova peça, sua execução é desajeitada e deliberada. "Mas", explicou o pianista, "quando acordo de manhã, consigo tocar a peça perfeitamente". O cérebro pratica as sequências enquanto dorme, o que permite que ele expresse plenamente suas habilidades no dia seguinte.

Normalmente, os ciclos de sono REM têm cerca de vinte a trinta minutos. Durante esta fase, o córtex motor está tão ativo quanto se você estivesse acordado e tenta enviar padrões coordenados de informação para seus músculos. Felizmente, os músculos estão paralisados graças ao efeito do GABA e de outro neurotransmissor, a glicina, que precisam trabalhar juntos para que a paralisia seja bem-sucedida. Sem esta paralisia, você realizaria os mesmos movimentos que realiza em seus sonhos, o que pode ser perigoso para você e para aqueles com quem dorme.

A evidência para o aprendizado de habilidades vem de muitos experimentos em que os pesquisadores pedem aos participantes que aprendam movimentos dos dedos ou sequências, e os testam antes e depois do aprendizado. Eles variam as condições. Então, as pessoas estão dormindo ou acordadas entre os testes, seguindo um padrão normal de sono e variando a hora do dia da experiência. Os sujeitos que dormem entre os testes sempre demonstram mais progresso do que aqueles que permanecem acordados.

À primeira vista, não é uma capacidade muito interessante de aprender, mas é claro que a maioria de nós usa essas habilidades todos os dias quando digitamos senhas ou números de telefone. Muitas vezes, quando se pede um número de telefone ou uma senha, as pessoas precisam "digitar" o número, porque a informação se tornou uma memória não declarativa, de procedimento, em vez de uma memória declarativa. Recentemente, precisei dizer ao meu marido minha senha do banco e consegui me lembrar de todos os números, mas não consegui lembrar a ordem deles até que olhei para uma máquina de cartões de crédito e débito. Então, meus dedos se lembraram do padrão, e pude "executar" a sequência e dar a senha ao meu marido. É claro que você está frequentemente praticando habilidades mais complexas durante este importante estágio de aprendizagem do sono, e parece que, se treinar estas habilidades pouco antes de dormir, é mais provável que sonhe com elas e tenha um pouco mais daquela prática inconsciente.

Anatomia do sono

No início do livro, você leu brevemente como várias partes do cérebro controlam o sono e a vigília, e a maior parte da história do sono é um ato de equilíbrio entre essas diferentes regiões e o refluxo e fluxo de hormônios e neurotransmissores. Você irá explorar isso em mais detalhes agora.

Seu marca-passo do sono — núcleo supraquiasmático

Bem no interior do seu cérebro, há uma pequena estrutura chamada núcleo supraquiasmático (NSQ), que recebe informações sobre os níveis de luz diretamente de seus olhos e age como o marcapasso do seu ciclo de sono e vigília. Ele está inserido no hipotálamo e combina seus ritmos circadianos com o ciclo de claridade e escuridão, enviando mensagens para sua glândula pineal produzir ou inibir a melatonina.

Hipotálamo, ponte, medula e mesencéfalo — mantendo você quieto

O hipotálamo e um grupo de outros centros de controle do sono no tronco encefálico, a ponte, a medula e o mesencéfalo têm células promotoras do sono que produzem GABA, que suprime diferentes sistemas de atenção no hipotálamo — isto é parte do equilíbrio homeostático entre sono e vigília. Durante o sono REM, são a ponte e a medula que enviam sinais silenciadores aos músculos para impedir qualquer movimento.

Tálamo — o porteiro

Todas as informações sensoriais, exceto o olfato, são filtradas pelo tálamo enquanto estamos acordados, mas quando estamos dormindo, em vez de ser um porteiro seletivo que permite a entrada de informações, o tálamo se transforma em um leão de chácara draconiano e impede que os estímulos externos cheguem e estimulem seu córtex. Entretanto, este leão de chácara tem ideias próprias, pois quando passamos para o sono REM mais uma vez, o tálamo começa a permitir a entrada de informações sensoriais em seu córtex, alimentando seus sonhos.

Córtex — produtor de sonhos estranhos

Seu córtex visual, como sabemos, é a maior parte do córtex que faz o processamento sensorial, e suas contribuições para os sonhos geralmente garantem que eles sejam altamente visuais. Entretanto, o córtex frontal fica bastante inativo enquanto você dorme. Ele não presta atenção ao que é lógico ou real, e deixa você aberto a aceitar os eventos improváveis que frequentemente acontecem nos sonhos.

Química do sono

Pressão homeostática do sono e seus neurotransmissores

O equilíbrio entre sono e vigília é delicado e controlado por vários neurotransmissores que promovem o sono ou a vigília, ou, às vezes, fazem ambas as coisas, dependendo de seus níveis e de quando e onde são liberados (ver Tabela 13.1). Você já se deparou com alguns em outras partes do livro, particularmente quando leu sobre atenção.

Melatonina

A melatonina, um dos principais neurotransmissores associados ao sono, é controlada de modo significativo pelo seu ritmo circadiano. A própria melatonina controla medidas fisiológicas do sono, como a redução dos batimentos cardíacos, da temperatura e da respiração. É um dos compostos químicos que as pessoas às vezes tomam para ajudá-las a superar o *jet lag* e está sendo investigada também como medida preventiva contra a doença de Alzheimer. Os níveis de melatonina são inibidos pela luz, de modo que caem durante o dia e voltam a subir quando começa a escurecer. Leva cerca de duas horas para que eles atinjam seu pico, o que faz com que você durma e, então, a queda nos níveis durante a noite ajuda outras áreas do cérebro a medir a quantidade de sono já dormida. Assim que os níveis de melatonina estiverem baixos o suficiente, começamos a acordar.

Tabela 13.1 Neurotransmissores para o sono e a vigília

Sono	Vigília
Adenosina — pressão do sono	Noradrenalina/norepinefrina — alto estado de alerta
Melatonina — níveis altos promovem a sonolência	Dopamina — motivação e recompensa
GABA — supressão muscular durante o sono REM	Serotonina — precursor da melatonina
Galanina	Orexina/hipocretina — crescimento de células hipocampais
	Acetilcolina — codifica memórias
	Histamina — promove a vigília

Adenosina — pressão do sono

A adenosina é produzida pela decomposição do trifosfato de adenosina (TFA), que é uma molécula energética fundamental para todas as células do corpo, incluindo as do cérebro. O TFA é armazenado como glicogênio no cérebro. Quanto mais seus neurônios e células gliais trabalham, mais as suas reservas de glicogênio são convertidas em TFA, produzindo mais adenosina. O aumento dos níveis de adenosina faz com que nos sintamos desesperadamente sonolentos. Eles induzem uma pressão para dormir, e, se você resistir, os níveis continuam a aumentar até que, no fim das contas, durma. Quando você entra no sono NREM, seu cérebro está menos ativo do que quando está acordado, portanto ele tem tempo de se recuperar e repor as reservas de glicogênio, e os níveis de adenosina caem gradualmente até que você esteja pronto para acordar mais uma vez.

GABA e histamina

O GABA suprime o tônus muscular enquanto você sonha, por isso é importante para mantê-lo inativo com segurança e talvez também iniba a produção de histamina, que nos mantém acordados. Então, este é um número clássico de equilíbrio no mecanismo homeostático do sono. Você provavelmente conhece os comprimidos anti-histamínicos, frequentemente tomados em casos de alergia, e sabe como podem nos deixar sonolentos. Isso acontece porque eles reduzem a absorção de histamina em seu cérebro, e o propósito dela é nos manter acordados. Se você levar uma mordida de mosquito à noite, isso aumenta seus níveis de histamina; então, além da coceira, ficará também mais acordado. Em termos de aprendizagem, a histamina em níveis apropriados ajuda a promovê-la, mas em níveis mais altos pode prejudicar a recuperação da memória. Experiências com ratos mostraram que níveis altos da substância os tornaram menos capazes de aprender a evitar pequenos choques elétricos (Tasaka, 1994).

Galanina

Seu papel não é totalmente compreendido, mas os genes produtores de galanina são estimulados quando as pessoas são impedidas de ter sono REM. Ela, provavelmente, ajuda a promover esse tipo de sono e pode ter um papel na perda de calor. Uma temperatura corporal mais baixa está associada a melhores padrões de sono.

Noradrenalina/norepinefrina

Este é outro exemplo do complicado modelo de homeostasia. Normalmente, associamos a noradrenalina com vigilância e alta estimulação, mas ela também manda um sinal para a glândula pineal produzir melatonina. Com níveis muito baixos de noradrenalina, você não obtém produção suficiente de melatonina e não consegue adormecer. Com níveis muito altos, ficamos acordados, então trata-se de outro neurotransmissor com características parecidas com as de Cachinhos Dourados — precisamos da quantidade exata na hora certa.

Você sabe da relevância das emoções para o aprendizado, e a noradrenalina desempenha um papel importante no processamento das experiências emocionais durante o sono REM. Quando algo desagradável acontece, produzimos noradrenalina, o que faz com que nos sintamos fisiologicamente estressados. No entanto, quando os níveis de noradrenalina caem à noite, reproduzir na mente experiências desagradáveis com esses níveis inferiores de substância permite o armazenamento da memória sem o estresse avassalador que talvez tenha sentido naquele momento. Aparentemente não é o tempo que cura as más lembranças, mas sim os sonhos. As pessoas com transtorno de estresse pós-traumático (TEPT) têm sido ajudadas a superar pesadelos perturbadores com drogas para baixar seus níveis de noradrenalina enquanto dormem.

Dopamina

Quando este neurotransmissor de recompensa é encontrado na glândula pineal, impede a liberação de noradrenalina, reduzindo a produção e a liberação de melatonina para que possamos acordar.

Serotonina

Como muitos neurotransmissores, a serotonina tem múltiplas funções, dependendo dos níveis e do local de impacto. Para começar, é um dos precursores da melatonina e portanto, necessária para o sono. Mas quando está em níveis elevados no núcleo dorsal da rafe, em seu troncoencefálico, está associada à vigília, a menos que acabe acumulando-se, caso em que ela propicia o sono. Você talvez esteja começando a perceber porque a pesquisa do sono demorou tanto para decolar e é tão complexa.

Orexina

A orexina é outro neurotransmissor produzido no hipotálamo que melhora o aprendizado e a memória potencialmente por meio do aumento de novas células neuronais que vão crescer no hipotálamo. Ela foi associada ao aprendizado espacial, para o qual o hipocampo é vital, e melhora o humor, o que você já sabe que contribui para o aprendizado. Animais com níveis reduzidos de orexina se saem pior no aprendizado associativo por meio do olfato.

Acetilcolina

Este neurotransmissor está principalmente associado à atenção e, durante o dia, promove a transmissão de informações de seus córtex sensoriais até o seu hipocampo, mas, à noite, com níveis em queda, a transferência de informações muda de direção, saindo do hipocampo e voltando para o armazenamento de longa duração no córtex. É importante para o armazenamento da memória declarativa.

Falta de sono e aprendizagem

Você descobriu o que acontece no cérebro quando estamos dormindo e como o sono é vital para estabelecer memórias como parte do aprendizado. Mas o sono, ou mais frequentemente a perda dele, tem impacto sobre outros aspectos da aprendizagem. Foram feitas muito mais pesquisas sobre a privação completa do sono do que sobre a privação parcial do sono, mas como muitos de nós sofremos regularmente de privação parcial por uma infinidade de razões, é nisso que vamos nos concentrar.

A privação parcial do sono significa perder o sono em relação à sua quantidade normal. A privação parcial aguda do sono é quando isso acontece apenas por uma noite ocasionalmente, como pode acontecer por inúmeras razões. A privação parcial do sono é crônica quando você continua a sentir isso por semanas, meses ou anos, o que também é preocupantemente comum.

Toda privação de sono tem impacto no humor, na atenção, na memória de trabalho, na tomada de decisões e na vigilância. O processo de recuperação da função cognitiva leva mais tempo após a privação crônica do sono do que após a privação aguda total do sono. A crônica pode causar mudanças em longo prazo nas funções cerebrais, mudanças essas que não são reversíveis, e qualquer um que leia o livro de Matthew Walker, *Por que dormimos*, provavelmente perderá pelo menos um pouco de sono preocupando-se com o impacto de qualquer privação de sono.

Energia física e mental

Falta de sono significa níveis mais baixos de glicogênio e, portanto, de TFA. Esta é a fonte de energia de todas as células de seu corpo, logo não fica apenas mais difícil pensar, até seus músculos se sentem cansados. Como o cérebro usa uma alta porcentagem da energia disponível no corpo, ele sofre mais rapidamente do que as demais partes. Seu córtex frontal não tem a energia necessária para que a memória de trabalho funcione, então todas as tarefas cognitivas são afetadas e você pode nem estar ciente disso até que tenha cometido erros perceptíveis.

Níveis de motivação

O nosso humor é significativamente afetado pela quantidade de tempo que dormimos. Você provavelmente pode imaginar como ser privado do sono faz com que nos sintamos menos motivados, menos capazes de pensar positivamente, mais propensos a ser irascíveis, irritados ou hostis. E é mais provável que nos sintamos deprimidos. Como se sentir mal assim não fosse o suficiente, a perda de sono aumenta a atividade na amígdala, mas diminui a conexão entre ela e o córtex frontal. Assim, passamos a perceber as coisas de forma mais negativa e temos menos capacidade de controlar as nossas reações.

Infelizmente, também deixamos de sentir os efeitos das experiências positivas. As pessoas privadas do sono são menos amigáveis, menos empáticas, e não sentem o humor positivo que normalmente sentiriam depois de uma conquista. Tentar aprender algo quando se sentir desse jeito vai ser muito mais difícil.

Atenção reduzida

Todos sabem como é difícil se concentrar no dia seguinte a uma noite em que você foi dormir tarde, ou uma noite perturbada. A atenção concentrada é vital para a aprendizagem; portanto, quando não se consegue dormir o suficiente, o aprendizado se torna mais difícil: perdemos informações, não nos saímos tão bem na manutenção da atividade ou, pior ainda, se estivermos aprendendo algo prático, podemos cometer erros ou sofrer acidentes devido à falta de atenção.

A falta de sono significa que os níveis de adenosina não são suficientemente reduzidos. Então, tentamos ficar acordados com uma pressão de sono mais forte do que o normal. A probabilidade de que sua atenção seja afetada é, de modo nada surpreendente, perceptível quando as tarefas são enfadonhas ou repetitivas. Se algo é novo ou extraordinário, seus mecanismos de atenção podem anular a pressão do sono.

Falta de vigilância

A vigilância é a capacidade de manter a concentração durante um longo período de tempo e ela é essencial em muitos trabalhos técnicos. Quando você está aprendendo, também precisa manter sua concentração ao longo do tempo. Às vezes, esta concentração prolongada, como o ato de passar a noite estudando para uma prova, ou de se debruçar sobre um novo tópico, pode ser o que leva à privação do sono em primeiro lugar, o que cria uma espiral descendente. Quanto menos eficaz você for em manter a concentração, pior se sairá e, portanto, sentirá que precisa fazer mais revisões ou estudos por mais tempo. Ficar até tarde estudando para provas não é a maneira de incorporar essa informação em seu cérebro ou ajudar a ter um bom desempenho na prova do dia seguinte. E, mesmo que tenha um bom desempenho, seu baixo nível de humor significa que você não será capaz de desfrutar disso.

O acesso às informações previamente lembradas é reduzido

Muito do nosso aprendizado é fundamentado no desenvolvimento daquilo que já sabemos, mas, infelizmente, quando estamos privados de sono, é mais difícil recordar aquilo de que nos lembrávamos antes. Assim, você não consegue criar conexões eficientes para novas informações.

Tomada de decisões

Muitas tarefas de aprendizagem envolvem algum tipo de resolução, e estar privado de sono afeta a tomada de decisões de diversas maneiras. É mais provável que se encontre dificuldades para usar novas informações em tarefas complexas, para ter um raciocínio mais rígido e para continuar voltando ao mesmo pensamento ou ações (o que é chamado de perseverar no erro). A falta de sono também torna mais provável que as decisões que tomamos sejam mais variáveis e arriscadas.

Microssono

São sonos muito curtos, de alguns microssegundos, e muitas vezes não estamos cientes deles. Mas se você já dirigiu por uma estrada quando está cansado, já os vivenciou. É igualmente provável que os tenha experimentado em reuniões e, lamento dizer, em sessões de treinamento. Aqueles momentos nos quais você percebe que perdeu algo, talvez tenha sentido seus olhos se fecharem, ou aquela sensação desconcertante de sua cabeça caindo. É mais provável que vivencie um microssono quando está cansado, mas eles são exacerbados pela falta de compromisso, o tédio, uma sala quente... que às vezes são as condições associadas a um ambiente de treinamento ruim ou a um *e-learning* monótono.

Desafios comuns

Muitas pessoas sofrem com o sono insuficiente, mas há uma série de áreas em que o aprendizado no trabalho e a falta de sono entram em conflito:

- As pessoas que trabalham por turnos muitas vezes têm que atuar em horários incomuns para se encaixar em programas de treinamento padrão. Isto é duplamente desafiador se elas já estão cronicamente privadas do sono (o que é comum entre os trabalhadores por turnos). É o equivalente a pedir a quem trabalha em horário comercial que frequente um curso de treinamento durante toda a noite, após um dia inteiro de trabalho.
- O treinamento presencial pode envolver viagens para instrutores ou participantes, e muitas vezes para ambos. Muitas pessoas chegam aos programas de treinamento com um início padrão às nove da manhã dizendo: "Tive que me levantar às quatro da manhã para pegar o primeiro trem/avião/ônibus do dia." Eles não estão em condições de aprendizagem máxima e acharão tudo mais difícil do que seus colegas que moram a poucos quarteirões dali.
- É popular, às vezes mais barato, realizar programas de treinamento no exterior, particularmente em organizações globais.

Os efeitos do *jet lag* no aprendizado são óbvios para qualquer um que tenha cruzado fusos horários diferentes e ocorre porque o cérebro ainda está preso ao ritmo circadiano de onde a pessoa veio. Se você viajou rumo ao leste, perde tempo e sono, e leva um dia para cada fuso horário atravessado para reiniciar seu ritmo circadiano. Se foi rumo ao oeste, leva um dia para cada um fuso horário e meio atravessado. A maioria das pessoas provavelmente está retornando a essa hora, portanto precisa reiniciar mais uma vez o ritmo circadiano na volta. Viajantes que cruzam fusos horários com frequência raramente funcionam na sua melhor capacidade.

- Os programas de aprendizado com pernoites frequentemente incluem elementos de formação de equipes, socialização ou *networking*, que podem resultar nos participantes indo dormir tarde da noite. Isto os impede de consolidar o que aprenderam no primeiro dia, e os torna menos alerta e abertos ao aprendizado no segundo.
- Há diferenças significativas nos hábitos de sono de pessoas mais jovens e mais velhas. Em geral, os mais jovens têm mais probabilidade de serem corujas do que cotovias. O início mais cedo da escola e das aulas na universidade estão prejudicando a capacidade de aprender dos jovens. O dr. Paul Kelley, citado no capítulo sobre aprendizado espaçado, fez uma enorme pesquisa sobre isso, e seu livro *Body Clocks* [Relógios corporais] é uma leitura perspicaz com uma forte chamada para alterar o horário escolar e o horário comercial. Ele gentilmente nos deu permissão para reproduzir parte de um capítulo aqui como uma de nossas "Outras Vozes".

Outras vozes

Dr. Paul Kelley, *associado honorário para a Neurociência do sono, circadiana e da memória, do Portfólio de Inovação em Aprendizagem e Ensino da Open University*

Horário de início das aulas

Os problemas essenciais com o início mais cedo das aulas são bem conhecidos. Os adolescentes precisam de oito a dez horas de sono a cada noite para garantir a melhor saúde e o melhor desempenho acadêmico, dependendo da idade e das diferenças interindividuais, ainda que a maioria só consiga dormir muito menos. A restrição do sono dos adolescentes está claramente ligada ao início da escola mais cedo, pois, nos dias em que não há aula, os adolescentes costumam acordar duas ou mais horas depois. Esta constatação foi confirmada na Coreia, na Europa e na América do Norte, e não é substancialmente afetada por fatores culturais. A razão pela qual os horários escolares devem continuar a começar tão cedo assim não é clara, e houve pouca pesquisa sobre horários de início muito mais tardios. Uma resposta simples parece ser passar o horário de início das aulas para duas horas mais tarde, mas isso é apenas uma estimativa aproximada, e não uma solução comprovada e precisa, que leva em conta a idade dos alunos. Este tipo de solução exigiria a aplicação de métodos científicos e pesquisas em Educação, mas essa área sempre foi um tanto carente nesse quesito. Em 2007, Paul estabeleceu a primeira Trust School do Reino Unido, com o objetivo de traduzir a pesquisa científica para a prática educacional utilizando metodologia fundamentada em evidências. Em 2009, a abordagem inovadora da Trust School para a educação atraiu a atenção do Horizon, o principal programa científico da BBC, em seu episódio sobre cronobiologia, chamado "The Secret Life of Your Body Clock" [A vida secreta do seu relógio corporal]. Como parte das filmagens, o Horizon realizou testes de desempenho acadêmico para estudantes às dez da manhã e às duas da tarde. Os resultados foram 24 por cento mais altos à tarde do que pela manhã. Como observou um aluno: "Quando as pessoas se derem conta de que os adolescentes aprendem melhor à tarde, isso vai afetar a vida deles no mundo todo, e não vejo por que eles não deveriam chegar à escola mais tarde também." O programa Horizon, que também defendeu o início das aulas mais tarde, foi transmitido em 2009 e assistido por mais de dois milhões de telespectadores.

Paul estava convencido de que o horário de início da escola precisava ser consideravelmente mais tarde do que às nove da manhã. Pesquisas sobre o assunto, ao longo dos dez anos anteriores, sugeriam que a melhor solução seria provavelmente uma sessão de aprendizagem central para todos os alunos entre onze da manhã e três da tarde e, depois, sessões independentes em ambos os períodos do dia para que cada aluno possa escolher horários de aprendizagem que sejam ideais para seus cronótipos. Seu primeiro objetivo, no entanto, era passar a hora de início para mais tarde para os estudantes de treze a dezesseis anos. Estes alunos mais jovens precisavam de um início mais tarde que se sincronizasse com seus tempos biológicos, embora não tão tarde quanto os adolescentes mais velhos. Uma série de diferentes pesquisas de Roenneberg apontou que um início às dez da manhã seria o mais apropriado para a maioria dos estudantes dessa faixa etária. Assim, de forma a melhorar a saúde dos adolescentes, e após consulta a pais e alunos, a hora de início da escola foi alterada de 8h50 para 10 da manhã.

Na esteira das pesquisas dos Estados Unidos que indicam que os horários de início mais tardios melhorariam os resultados, a mudança estava sob muito escrutínio quando os resultados das provas foram anunciados um ano depois, em 2011. No Reino Unido, o sucesso educacional era medido pela porcentagem de estudantes que obtiveram boas notas nas provas em relação a um padrão nacional para jovens de dezesseis anos, cobrindo todas as principais matérias. Alguns administradores de educação estavam certos de que as notas cairiam com as aulas começando mais tarde, enquanto a comunidade científica estava tranquilamente confiante de que elas subiriam, como aconteceu nos Estados Unidos. Mas é claro que ninguém sabia ao certo.

Os resultados das provas foram melhores, e, mais do que qualquer um esperava, com dezoito por cento a mais de alunos alcançando a referência nacional de bons resultados. Muitos comentaristas elogiaram a melhoria impressionante e o uso da ciência do sono para elevar a qualidade da educação. Em seu artigo principal, o The Times declarou: "É animador ver a educação responder ao tipo de pesquisa fundamentada em evidências que revolucionou a Medicina há cem anos." As mudanças também trouxeram benefícios à saúde, já que os estudantes rapidamente se ajustaram aos horários mais tardios e os pais puderam ver diferenças em seus filhos. Liam McClelland, catorze anos, disse: "Estou dormindo uma hora a mais e me sinto muito mais desperto. Eu costumava ser muito descuidado pela manhã: com coisas simples, como quando errava ao jogar leite para fora da tigela. Agora me sinto mais feliz nas aulas, ao passo que antes eu ficava tão cansado que costumava descansar minha cabeça sobre minhas mãos. Eu também não tenho tantas dores de cabeça."

Extraído de *Body Clocks*, de Paul Kelley e Sian Griffiths (2018). Reproduzido com permissão.

Infelizmente, apesar da evidência convincente desta pesquisa, e mais ainda do impacto de horários escolares tardios nos resultados dos alunos e em sua saúde, a autoridade local, neste caso, tomou a decisão política de voltar o horário escolar ao normal.

O que você pode fazer?

Cochilos, cápsulas de dormir — prós e contras

Algumas organizações são famosas por terem cápsulas de dormir em suas instalações nas quais as pessoas podem recuperar algum sono perdido. Embora essas ações sejam vistas como algo muito progressista, algumas pesquisas sugerem que as cápsulas nem sempre podem ser a solução perfeita. O especialista em sono James Wilson, em um artigo no The Independent (2018), disse que a instalação de cápsulas de dormir é "uma das piores coisas que se pode fazer", e pode exacerbar a insônia. "Os cochilos prejudicam a hora de dormir. Usar uma cápsula de dormir parece ser a coisa certa a fazer, e as pessoas estão fazendo isso porque não têm o devido conhecimento, mas as cápsulas não são a solução para todos os indivíduos".

Outras pesquisas sobre o cochilo, entretanto, sugerem que ele é útil para diferentes habilidades cognitivas e motoras. Um cochilo rápido, de apenas dez a quinze minutos, significa que você permanece nos estágios iniciais do sono e, portanto, se recupera rapidamente e se sente descansado se precisar fazer algo físico. Mas um cochilo mais longo, de cinquenta a sessenta minutos, pode ajudar a "limpar a área de trabalho", tornando o cochilo útil para o processamento mental complexo, como o estudo. E um ciclo de sono completo de noventa minutos, incluindo um estágio REM, aumentará a criatividade e a percepção. Assim, parece que você precisa decidir o que quer aprender e cochilar de acordo com isso.

Certamente, se estiver sentindo a pressão do sono, um cochilo curto pode ajudar a reduzir os níveis de adenosina, então a pessoa funciona melhor até a hora de dormir.

É claro que existem culturas em que o cochilo é muito mais aceitável e considerado normal. Desde que me mudei para a Espanha, desfruto de uma sesta curta e regular de quinze minutos após o almoço, o que parece me animar para a tarde. Experimente isso por uma semana e veja como funciona para você.

O que pode ser feito em um nível organizacional

As organizações precisam se tornar mais conscientes do custo humano e da ineficácia do aprendizado quando as pessoas estão cansadas. Eis algumas soluções sugeridas:

- Para sessões presenciais, certifique-se de que as pessoas que têm de fazer viagens longas tenham acomodações para pernoite, para que cheguem descansadas ou comecem mais tarde durante o dia.
- Divida os programas de aprendizagem em sessões mais curtas intercaladas com oportunidades para dormir — aqui é onde a aprendizagem digital para apoiar sessões presenciais é valiosa. Em programas presenciais, faça as sessões mais curtas que se estendam por mais dias e noites.
- Os trabalhadores por turnos precisam de tempo para ajustar o ritmo circadiano antes dos programas de treinamento, ou dê a eles acesso ao aprendizado durante seu horário normal de trabalho.
- Crie uma cultura em que o valor restaurador do sono seja mais valorizado do que ficar até tarde no escritório ou responder a mensagens à meia-noite.

O que você pode fazer para ajudar seus alunos

- Ensine a eles sobre o sono para que possam ajudar a si mesmos.
- Planeje seu treinamento/aprendizagem em torno dos tipos de coisas que quer que as pessoas aprendam. Pode ser mais eficaz

ter dois meios dias de treinamento do que um dia inteiro, pois assim dá-se às pessoas tempo para consolidarem o aprendizado antes de aprenderem mais.

- Dê às pessoas oportunidades para cochilar durante os programas de aprendizagem. Fazer uma visualização guiada permite que as pessoas cansadas cochilem e que outras reflitam.

O que pode fazer para seu próprio aprendizado

Há uma montanha de produtos anunciados para ajudar a dormir melhor e, portanto, aprender melhor, mas muitos são embasados por poucas pesquisas, imprecisos e podem causar mais distúrbios com luz ou som desnecessários. Em uma experiência genuína de monitoramento do sono em um laboratório para determinar como você dorme, ficará conectado para medir pelo menos vinte sinais fisiológicos de sono, que são acompanhados por especialistas durante toda a noite. Ao passo que o aplicativo de sono em seu telefone só é capaz de dizer se ele, e não você, se moveu à noite.

Dormir é um hábito como qualquer outro, e é possível formar uma nova rotina de sono ao longo do tempo. Algumas das ideias a seguir podem parecer coisas que seus pais lhe disseram, mas a "higiene do sono", como é chamada, é um fator importante para melhorar sua capacidade de aprendizagem. Talvez não seja possível fazer todas essas ideias de promoção do sono todos os dias, mas se você está fazendo uma revisão para provas ou tem algo importante a aprender para o trabalho, vale a pena prestar atenção ao seu sono por um período antes, durante e depois. Isso dá ao seu cérebro a melhor chance de aprender efetivamente:

- Horários fixos para dormir e acordar ajudam o cérebro a manter níveis apropriados de compostos químicos cerebrais, e, como ele não consegue distinguir entre os dias úteis e os fins de semana, é melhor manter os mesmos horários em todos os dias, em vez de tentar recuperar o sono perdido no fim de semana.

- Desligue todos os dispositivos emissores de luz azul pelo menos duas horas antes de dormir (sei que essa sugestão parece cruel — nada de celular, TV, tablet...). Os seus aparelhos usam luz enriquecida com comprimento de onda curto, o que significa que têm uma concentração de luz azul maior do que a luz natural, afetando os níveis de melatonina e reduzindo a quantidade e a qualidade do sono. Você também pode comprar filtros, e a maioria dos telefones modernos tem modo noturno.
- Utilize lâmpadas especiais projetadas para imitar os padrões de luz natural de noite e dia.
- Estudos constataram que trinta minutos de exposição à luz azul pela manhã melhoram a memória de trabalho e os tempos de reação, e podem promover o sono mais tarde — uma caminhada em um dia ensolarado lhe fará tão bem quanto lâmpadas especiais.
- Reduza sua temperatura interna, para conseguir dormir mais rápido e mais profundamente. Um banho quente faz o sangue fluir até suas extremidades, reduzindo sua temperatura interna, portanto é uma forma garantida de ter uma noite de sono melhor.
- Reduza a poluição luminosa com persianas ou máscaras para dormir, para que você siga da melhor maneira possível os ritmos circadianos naturais de noite e dia.
- A cafeína tem um efeito sobre os níveis de acetilcolina e, embora possa impulsionar o desempenho cognitivo no curto prazo, também perturba o sono. A vida média da cafeína em seu sangue é de seis horas, portanto um café seis horas antes de dormir pode mantê-lo acordado.

Resumo

Ao ler este capítulo, você aprendeu:

- Dormir é um processo natural vivenciado por todos os animais.
- O sono é dividido em cinco estágios de REM e NREM, e todos eles são importantes para a aprendizagem, a consolidação da memória e a recuperação da função cerebral.
- O sono é controlado por um complexo equilíbrio de ritmos circadianos, neurotransmissores e hormônios.
- Várias partes do cérebro controlam o sono e a vigília.
- A falta de sono afeta a aprendizagem devido às alterações que provoca no humor, na atenção, na vigilância, na tomada de decisões, na memória de trabalho e na consolidação da memória.
- Há desafios para indivíduos e organizações no aprendizado enquanto estão cansados.
- Algumas sugestões para melhorar a qualidade e a quantidade do sono.

Referências e leituras adicionais

Brown, C. The Stubborn Scientist Who Unraveled a Mystery of the Night. *Smithsonian Magazine*, out. 2003. Disponível em: www.smithsonianmag.com/science-nature/the-stubbornscientist-who-unraveled-a-mystery-of-the-night-91514538/?page=9. Acesso em: 7 set. 2020. (Arquivado em perma.cc/C75P-5TBT.)

Brown, J. Why Consumers Need to Wake Up to the Fact That Sleeponomics Lacks Research. *The Independent*, 19 set. 2018. Disponível em: www.independent.co.uk/news/long_reads/sleepnapping-sleeponomics-korea-sleepology-science-nap-pods-sleeping-a8534601.html. Acesso em: 7 set. 2020. (Arquivado em perma.cc/KSV9-DF9J.)

Coughlan, S. How Long Does It Really Take You to Fall Asleep. *BBC News*, 7 fev. 2018. Disponível em: www.bbc.com/news/business-42945383. Acesso em: 7 set. 2020. (Arquivado em perma.cc/C36W-9HG2.)

Czeisler, C. A. *et al.* Stability, Precision, and Near-24-Hour Period of the Human Circadian Pacemaker, *Science*, v. 284, n. 5.423, p. 2.177-2.181, 1999.

Deboer, T. Sleep Homeostasis and the Circadian Clock: Do the Circadian Pacemaker and the Sleep Homeostat Influence Each Other's Functioning? *Neurobiology of Sleep and Circadian Rhythms*, v. 5, p. 68-77, 2018. Disponível em: www.sciencedirect.com/science/article/pii/S2451994417300068. Acesso em: 7 set. 2020. (Arquivado em perma.cc/QG32-QQ2H.)

Dunstan, D. E.; Ow, S.-Y. A Brief Overview of Amyloids and Alzheimer's Disease. *Protein Science*, v. 23, n. 10, p. 1.315-1.331, 2014. Disponível em: www.ncbi.nlm.nih.gov/pmc/articles/PMC4286994/. Acesso em: 7 set. 2020. (Arquivado em perma.cc/2W2E-3MPQ.)

Kelley, P.; Griffiths, S. *Body Clocks*: The Biology of Time for Sleep, Education and Work. Woodbridge: John Catt Educational, 2018.

Marshall, L.; Helgadottir, H.; Molle, M.; Born, J. Boosting Slow Oscillations during Sleep Potentiates Memory. *Nature*, v. 444, n. 7.119, p. 610-613, 2006. Disponível em: https://pubmed.ncbi.nlm.nih.gov/17086200/. (Arquivado em perma.cc/9A7M-M2SR.)

Zisapel, N. New Perspectives on the Role of Melatonin in Human Sleep, Circadian Rhythms and Their Regulation. *British Journal Of Pharmacology*, v. 175, n. 16, p. 31.90-3.199, 2018. Disponível em: www.ncbi.nlm.nih.gov/pmc/articles/PMC6057895/. Acesso em: 7 set. 2020. (Arquivado em perma.cc/9A7M-M2SR.)

Tasaka, K. The Role of histamine on Learning and Memory. In: Tasaka, K. *New Advances in Histamine Research*. Tóquio: Springer, 1994.

Walker, M. *Why We Sleep*: The New Science of Sleep and Dreams. Nova York: Scribner, 2018.

Seu cérebro e aprendizagem digital 14

Os mundos curiosos do digital e do aprendizado

Há algo curioso com relação a aprender digitalmente, porque parece que o "aprendizado digital" pode ter menos impacto em seu cérebro do que outras atividades tecnológicas, como videogames projetados para entretenimento em vez de aprendizado. Parece que os videogames têm impactos perceptíveis, mensuráveis e valiosos em algumas habilidades importantes de aprendizagem.

As pessoas que jogam videogames estão imersas em ambientes ricos, mutáveis, interativos e envolventes, que parecem desenvolver habilidades que muitas vezes são almejadas para um aprendizado mais formal. Testes de laboratório demonstram que os jogadores apuram sua acuidade visual, rastreiam objetos melhor do que a maioria das pessoas e potencializam seus níveis de atenção e a capacidade de realizar multitarefas (Bavelier, 2010). E o mais interessante de tudo isso é que o ambiente variado, o desenvolvimento de habilidades e a capacidade de pensar e reagir em novas situações são altamente transferíveis. As atividades de teste no laboratório são bastante diferentes daquelas que os participantes praticam nos videogames, mas jogá-los melhorou as habilidades necessárias para aprender as novas tarefas no laboratório.

Alguns pesquisadores sugerem que a constante exigência nos jogos para se adaptar a novos ambientes e às demandas das tarefas ajudou os jogadores a aprender melhor — uma habilidade que será cada vez mais importante devido ao ritmo de mudança que a maioria de nós vivencia no trabalho. Estes efeitos persistem em longo prazo, e ainda podem ser detectados de seis a doze meses depois (Green *et al.*, 2010).

Por outro lado, os programas de aprendizagem digital concebidos especificamente para melhorar o aprendizado de habilidades específicas parecem ter menos impacto no curto e no longo prazos no cérebro daqueles que utilizam as ferramentas, sejam eles adultos ou crianças. Os fabricantes de videogames podem ser capazes de nos ensinar algumas lições. Uma ideia interessante do estudo dos jogos eletrônicos é a seguinte: em vez de estudar a Neurociência e tentar elaborar um aprendizado com base nisso, analise os jogos digitais que produzem resultados e, depois, descubra como e por que eles funcionam. É claro que ainda acredito que a compreensão da Neurociência do aprendizado também vai ser valiosa.

O que está por vir?

Neste capítulo, você vai encontrar respostas a algumas perguntas (ver Figura 14.1). Quais são as diferenças, se é que elas existem, entre o aprendizado digital e outros tipos de aprendizagem? O que é "favorável ao cérebro" no aprendizado digital e o que não é? Além disso, identificará algumas ideias práticas que pode usar para tornar o aprendizado digital mais favorável ao cérebro:

- Como a tecnologia digital afeta nosso cérebro.
- Aprendizagem com realidade virtual — quão real ela é?
- Aprendizagem digital social — queremos isso?
- Dicas práticas para projetar e fornecer aprendizagem digital.

Figura 14.1 Seu cérebro e aprendizagem digital

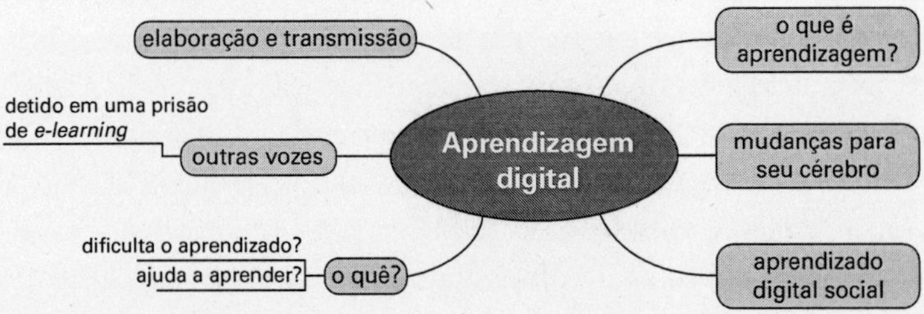

Vou começar declarando que não sou especialista em aprendizagem digital, mas minha formação em TI me deixou com um profundo interesse pela tecnologia e como ela pode nos ajudar a aprender e treinar de modo mais eficaz. Estive envolvida no projeto, na implementação e no uso do aprendizado digital, e costumo ser uma das primeiras pessoas a adotar ou apoiar as novas tecnologias, mesmo quando elas são assustadoras, empolgantes e desafiadoras.

Se você já é especialista em aprendizagem digital, espero que descubra algumas novas ideias para acrescentar ao seu arsenal. Se é novo nesse mundo, espero que veja o valor e os benefícios que a tecnologia digital pode trazer ao aprendizado no local de trabalho, e que talvez comece sua jornada para adotá-la.

O que é aprendizado digital?

A Wikipédia dá a seguinte descrição: "Aprendizagem digital é qualquer tipo de aprendizagem que seja acompanhada por tecnologia ou por prática instrucional que faça uso efetivo da tecnologia. Ele abrange a aplicação de um amplo espectro de práticas, incluindo o aprendizado misto e virtual."

Em termos das ferramentas usadas no aprendizado digital, fora o seu cérebro, é claro, há uma lista útil produzida a cada ano por Jane Hart, do Centre for Learning and Performance

Technologies. A lista cresceu rapidamente de cem para duzentas ferramentas principais, e essas são apenas aquelas que as pessoas elegem como as mais úteis. Atualmente, existem 35 categorias diferentes, divididas em quatro áreas principais: Instrucional, Desenvolvimento de Conteúdo, Ferramentas Sociais, Ferramentas de Desenvolvimento Pessoal e Profissional. Recomendo uma visita ao site da Jane se estiver tentando encontrar uma ferramenta ou quiser apenas distinguir entre os diferentes tipos (www.toptools-4learning.com/; arquivado em perma.cc/FL99-85Q2). Cada ano mais tecnologia é acrescentada à lista; portanto, se você é um especialista na área digital e sua tecnologia favorita não for mencionada neste capítulo, peço desculpas, mas este é um livro sobre cérebros, e não sobre ferramentas.

Todos vivenciamos o aprendizado digital de muitas maneiras dentro e fora do trabalho. Procurar algo no Google ou no YouTube pode ser aprendizado digital, embora nem sempre o seja. Ou você pode estar aprendendo ativamente um idioma por meio do Duolingo ou inscrito em um curso on-line aberto e massivo [*massive open on-line course, MOOC*], ou ouvindo podcasts ou cursos em áudio. Pode estar imerso na gamificação, usando bots*, trabalhando com inteligência artificial (IA) ou realidade virtual (RV). Pode estar aprendendo com seminários on-line, salas de aula virtuais, ou pode meio de conversas no Skype ou no Zoom. Todos temos acesso à tecnologia, mas estamos sempre aprendendo, ou apenas sendo expostos a informações ou ideias sem nenhuma mudança em longo prazo no conhecimento, comportamento, habilidades, atitude ou em nosso cérebro? Ler sobre algo, responder a algumas perguntas de múltipla escolha ou assistir a um vídeo normalmente não é trabalho suficiente para caracterizar o aprendizado, assim como ler um livro não significa necessariamente aprendizagem. Você pode aprender algo, mas a exposição não é uma garantia de aprendizado.

---

* Bots são programas de computador criados para executar tarefas repetitivas na internet. [N.E.]

No final de seu livro de 2017, *Learning Technologies in the Work Place* [Tecnologias de aprendizagem no local de trabalho], Donald Taylor nos lembra de algo muito importante. Ele escreveu catorze capítulos interessantes sobre a tecnologia, a história, como ela é usada atualmente, e o futuro, mas sua frase final é esta: "O sucesso no aprendizado de tecnologias depende somente de uma coisa: das pessoas."

Qualquer que seja a tecnologia, nosso cérebro ainda é o mesmo emaranhado de células úmidas, rosadas, interligadas e complicadas, e muito do que acontece nele quando aprendemos é igual, independente das ferramentas. Portanto, muito do que você já leu sobre o aprendizado efetivo se aplica da mesma forma à aprendizagem digital. Às vezes podemos precisar ser mais criativos com relação a como usamos a tecnologia em um contexto digital, porém armados com um foco nos resultados. Na experiência do aprendiz, é claramente possível tornar o aprendizado digital tão valioso quanto qualquer outro tipo de aprendizagem.

Alguns benefícios do aprendizado digital

- Acessibilidade — todos podem ter acesso.
- Imediato — pode estar na palma de sua mão e dentro do contexto.
- Aprendizado *just-in-time* [bem a tempo] — talvez nem seja aprendendo, mas a informação está lá quando necessário.
- Menos tempo gasto em viagens, fora do escritório, e possivelmente mais tempo para dormir.
- Colaborativo e social — quando bem feito.
- Global — todos podem ter acesso ao mesmo aprendizado — é fácil de traduzir.
- Personalizado — você pode escolher o que quiser — desde que não seja um treinamento digital de imersão rápida.
- Mais rápido de reelaborar.

- Garante que todos recebam as mesmas informações — embora não necessariamente o mesmo aprendizado.
- Pode ser mais barato — especialmente se projetado para grupos grandes.
- Valioso para pré-visualizações e para o aprendizado espaçado — especialmente como parte de uma abordagem mista.
- O monitoramento e a avaliação são mais fáceis.

A tecnologia para o aprendizado digital está se desenvolvendo o tempo todo e, embora ainda haja muitos exemplos de aprendizado não favorável ao cérebro por meio da tecnologia, o que é igualmente verdadeiro no caso do lápis e do papel, há enormes oportunidades para usar a tecnologia digital de maneira eficaz.

O aprendizado digital afeta nosso cérebro?

É claro que esperamos que o aprendizado digital afete o nosso cérebro, uma vez que toda aprendizagem o afeta, mas será que ele muda a maneira como o cérebro funciona de um modo diferente do aprendizado não digital? Existem diferenças mensuráveis devido ao uso da tecnologia digital que podemos medir e que podem ter impactos tanto positivos quanto negativos no aprendizado? Este não é um relato abrangente das mudanças que podem acontecer no cérebro como resultado da atividade digital, mas de fato cobre a maioria das áreas importantes para o aprendizado.

Dormir

Se você já leu o capítulo sobre o sono, sabe que a luz azul da tecnologia digital, incluindo as relativamente antigas, como a televisão, interrompe nossos padrões de sono e, portanto, impede a consolidação eficaz da memória. Isso não é necessariamente um problema, porque há muitos filtros para reduzir essa luz azul, mas isso não resolve necessariamente o problema do sono, porque a tecnologia perturba você de outras formas, estimulando seu cérebro a ser mais ativo. A maior parte do que fazemos nos computadores é projetada para ser interessante, envolvente e chamar sua atenção, o que é exatamente o oposto do que você precisa para dormir quando seu cérebro precisa começar a se desligar.

Atenção

Isto nos leva à atenção. Os vários tipos de tecnologia digital são projetados para captar nossa atenção e mantê-la. No entanto, muitas das características que atraem a atenção são de curta duração e funcionam apresentando constantemente mudanças na concentração, de modo que nos tornamos melhores em prestar "atenção parcial contínua", mas menos eficazes em manter a concentração, que é necessária para a aprendizagem de habilidades e o processamento de informações complexas.

Tornamo-nos piores na leitura de informações mais profundas e prolongadas, diz um estudo de cinco anos do University College London (Carr, 2008). Os pesquisadores rastrearam como os leitores acessavam artigos por meio de sua biblioteca on-line, e descobriram que os leitores atualmente estão mais inclinados a ler os artigos por alto, a passar rapidamente para outros, e raramente voltam para o mesmo. Embora a leitura não seja herdada, mas uma habilidade aprendida, faz séculos que ela é a fonte de aprendizado para a maioria das pessoas. Estes pesquisadores e outros sugerem que não estamos apenas mudando o que lemos, mas também o como e o porquê lemos. Estamos mais propensos a ler em busca de fatos e informações imediatas, e menos inclinados a usar a leitura para refletir profundamente, e fazer deduções e conexões. Isso com certeza pode ter um impacto sobre o que e como aprendemos.

No entanto, uma pergunta que as pessoas costumam fazer é se nosso período de concentração foi alterado pelo uso da tecnologia. Frequentemente aparecem histórias na mídia que sugerem que o nosso período de concentração está menor, mas não parece haver nenhuma pesquisa significativa que diga que o uso da tecnologia digital o tenha reduzido. Isto se deve em parte ao fato de que ele está mais intensamente relacionado aos indivíduos e à tarefa em questão, de modo que há pouco valor intrínseco em medir o "período de concentração" em si ou em pesquisá-lo.

Distração

Um grande desafio para o aprendizado digital, pior ainda para aquele que é mal elaborado, é a oportunidade de distração. Se seu sistema de *e-learning* mal feito está localizado quase no mesmo lugar que horas e horas de vídeos hilários de gatos, então você está enfrentando uma batalha perdida, por mais que use tecnologias de rastreamento para saber se as pessoas completaram seu programa on-line.

Em um estudo na Stanford University, estudantes que declararam que usavam muitos meios de comunicação diferentes ao mesmo tempo ficavam mais distraídos (Ophir *et al.*, 2009). Isto se aplicava à informação no ambiente, mas eles também se distraíam com dados irrelevantes em suas próprias memórias e tinham mais dificuldade de passar de uma tarefa para outra.

Reduza a distração ao mínimo ao diminuir a carga da informação, tornando as coisas relevantes, emocionais, o mais curtas possível, embora não curtas demais, e tornando suas informações fáceis de ler. Você vai ler sobre algumas das principais coisas que levam à distração nas "Características do mundo digital que não contribuem para o aprendizado", um pouco mais adiante neste capítulo. Agradeço a Julie Dirksen da Usable Learning pela interessante conversa sobre distração que influenciou meu pensamento.

Memória

Antes do advento da tecnologia digital, a maior parte do que aprendíamos tinha de ser lembrada, porque dava trabalho procurar em uma enciclopédia ou ir em busca do livro certo com as informações precisas. Atualmente, no entanto, às vezes parece que não precisamos nos lembrar de nada porque podemos simplesmente procurar no Google, e isso está tendo um efeito em nossas memórias.

Em um estudo intitulado *Google Effects on Memory: Cognitive Consequences of Having Information at Our Fingertips* [Efeitos do Google na memória: consequências cognitivas de se ter informações na ponta dos dedos] (Sparrow *et al.*, 2011), os autores testaram a memória de alguns estudantes para fatos triviais (os pesquisadores de memória fazem isso com frequência). Os estudantes foram informados de que eles seriam salvos ou não e, posteriormente, a recordação deles foi testada. Talvez de modo nada surpreendente, os que pensavam que as informações seriam salvas tinham uma probabilidade menor de se lembrar das informações.

Os estudantes, porém, se saíram bem em saber onde as informações tinham sido salvas. Eles eram até mesmo capazes de lembrar a pasta específica na qual os dados haviam sido armazenados. É quase como se estivessem usando a informação digital como uma fonte de memória protética, da mesma forma em que talvez eles tenham pedido informações a amigos, familiares ou especialistas no passado.

Outros pesquisadores sugerem que o modo como armazenamos as memórias pode ser afetado pela prática de multitarefas. Por exemplo, em um estudo na UCLA [Universidade da Califórnia em Los Angeles], os estudantes tiveram que aprender uma tarefa de classificação bastante simples (Wolpert, 2006). Em alguns ensaios, foram distraídos e forçados a realizar multitarefas, ao passo que em outros ensaios foram capazes de se concentrar na tarefa sem serem perturbados. Exames de RMF de ambos os casos mostraram uma diferença em como o cérebro deles processou e armazenou as memórias. Os resultados das tarefas em que eles estavam concentrados apontaram mais atividade no hipocampo, como seria de se esperar, ao passo que nas sessões de tarefas em que foram distraídos mediu-se mais atividade no corpo estriado, que normalmente está associado com o aprendizado de memórias não declarativas de procedimentos. A diferença óbvia nesta experiência foi que, quando perguntadas sobre as tarefas em que estavam concentradas, as pessoas eram capazes de explicar seu aprendizado, ao passo que, nas tarefas em que estavam distraídas, tiveram dificuldade para explicar o que tinha acontecido ou como tinham aprendido, porque suas memórias eram não declarativas. Pareceu que a distração da realização de multitarefas havia lhes dado menos tempo para refletir à medida que aprendiam, havia tornado suas memórias menos flexíveis, e eles tinham menos insights com relação ao que haviam feito. Os pesquisadores não estão dizendo que não se deve nunca realizar multitarefas. Estão observando que a realização de multitarefas enquanto se aprende um material novo afeta como se aprende e sua capacidade de refletir conscientemente sobre o aprendizado mais tarde.

O estudo das mudanças em nossas memórias com base no uso da tecnologia digital ainda está nos primórdios, mas estudos como este mostram que o aprendizado com a tecnologia digital pode afetar o que e como nos lembramos.

Criatividade, devaneio e aprendizado

Criatividade muitas vezes envolve a ligação de ideias sem conexão, e por causa disso você extrai elementos de pensamentos tirados de múltiplas fontes de memória. Uma das complicações das mudanças promovidas pela tecnologia em nossas memórias é que talvez tenhamos menos lembranças para evocar a fim de pensar de maneira criativa.

Além disso, com muito tempo gasto usando a tecnologia, tendemos a ter menos oportunidade para simplesmente contemplar. O tempo gasto sem estar concentrado, permitindo que nossas mentes devaneiem, é uma ferramenta valiosa para a reflexão, a criatividade e a aprendizagem. O que costumava ser chamado de "sonhar acordado" parece ter sido renomeado como "devaneio", e ela é uma ferramenta poderosa para a aprendizagem. O devaneio se dá quando de fato desligamos a atenção sobre uma ideia ou pensamento em que estávamos concentrados e, em vez disso, deixamos que nossa rede padrão tenha prioridade. Você se lembrará de quando leu sobre atenção no Capítulo 7 que o cérebro fica mais silencioso quando você presta atenção, e a atividade é direcionada para áreas específicas. Quando sua rede padrão está funcionando, a propagação da atividade no cérebro é na verdade mais ampla do que quando se concentra. Isto significa que você consegue fazer conexões entre coisas não relacionadas mais facilmente, o que muitas vezes leva a ter insights ou resolver problemas que não conseguia enquanto se concentrava. Embora o uso da tecnologia digital possa significar que não prestamos tanta atenção a uma coisa de cada vez, isso também significa que estamos continuamente prestando atenção a algo, portanto não reservando um tempo para refletir, imaginar, contemplar ou devanear. Talvez para fatos e números isso não seja importante, mas essas são também as coisas que podemos deixar para o armazenamento digital. Aprender habilidades ou aprender a conectar, aplicar ou relacionar conhecimentos ao seu trabalho pode ser mais difícil sem um tempo para deixar sua mente devanear.

Por outro lado, alguns pesquisadores argumentam que atualmente temos mais tempo para sermos criativos, porque nos libertamos das tarefas do dia a dia e a disponibilidade de informações, ideias e conceitos diversos está literalmente em nossas mãos. Ferramentas e aplicativos que inspiram e permitem que as pessoas criem são múltiplos e facilmente acessíveis para todos, então talvez o pensamento criativo ainda não esteja de saída.

Que tipo de cérebro você já tem?

Uma das conclusões que parece vir da realidade virtual e do aprendizado digital imersivo é que este tipo de aprendizado é particularmente útil para a aquisição de habilidades e a formação de hábitos, mas atualmente tem menos impacto para o aprendizado declarativo ou fundamentado em conteúdo. Além disso, pode depender do tipo de habilidades que você já tem. Em um estudo da University of Illinois, os estudantes que já tinham núcleos caudados e putâmen maiores do que outros tinham maior probabilidade de melhorar suas habilidades para jogar um jogo chamado Space Fortress, ao passo que o tamanho de seu hipocampo era menos importante (Erickson *et al.*, 2010).

Como em muitos outros tipos de aprendizagem, parece que se você já está equipado para aprender algo bem, provavelmente progredirá mais do que outras pessoas. Entretanto, o crescimento e as mudanças nestas estruturas cerebrais ainda demonstram que todos podemos melhorar, independente de onde começamos. Imagino isso um pouco como o esporte. Tenho pernas curtas, então é improvável que eu consiga desafiar Elaine Thompson, a vencedora da medalha de ouro olímpica de 2016 na corrida de cem metros. Entretanto, ao aprender técnicas melhores posso melhorar minhas habilidades de corrida.

Aprendizagem social digital

Algumas pessoas podem ter a impressão de que o aprendizado digital é uma atividade solitária à medida que avançam em um programa de *e-learning*, leem um livro on-line ou jogam um jogo de aprendizado. No entanto, para muitas pessoas o aprendizado digital é, e tira proveito do fato de ser, altamente social.

Há quem acredite que já temos a melhor tecnologia de aprendizagem ao nosso alcance, que precisa ser incluída como parte do pacote digital.

"A conversação é a tecnologia de aprendizagem mais eficaz já inventada" — Jay Cross, um futurista americano que popularizou o termo "*e-learning*". E outros entenderam mais cedo o poder das mídias sociais por causa de nossa necessidade inata de ser sociais. "É exatamente o tipo de coisa que um hacker como eu inventaria, porque você está explorando uma vulnerabilidade na psicologia humana [...]. Os inventores, os criadores, eu, Mark [Zuckerberg] [...] entendemos isso de maneira consciente. E nós o fizemos mesmo assim". — Sean Parker, o primeiro presidente do Facebook (McCarthy-Jones, 2017).

Estas são duas declarações proféticas de pessoas de grande impacto no aprendizado digital e na conexão social. Jay Cross entendeu que a conversa é extremamente importante para os humanos porque somos animais sociais com uma enorme necessidade de conexão social, e Sean Parker, juntamente com outros empresários de redes sociais, reconheceu que nosso desejo de ligação social é tanto um ponto forte quanto um ponto fraco, que pode ser explorado por aqueles com o conhecimento para fazê-lo.

Nosso cérebro evoluiu para reagir a outras pessoas. Uma das preocupações contra a atividade digital é que ela é solitária, com um estereótipo de um jovem sentado sozinho no computador em vez de saindo e socializando. Isso mudou com as múltiplas oportunidades de se conectar socialmente por meio dos meios de comunicação digitais. A maioria das empresas de redes sociais reconhece que uma dose de dopamina mantém as pessoas interagindo e envolvidas, e podemos fazer a mesma coisa em A&D ajudando as pessoas a se conectar socialmente on-line. Não vou listar todas as maneiras possíveis de fazer isso. Em vez disso, vou indicar algumas das pesquisas sobre conexão social e tecnologia digital.

O último relatório da Towards Maturity, intitulado *The Transformation Journey — 2019* [A jornada de transformação — 2019], enfatiza: "A conexão pessoal é vital para a aprendizagem moderna no local de trabalho, com 91 por cento das pessoas acreditando que a colaboração, setenta por cento que a mentoria e o treinamento, e 81 por cento que o apoio dos gestores são essenciais ou muito úteis para aprender a fazer seu trabalho". O relatório também conclui que "78 por cento dos trabalhadores estão entusiasmados por usar a tecnologia para fazer networking e aprender uns com os outros".

Designers de aprendizagem digital — uma via lateral para a motivação

Se perguntar para a maioria das pessoas que fornecem aprendizado sobre o que mais gostam em suas atividades, elas dirão que é a chance de ajudar alguém no trabalho, ou quando veem o "momento eureca". Estas são, naturalmente, grandes recompensas quando se trabalha ao vivo com pessoas, em um workshop presencial ou virtual ou em uma sessão de coaching.

O que, todavia, acontece com o designer do *e-learning* que normalmente não recebe esse retorno imediato dos frutos de seus esforços, particularmente se eles são designers autônomos? A conexão social é vital para todos porque a solidão é dolorosa. Então, o que se pode fazer para obter o seu quinhão da conexão social se você é o designer?

- Junte-se a uma rede, como a de *e-learning* www.elearningnetwork.org (arquivado em perma.cc/BBZ6-E4S5).
- Colabore e celebre seus sucessos com os colegas de trabalho.
- Use as redes sociais para se conectar com clientes ou colegas, em vez de apenas enviar e-mails.
- Trabalhe com uma mentalidade de crescimento e valorize todos os feedbacks.
- Aprenda a abrir-se ao fato de que nem sempre a sua visão será plenamente realizada — há sempre concessões a fazer.
- Participe você mesmo de sessões de aprendizagem virtual, seminários virtuais etc.

- Muitas plataformas têm fóruns de desenvolvedores para apoio — seja para você, ou para que ajude os outros.
- Incentive seus clientes a celebrar os sucessos com você — eles também se orgulham do que conquistaram.

Meu colega Sam Burrough, da Transform ELearning, me diz que, para ser resiliente, às vezes simplesmente se conectar com outras pessoas que enfrentam o mesmo desafio é uma ótima maneira de desabafar. "Atualmente há muitas reclamações sendo feitas por meio da plataforma Slack — apenas certifique-se de fazer isso nos canais certos".

Aprendizagem da realidade virtual — quão real ela é?

A realidade virtual é uma experiência que pode transformar pessoas, e foi utilizada com sucesso em aplicações clínicas para tratar e reeducar pessoas com distúrbios alimentares, de ansiedade e estresse, e controle da dor. Uma das razões pode ser porque ela dá às pessoas uma oportunidade muito mais real de incorporar a aprendizagem, fazendo com que esta não seja apenas uma atividade cognitiva, como pode acontecer com outras formas de aprendizado digital ou presencial.

Um especialista em Ciberpsicologia, Giuseppe Riva, aponta que isso acontece porque a realidade virtual funciona um pouco como nosso cérebro, e ele usa a experiência de "membros fantasmas" para explicar isso (Riva, 2017). Os membros fantasmas não são bem compreendidos, mas esta pesquisa sugere que o cérebro cria uma "simulação virtual" do corpo e a utiliza para antecipar os sinais recebidos usando as memórias armazenadas para prever o que pode acontecer. Entretanto, sem um membro no corpo para gerar sinais reais, o cérebro usa apenas as memórias armazenadas e faz uma previsão incorreta, provocando dor em algo que na verdade não existe mais. A RV tem sido usada para melhorar os sintomas da dor de pessoas com síndrome do membro fantasma ao ensinar o cérebro a prever de maneira diferente.

Esta ilusão perceptiva, chamada *embodiment*, ou ilusão de propriedade do corpo, pode ser criada com uma mão de borracha. As pessoas têm a mão esquerda escondida, para que fique fora de vista. Os experimentadores então acariciam a mão real e uma de borracha realista que a pessoa pode ver. Após pouco tempo, os participantes começam a tratar a mão de borracha como se fosse sua própria mão. As varreduras de RMF mostram que, se a mão de borracha for "ameaçada" com uma agulha afiada, as pessoas exibem atividade no córtex cingulado anterior, que detecta a dor, e no córtex pré-motor, que planeja o movimento. Com efeito, as informações visuais se sobrepõem às informações de seu corpo sobre se a mão pertence ou não a você. A RV funciona de maneira semelhante para anular o que seus sentidos estão lhe dizendo. Ela cria um mundo simulado para você explorar e tenta prever o que vai vivenciar como consequência de suas ações. Como ferramenta de aprendizagem, ela tem muitas possibilidades, mas será que se transfere bem para a realidade?

Em 1993, uma experiência para ver se o treinamento em realidade virtual se transferia bem para a realidade demonstrou que não havia diferença na transferência do aprendizado da RV para a aplicação no mundo real em comparação com um grupo que não tinha recebido nenhum treinamento. Os treinamentos no mundo real mostraram uma transferência significativa da aprendizagem. No entanto, como você vai perceber, a RV tem progredido velozmente desde 1993 (Kozak *et al.*, 2007).

Em 2005, outro estudo testou a RV, o treinamento na vida real, e nenhum treinamento na montagem de uma miniatura de Lego de uma empilhadeira (Hamblin, 2005). Este estudo demonstrou que o treinamento com RV melhorou as habilidades complexas de construção de miniaturas, mas não tanto quanto o treinamento no mundo real. Os pesquisadores também concluíram que o aprendizado com RV exigia que os participantes tivessem um nível mais alto de inteligência geral, mais aptidão com computadores e altas habilidades espaciais para que fosse eficaz. Talvez a RV possa funcionar para algumas pessoas, mas não para outras, parece ser a conclusão. Mas, desde 2005, a tecnologia se desenvolveu enormemente e se tornou muito mais rápida e barata de desenvolver.

Um estudo de 2007 mostrou que as habilidades adquiridas no exercício com RV eram transferíveis para outras situações de treinamento com esta ferramenta tecnológica, mas não necessariamente para o mundo real. Estes pesquisadores concluíram que a própria RV precisava melhorar para tornar a transferência mais eficaz (Kozak *et al.*, 2007).

Em 2017, entretanto, as coisas começaram a mudar, particularmente para o treinamento de habilidades motoras complexas. Jogadores de beisebol que haviam sido treinados em um ambiente virtual tiveram um desempenho melhor no final da temporada do que outros que haviam participado do treinamento normal (Gray, 2017). Uma das sugestões da pesquisa foi que o projeto da RV incluía simulações que proporcionavam um exercício adaptativo, o que é difícil de criar de modo consistente em um ambiente de treinamento ao vivo, como no caso das jogadas em que as bolas desafiam as leis da gravidade. A RV foi projetada para oferecer um “alto grau de variabilidade para as condições do treino e o ajuste sistemático do nível de desafio com base no desempenho do atleta”. Estas são condições conhecidas por serem valiosas para a prática das habilidades e que potencialmente deram aos jogadores oportunidades mais variadas de aprender. E talvez, de modo semelhante aos videogames, para os jogadores que estão imersos em seu ambiente de jogo, ela, na verdade, melhora a capacidade de aprender, ao fornecer um conjunto de circunstâncias que muda rapidamente, e às quais eles precisam se adaptar.

Então a RV está começando a funcionar bem no campo do treinamento de habilidades físicas. Como ela está se saindo com as habilidades sociais? A empatia é decerto uma habilidade de que muitas pessoas precisam no trabalho, e um estudo de outubro de 2018 (NeuroscienceNews, 2018) demonstra que a tecnologia pode oferecer uma solução também aqui. Os participantes de dois estudos receberam treinamento de empatia relacionado aos sem-teto, seja treinamento de RV ou presencialmente, ou simplesmente receberam informações sobre o assunto. Os grupos que tiveram o treinamento, por RV ou presencialmente, relataram que se sentiam mais empáticos. Entretanto, o grupo que vivenciou o problema social por meio da RV tinha mais probabilidade de assinar uma petição em favor dos sem-teto do que aqueles que tinham passado por uma abordagem de treinamento mais tradicional. Estudos com outras habilidades sociais também mostraram que a RV pode ser uma ferramenta de aprendizagem bem-sucedida, como um estudo de 2016 que ajudou jovens com autismo a melhorar sua confiança em situações sociais. Tandra Allen, chefe dos programas de treinamento virtual do Center for BrainHealth, disse: "Observamos um aumento grande em sua capacidade de iniciar e manter uma conversa, interpretar emoções e julgar a qualidade de uma amizade" (NeuroscienceNews, 2016).

Um dos maiores desafios para a RV ainda é o dispêndio de projetá-la, apesar do fato de que o custo de acesso pode ter diminuído.

Características do mundo digital que não ajudam na aprendizagem

Medo da tecnologia

O medo da tecnologia pode fazer com que algumas pessoas evitem o aprendizado. Entretanto, como estamos cada vez mais expostos a ela em nossa vida cotidiana, isto deixará de parecer desafiador. Já parece que as preocupações com as diferenças entre a aceitação do aprendizado digital entre os mais jovens e os mais velhos não estão se concretizando. Todavia, exige-se das pessoas que usem tecnologia nova ou que está mudando rapidamente. Portanto, faz sentido dar-lhes apoio para que se familiarizem com a tecnologia antes de tentar usá-la para aprender. Um bom exemplo disso é um pequeno treinamento virtual opcional sobre como usar a tecnologia de seminários digitais antes de iniciar um grande programa de aulas virtuais. Andy Lancaster e eu recomendamos isso em nosso *Webinars Pocketbook* [Livro de bolso dos seminários virtuais], de fácil leitura.

Sobrecarga de informações

A sobrecarga de informações cognitivas é tão inútil em um mundo digital quanto no aprendizado presencial. Muitos estudos mostram que o uso de narração de texto e áudio ao mesmo tempo sobrecarrega o canal auditivo, de modo que é melhor usar áudio e gráficos sem nenhum texto. Em um estudo realizado em 1999, um grupo com áudio teve uma pontuação 64 por cento melhor em sua tarefa do que um grupo com texto e áudio (Mayer e Clark, 2013).

Escolha excessiva

Alternativas em excesso criam uma sobrecarga que pode confundir os alunos — só porque algo pode ser incluído, não significa que precisa sê-lo, e o modo como as escolhas são apresentadas é vital. Isto vale tanto para o aprendizado digital quanto para qualquer outro. Simon Howson-Baggott, do LinkedIn, me disse: "Tivemos quatro vezes mais envolvimento no LinkedIn Learning do que no Lynda.com porque o layout era mais acessível. O número de cursos permaneceu o mesmo, mas os do LinkedIn Learning eram mais fáceis de visualizar e acessar."

Falta de flexibilidade

Por outro lado, a falta de flexibilidade deixa as pessoas frustradas, porque elas são forçadas a seguir um caminho no qual podem acabar não sendo o usuário final relevante, ou talvez já estejam familiarizadas com o assunto. Isto não significa que consigam se lembrar ativamente do conteúdo (útil) ou saber utilizá-lo, mas ser reapresentadas a material familiar não é maneira de motivar e engajar o público.

Exposição versus aprendizagem

A exposição à informação não é um aprendizado. Ainda há muito treinamento de compliance que é mal fornecido no modo de grandes quantidades de informações complexas que as pessoas clicam para confirmar que as leram. Estes são pouco mais do que exercícios de ticar lacunas para provar que alguém foi exposto ao material, mas não está aprendendo.

Falta de conexão emocional

Enquanto estamos falando de treinamento técnico ou de conformidade, precisamos considerar a falta de conexão emocional que ainda é aparente em parte da aprendizagem digital. Você sabe que as emoções tornam o aprendizado duradouro, no entanto, por alguma razão, o treinamento técnico muitas vezes não consegue fornecer uma motivação emocional intensa ao aprendiz. Sem um motivo forte para se conectar com o conteúdo, as pessoas estão apenas passando pelo processo. O treinamento de conformidade ou normativo é o que nos mantém seguros, nos protege de perigos, previne corrupção, infecções, acidentes, crimes cibernéticos. No entanto, ele é muitas vezes um candidato de primeira linha a ser um *e-learning* enfadonho. Já vi fornecedores de treinamento de conformidade que afirmam que o assunto é entediante, mas que são capazes de tornar o aprendizado "deslumbrante" com um pouco de gamificação. Esta parece ser a maneira errada de abordar o assunto. Talvez uma abordagem mais confiável seria trabalhar para tornar o conteúdo vital, relevante e emocionalmente envolvente, em vez de tentar embelezar algo entediante.

Dificuldade de leitura

Alguns designers digitais tornam a leitura mais difícil. A alfabetização em um mundo digital está mudando e se tornando uma habilidade muito mais complexa do que anteriormente, pois é necessário interpretar infográficos, imagens digitais em 3D, textos com hiperlinks, além do texto normal, ao mesmo tempo que se ignoram as distrações de *pop-ups* não solicitados. No entanto, a leitura ainda é um requisito necessário para a aprendizagem digital, pois nem tudo é vídeo e RV; portanto, em um mundo cada vez mais complexo, é necessário facilitar e não dificultar a leitura de textos. Se você colocar barreiras à leitura no caminho, as pessoas ficarão mais propensas a se distrair e menos inclinadas a se concentrar no aprendizado. Nas "Referências adicionais", no final deste capítulo, há duas sugestões de diretrizes de escrita da British Dyslexia Association [Associação Britânica de Dislexia] e da European Blind Union [União Europeia de Cegos] com muitas ideias para tornar a leitura mais fácil a uma gama maior de pessoas. Elas podem ocasionalmente entrar em conflito com as diretrizes de design, mas os designers têm como objetivo o apelo visual, não necessariamente a legibilidade. Estou fazendo aqui um apelo pessoal a todos os designers digitais: *Por favor, não use texto de tom suave sobre fundos de tom tênue, porque é simplesmente irritante, mesmo que seja o visual mais moderno e atualizado*. Não é bom para os olhos e cansa o cérebro.

Experimente fazer esta pequena experiência. Escreva as palavras "cão" e "gato" em caixa-alta e em caixa-baixa. Depois, desenhe uma linha em volta das palavras e veja as formas. Você verá que as PALAVRAS EM CAIXA-ALTA têm a mesma forma, ao passo que as palavras em caixa-baixa têm, cada uma, sua própria forma. Quando você lê, não está apenas olhando para as letras; seu cérebro também está processando a forma das palavras para ajudar a interpretar. Em caixa-alta, todas as palavras têm a mesma forma, o que pode retardar o processo de leitura. Em um mundo no qual queremos que as pessoas aprendam mais e mais rápido, não tem por quê dar a elas mais trabalho cognitivo; escreva em caixa-baixa.

Mais características do mundo digital que ajudam no aprendizado

Previsibilidade

A previsibilidade do aprendizado digital pode aumentar o uso devido à sua familiaridade. Fazer com que a versão do *e-learning* tenha a mesma aparência tanto no celular como no computador reduz a reação à ameaça que as pessoas podem sentir com a tecnologia. Elas podem se concentrar no material, em vez de no suporte.

Aprendizado espaçado eficaz

O treinamento digital é a ferramenta perfeita para criar um aprendizado espaçado eficaz, porque ele pode ser acessado muito mais prontamente e no momento exato para promover a retenção. O Duolingo foi usado como exemplo para testar a "regressão da vida média" (RVM) dos vocábulos na aprendizagem digital de idiomas para prever quantas vezes os usuários precisavam ser estimulados com a mesma palavra a ponto de melhorar sua retenção e engajamento. A RVM foi capaz de melhorar o engajamento diário dos estudantes do Duolingo em doze por cento e reduzir os erros em 45 por cento (Settles e Meeder, 2016).

Uso eficaz da IA

O uso eficaz da IA e dos bots pode livrar a A&D de algumas das tarefas anteriormente trabalhosas de exame de dados para a análise das necessidades de aprendizagem, para o envio de informações de acompanhamento apropriadas e para a resposta a consultas, transmitindo materiais ou mensagens relevantes ao usuário no momento certo para o máximo impacto.

Disponibilidade

A disponibilidade é fundamental porque quase todas as pessoas têm um dispositivo em seu bolso ou bolsa. Assim é possível ter acesso ao aprendizado onde, quando e como quiser.

Crie produtores de conhecimento

Para que o aprendizado digital funcione bem, precisamos deixar que os alunos se tornem produtores de conhecimento, além de consumidores. Atualmente é fácil pedir aos alunos que resumam seu aprendizado em pequenos vídeos que eles podem, por exemplo, compartilhar com o próximo grupo de alunos.

Crie e resolva problemas

Assim como em outras formas de aprendizagem, deixar os alunos criarem e resolverem problemas é muito mais eficaz do que a simples transmissão de informações. A transmissão não garante o aprendizado, ao passo que o trabalho ativo, a exploração, a prática, o feedback e a reflexão são mais envolventes e muito mais propensos a fornecer os resultados necessários.

Eis um exemplo, de uma de nossas "Outras Vozes", de uma peça de design digital realmente interessante e que leva em conta as exigências do usuário final, especialmente as necessidades sociais.

Outras vozes

Emma Livingston-Jones, *especialista em aprendizagem, Humanitarian Leadership Academy*

O começo mais cedo e os efeitos na aprendizagem

Minha organização proporciona um treinamento que ajuda pessoas em todo o mundo a reagir a crises e desastres onde elas vivem. Nosso objetivo é atingir o maior número possível de trabalhadores humanitários e voluntários. A maioria dessas pessoas vive em lugares de difícil acesso — como o Iêmen e a Síria. Portanto, concentramo-nos em proporcionar aprendizagem on-line por meio de nossa plataforma Kaya (https://kayaconnect.org/) (arquivada em perma.cc/ZR2P-8NGM).

A confissão

Amo meu trabalho, mas tinha um segredo que escondia de meus colegas... Eu não era fã do *e-learning*. Até a palavra fazia meu coração afundar. Antes de entrar para a organização, a maioria das vezes em que estive envolvida com *e-learning* tinha sido *chata, um clique após o outro*.

Preso na prisão de e-learning

Mas não havia como fugir disso, meu trabalho era fazer *e-learning*. Então, comecei a me aprofundar.

> "Por que exatamente o *e-learning* é frequentemente entediante?", perguntei-me.

Percebi que o *e-learning* ruim faz com que eu me sinta presa, entediada e submissa, prendendo-me a uma experiência frustrante e solitária, sem liberdade para explorar minhas ideias com ninguém.

> "Mas será que tem mesmo que ser assim?", perguntava-me.

Eu tinha um projeto de aprendizagem para voluntários humanitários que estava por vir. E eu *realmente* não queria submeter ninguém à prisão de *e-learning* (*clique-clique-chato!*). Eu precisava de inspiração.

Fuga da prisão

Isto me levou ao Aprendizado Favorável ao Cérebro para Treinadores. O curso revigorou o meu raciocínio. Ele me deu ideias (meus ajudantes de fuga). Imediatamente, as experimentei na concepção de um jogo imersivo, "A enchente", jogado por meio do aplicativo gamoteca (www.gamoteca.com/) (arquivado em perma.cc/9EDM-AUUUQ). A tabela a seguir mostra algumas das coisas que fizemos.

Ajudante de fuga favorável ao cérebro	O que fizemos
Use seu sentidos	Acrescentar mais sentidos (do que o típico *e-learning*). O som das chuvas torrenciais e dos ventos fortes abre o jogo. Uma luz cintilante e, depois, escuridão. Usamos o mínimo de palavras possível. Cabe ao jogador descobrir o que está acontecendo. Durante o jogo, os jogadores escrevem em papel, desenham, tiram e fazem o upload de uma fotografia, vão e encontram alguém. Isto acrescenta tato e movimento.

Ajudante de fuga favorável ao cérebro	O que fizemos
Emoção	Utilize a emoção, assim as mensagens têm mais repercussão e são mais memoráveis. Usamos contação de histórias. Mostramos os efeitos das tempestades e das enchentes sobre as pessoas. As pessoas afetadas falam diretamente (e com emoção) com o jogador — que deve responder.
Atenção	Mantenha o jogador alerta e preparado, fora do modo passivo. O jogador é desafiado a tomar decisões (e vê as consequências). Mantemos o tempo curto: cerca de vinte minutos. Nós o dividimos em três blocos distintos, que cobrem toda a reação a um desastre. O jogador deve desviar o olhar da tela para realizar tarefas.

Os maiores trunfos para elaborar e transmitir em um mundo digital

No aprendizado digital, é a tecnologia que fornece aprendizagem. O que acontece dentro do cérebro e do corpo das pessoas é o aprendizado real, e isso não mudou muito, por mais que a tecnologia tenha avançado. A maioria das ideias com que já se deparou no resto do livro pode ser aplicada ao aprendizado digital com um pouco de pensamento criativo e imaginação.

Recentemente falei com Lorna Matty, da Toyota, e Liz Brant, da Pineapple Consulting, que estão trabalhando juntas para ministrar sessões de aprendizado poderosas por meio da tecnologia de seminários virtuais. Elas têm uma forte convicção de que este tipo de aprendizagem social digital não só economiza dinheiro e rende um retorno sobre o investimento, como também proporciona vantagens distintas para os alunos. Lorna diz:

> Para mim, as salas de aula virtuais dão aos funcionários um espaço para falar coisas que eles nem sempre sentem que podem expressar em um ambiente presencial, e, como resultado, talvez falem mais e ajam menos. Se o treinamento envolve estar centrado no aluno, usar salas de aula virtuais misturada a outros formatos nos ajuda a fazer exatamente isso.

E a opinião de Liz é:

> O que quer que possamos fazer em uma sala de aula física pode ser feito de forma igual e até melhor em uma sala de aula virtual. As físicas podem parecer muito silenciosas quando comparadas às virtuais, porque nestas as pessoas estão continuamente interagindo umas com as outras. As salas de aula virtuais funcionam melhor como parte de algo mais abrangente, mas isso vale para qualquer evento de aprendizagem.

Assim, com o objetivo de projetar um aprendizado digital fantástico fundamentado em uma compreensão melhor de como as pessoas aprendem, eis um modo útil de verificar se seus projetos digitais são favoráveis ao cérebro ou se poderiam ser ainda mais benéficos. Sharon Bowman, presidente da Bowperson Publishing & Training, é uma prolífica escritora e profissional da aprendizagem. Em seu livro *Using Brain Science to Make Training Stick* [Use a ciência do cérebro para tornar o aprendizado duradouro", 2011], escreveu sobre Os Seis Trunfos [The Six Trumps™] para elaborar aprendizado com base na ciência do cérebro.

Estes principais trunfos são tão relevantes para o aprendizado digital quanto para qualquer outro tipo. Tomei a liberdade de acrescentar mais alguns com relação à elaboração e à transmissão digitais:

1 Estar em movimento é melhor do que ficar parado.
2 Falar é melhor do que ouvir.
3 As imagens são melhores do que as palavras.
4 A escrita é melhor do que a leitura.
5 Mais curto é melhor do que mais longo.
6 Diferente é melhor do que igual.

Além disso, para o aprendizado digital, eis outros seis:

1 A interatividade é melhor do que a passividade.
2 O controle por parte dos participantes é melhor do que por parte do tutor.
3 Social é melhor do que solitário.
4 A recordação é melhor do que o reconhecimento.
5 Explorar é melhor do que clicar.
6 Adivinhar é melhor do que receber de bandeja.

Resumo

A tecnologia de aprendizagem existe desde que o ser humano desenhou pela primeira vez nas paredes das cavernas, e, ao longo dos anos, muitas tecnologias foram criticadas ou acusadas de mudar a maneira como pensamos e aprendemos. Sócrates se preocupava com o impacto da escrita sobre como as pessoas aprendiam. Em uma de suas peças, um personagem sugere que os indivíduos "deixariam de exercer sua memória e se tornariam esquecidos".

Quando a prensa foi desenvolvida, havia a preocupação de que as pessoas se tornariam mentalmente preguiçosas e que o poder e o valor dos intelectuais e da autoridade religiosa seriam minados.

Ninguém argumentaria hoje que a leitura, a escrita e os livros prejudicaram o aprendizado de longa duração, mas mudaram além do conteúdo, a forma como as pessoas aprendem. Não havia estudo de Psicologia ou Neurociência naquela época para nos dizer exatamente o que havia mudado, mas com nosso cérebro sendo tão plástico quanto é agora, não há dúvida de que houve mudanças. E a mesma coisa provavelmente ocorrerá com a aprendizagem, com as tecnologias digitais e com o que quer que venha a substituí-las.

Aprendizado é aprendizado, e sempre acontece no contexto em que nos encontramos, portanto a tecnologia digital é apenas a ferramenta mais recente que vamos utilizar porque está disponível livremente.

Referências e leituras adicionais

Bavelier, D. You Can Train Your Brain with Digital Media. *Centre for Educational Neuroscience*, s.l.: s.n., 2010. Disponível em: www.educationalneuroscience.org.uk/resources/neuromyth-or-neurofact/you-can-train-your-brain-with-digital-media/. Acesso em: 7 set. 2020. (Arquivado em perma.cc/823D-V9X8.)

Bowman, S. L. *Using Brain Science to Make Training Stick*. S.l.: Bowperson Publishing, 2010. Disponível em: http://bowperson.com/wp-content/

uploads/2014/11/SixTrumpsArticle220101.pdf. Acesso em: 7 set. 2020. (Arquivado em perma.cc/GB47-NK7C.)

British Dyslexia Association. Dyslexia Friendly Style Guide: Creating a Dyslexia Friendly Workplace. Bracknel: British Dyslexia Association, 2018. Disponível em: www.bdadyslexia.org. uk/employer/ dyslexia--style-guide-2018-creating-dyslexia-friendly-content. Acesso em: 7 set. 2020. (Arquivado em perma. cc/79DV-CVD8.)

Carr, N. Is Google Making Us Stupid? *The Atlantic*, jul./ago. 2008. Disponível em: www.theatlantic.com/magazine/archive/2008/07/is-google-making-us-stupid/306868/. Acesso em: 7 set. 2020. (Arquivado em perma.cc/N4LP-BNJG.)

Collins, S.; Lancaster, A. Webinars Pocketbook. *Management Pocketbooks*, s.n.t. Disponível em: www.pocketbook.co.uk/product/webinars-pocketbook. Acesso em: 7 set. 2020. (Arquivado em perma.cc/NNQ8-S42Z.)

Cross, J. *Informal Learning*: Rediscovering the Natural Pathways That Inspire Innovation and Performance. Hoboken: John Wiley and Sons, Inc., 2006.

Davis, J. Google Effect: Changes to Our Brains. *International Business Times*, 16 jul. 2011. Disponível em: www.ibtimes.com/google-effect--changes-our-brains-299451. (Arquivado em perma.cc/TS29-CGXY.)

Digital Learning. *Wikipedia*, s.n.t. Disponível em: https://en.wikipedia.org/wiki/Digital_learning. Acesso em: 7 set. 2020. (Arquivado em perma.cc/KG5J-5G34.)

Dirksen, J. *Design for How People Learn*. Berkeley: New Riders, 2012.

Erickson, K. I. *et al*. Striatal Volume Predicts Level of Video Game Skill Acquisition. *Cerebral Cortex*, v. 20, n. 11, p. 2.522-2.530, 2010.

European Blind Union. *Making Information Accessible for All*. Paris: European Blind Union, 2017. Disponível em: www.euroblind.org/publications-and-resources/making-information-accessible-all. Acesso em: 7 set. 2020. (Arquivado em perma.cc/CG34-PV2Q.)

Gray, R. Transfer of Training from Virtual to Real Baseball Batting. *Frontiers in Psychology*, 13 dez. 2017. Disponível em: https://doi.org/10.3389/fpsyg. Acesso em: 7 set. 2020. (Arquivado em perma.cc/ 754X-FYTU.)

Green, C. S.; Pouget, A.; Bavalier, D. Improved Probabilistic Inference as a General Learning Mechanism with Action Video Games. *Current Biology*, v. 20, n. 17, p. 1.573-1.579, 2010.

Hamblin, C. J. *Transfer of Training from Virtual Reality Environments*. Wichita: Wichita State University, 2005. Disponível em: https://dl.acm.org/citation.cfm?id=1123949. Acesso em: 7 set. 2020. (Arquivado em perma.cc/LB3G-2J39.)

Hart, J. Top Tools for Learning 2018. *Top Tools 4 Learning*, s.l.: s.n., 2018. Disponível em: www.toptools4learning.com/. Acesso em: 7 set. 2020. (Arquivado em perma.cc/FL99-85Q2.)

Kozak, J. J.; Hancock, P. A.; Arthur, E. J.; Chrysler, S. T. Transfer of Training from Virtual Reality. *Ergonomics*, v. 36, n. 7, p. 777-784, 2007. Disponível em: http://dx.doi.org/10.1080/00140139308967941. Acesso em 8 set. 2020. (Arquivado em perma.cc/6Y3E-HFTF.)

McCarthy-Jones, S. Are Social Networking Sites Controlling Your Mind? *Scientific American*, 8 dez. 2017. Disponível em: www.scientificamerican.com/article/are-social-networking-sites-controlling-your-mind/. Acesso em: 7 set. 2020. (Arquivado em perma.cc/2TWR-YL4W.)

Mayer, R.; Clark, R. 10 Brilliant Design Rules for e-Learning. *Donald Clark Plan B*, 17 jan. 2013. Disponível em: https://donaldclarkplanb.blogspot.com/2013/01/mayer-clark-10-brilliant-design-rules.html. Acesso em: 7 set. 2020. (Arquivado em perma.cc/NA4Y-LUNE.)

UT Dallas. Virtual Reality Training Improves Social Skills in People With Autism. *NeuroscienceNews*, 20 set. 2016. Disponível em: https://neurosciencenews.com/social-skills-autism-vr-5087/. Acesso em: 7 set. 2020. (Arquivado em perma.cc/82JQ-4BDL.)

Plos. Virtual Reality May Encourage Empathetic Behavior. *NeuroscienceNews*, 17 out. 2018. Disponível em: https://neurosciencenews.com/virtual-reality-empathy-10039/. Acesso em: 17 dez. 2018. Acesso em: 7 set. 2020. (Arquivado em perma.cc/QWT2-CMMB.)

Ophir, E., Nass, C.; Wagner, A. D. Cognitive Control in Media Multitaskers. *Proceedings of the National Academy of Sciences USA*, v. 106, n. 37, p. 15.583-15.587, 2009. Disponível em: https://doi.org/10.1073/pnas.0903620106. Acesso em 8 set. 2020. (Arquivado em perma.cc/WY4D-Q8B7.)

Riva, G. Virtual Reality: Hacking Our Brain. *Linkedin*, 10 out. 2017. Disponível em: www.linkedin.com/pulse/neuroscience-virtual-reality-riva-giuseppe/. (Arquivado em perma.cc/7Z57-8UMF.)

Settles, B.; Meeder, B. A Trainable Space Repetition Model for Language Learning. *Proceedings of the 54th Annual Meeting of the Association for Computational Linguistics*. Berlim: Association for Computational Linguistics, 2016. V. 1: Long Papers, p. 1.848-1.858.

Sparrow, B.; Liu, J.; Wegner, D. M. Google Effects on Memory: Cognitive Consequences of Having Information at Our Fingertips. *Science*, v. 333, n. 6.043, p. 776-778, 2011. Disponível em: https://science.sciencemag.org/content/333/6043/776.full. Acesso em: 7 set. 2020. (Arquivado em perma.cc/NPW3-7NZH.)

Taylor, D. H. *Learning Technologies in the Workplace*. Londres: Koogan Page, 2017.

Top Tools for Learning (lista produzida anualmente por Jane Hart, do Centre for Learning and Performance Technologies), s.n.t. Disponível em: www.toptools4learning.com/. Acesso em: 7 set. 2020. (Arquivada em perma.cc/FL99-85Q2.)

Towards Maturity. Challenging Business Assumptions about How Workers Learn. *Towards Maturity*, 6 dez. 2018. Dispoível em: https://towardsmaturity.org/2018/12/06/challenging-business-assumptionss--about-how-workers-learn/. Acesso em: 7 set. 2020. (Arquivado em perma.cc/24FF-5SJ8.)

Towards Maturity. The Transformation Journey — 2019. *Towards Maturity*, 14 fev. 2019. Disponível em: https://towardsmaturity.org/2019/02/14/the-transformationjourney-2019-annual-research-report/. Acesso em: 7 set. 2020. (Arquivado em perma.cc/RG27-VP22.)

Wolpert, S. Don't Talk to a Friend While Reading This; Multi-Tasking Adversely Affects the Brain's Learning Systems, UCLA Scientists Report. *UCLA Newsroom*, 25 jul. 2006. (Arquivado em perma.cc/N2W4-J5GX.)

15 O futuro já está entre nós

Mindfulness

Quanto de mindfulness você tem? O mindfulness ainda é um tema bastante em voga, e, em um excelente blog sobre a pesquisa que envolve o mindfulness no BPS Research Digest 2015, Christian Jarrett diz que quarenta artigos são publicados por mês, além de 37 livros terem sido escritos em uma semana em particular (Jarrett, 2015). Ele reúne inúmeros trabalhos de pesquisa que são tanto favoráveis quanto críticos. Claramente, muitas pessoas valorizam o mindfulness. Entretanto, há muita propaganda sobre os seus benefícios, e pode ser que alguns efeitos potencialmente negativos estejam sendo ignorados ou marginalizados.

Estudos relataram mudanças nos processos de atenção e memória, assim como nas funções emocionais.

Observou-se que os participantes que foram ensinados a meditar ao longo de dois meses tiveram mudanças permanentes na atividade da amígdala, ou seja, os efeitos puderam ser observados até quando não estavam praticando o mindfulness, mas fazendo atividades diárias normais (Desborde *et al.*, 2012).

Um estudo mostrou que as pessoas que se dedicam à meditação com mindfulness, em comparação com os participantes que apenas deixam a mente devanear (a última maneira de descrever o ato de "sonhar acordado"), eram mais propensas a gerar falsas memórias, o que pode ter consequências para o aprendizado (Rosenstreich, 2016). Entretanto, um estudo subsequente não foi capaz de reproduzir os resultados (Baranski e Was, 2017).

Uma técnica de mindfulness é descartar fisicamente os pensamentos ao escrever um bilhete e jogá-lo fora, por exemplo. Em um estudo que testou isso, os cientistas descobriram que os participantes que deixam os pensamentos de lado desta maneira eram menos propensos a usar as informações mais tarde na tomada de decisão. Os pensamentos descartados, independentemente de serem negativos ou positivos, podem ter valor nas decisões críticas e no planejamento, e ignorá-los efetivamente pode ter um impacto inconveniente.

Além disso, entrar em mindfulness e, ao mesmo tempo, permitir que as pessoas evitem emoções negativas também pode impedi-las de abordar criticamente um desafio, preferindo escapar de um problema em vez de pensar muito e resolvê-lo.

Em termos de ciência, tudo isso é bastante interessante. Os efeitos colaterais são reconhecidos como um subproduto de qualquer tratamento eficaz, um princípio científico: "toda ação gera uma reação". Portanto, se o mindfulness tem benefícios para o controle emocional e da atenção e também para a memória, entre outras coisas, é igualmente provável que tenha um impacto sobre o processo mental de maneiras nem sempre úteis. A atenção e os sistemas de memória excessivamente ativos podem causar problemas, e desenvolvemos reações emocionais para nos ajudar a aprender e nos manter seguros. Agora sabemos que mudanças físicas reais acontecem em nosso cérebro quando pensamos e aprendemos; precisamos estar conscientes dos efeitos de qualquer atividade com o poder de mudar a maneira como nosso cérebro trabalha.

Visão geral

Você está se aproximando do fim deste livro, então provavelmente está ciente de que há uma quantidade fenomenal de pesquisa e interesse em Neurociência no momento, e que as descobertas que estamos fazendo sobre como nosso cérebro funciona em inúmeras áreas estão se multiplicando o tempo todo. Há tantas coisas novas que é impossível dar um relato abrangente dos temas mais em voga, e o tema na moda desta semana pode muito bem ser substituído pelo da próxima semana. Então, o que você vai ler aqui, visualmente descrito no mapa mental na Figura 15.1, é o mais breve retrato de três áreas que podem ser relevantes para pessoas com interesse na Neurociência do Aprendizado: o cérebro quântico, alguns aspectos da tecnologia e os medicamentos de aperfeiçoamento cognitivo. Outros aspectos da aprendizagem digital são abordados cada um em seu próprio capítulo.

Figura 15.1 Ideias para o futuro

O cérebro quântico

Quando o professor Peter Higgs foi convidado a resumir o bóson de Higgs em uma entrevista, explicou, com razão, que havia passado a maior parte de sua vida estudando partículas quânticas, e que não havia como explicar isso em uma entrevista de trinta minutos. Acho que podemos aceitar com segurança que nem você nem eu vamos compreender o cérebro quântico até o final deste livro, e que, em um nível prático, isso provavelmente ainda não fará muita diferença na maneira como você aprende ou ajuda os outros a aprender.

Você pode não pensar normalmente na função cerebral em termos de física, mas é claro que, em um mundo físico, tudo se resume a isso no fim das contas. A física clássica supõe que os eventos não são aleatórios, mas causados por outros episódios, ao passo que a quântica se baseia na probabilidade de que um evento possa ou não acontecer. Isto pode nos permitir começar a pensar sobre vontade, atenção e consciência de maneira diferente, porque a teoria quântica poderia começar a explicar algumas das diferenças intrigantes entre seu cérebro e sua "mente". Amy Brann, em seu livro *Neuroscience for Coaches* [Neurociência para coaches, 2015], faz um excelente trabalho de explicação do cérebro quântico para o leigo e diz que "continuaremos a ver mais da ciência que demonstra o poder de nossa mente para afetar nosso cérebro".

Você pode medir as mudanças físicas em seu cérebro com aparelhos de RMF e EEG, mas isso ainda não ajuda a explicar completamente seus pensamentos e como eles impactam em sua estrutura cerebral. Podemos, até certo ponto, descrever conceitos psicológicos como consciência, atenção, intenção e ter uma intuição de que nossos pensamentos têm um impacto em nosso cérebro e em nosso comportamento, mas não existe uma explicação física clássica para o que isso significa. Quando há o interesse pela física quântica e se começa a falar sobre as possibilidades de as partículas estarem em um ou outro lugar ao mesmo tempo, torna-se mais fácil começar a ter uma teoria científica melhor para explicar a sua "mente" em vez de apenas o seu cérebro.

Princípios da teoria quântica estão sendo usados para tentar explicar alguns dos elementos das funções cerebrais fundamentais, tais quais o modo exato como os neurotransmissores passam informações pelo espaço sináptico. A neurotransmissão depende da passagem de íons de cálcio pelo espaço sináptico por meio de minúsculos canais, mas há uma incerteza quântica sobre se determinado íon será absorvido ou não. Isto leva à possibilidade, em nível simplificado, de se pensar em uma coisa em vez de outra, e talvez comece a fornecer uma explicação de como você pode escolher seus pensamentos em vez de eles serem determinados.

Neurociência Computacional

Esta segunda edição inclui um capítulo dedicado ao aprendizado digital, no qual você pode saber mais sobre como a aprendizagem por meio da tecnologia pode estar moldando o nosso cérebro. Eis um exemplo de como a combinação de Neurociência e tecnologia podem funcionar em conjunto.

A *Neurociência Computacional* visa explicar o pensamento humano por meio de modelos computacionais e passou por muitas fases de desenvolvimento, como inteligência artificial, pensamento de Sistemas Especialistas (que pretende simular o raciocínio de uma profissional), e atualmente existem alguns desenvolvimentos fascinantes na *Cibernética* e na *Robótica*. Kevin Warwick, um pesquisador de Cibernética da Reading University, está trabalhando em redes neurais que controlam minirrobôs. Ele efetivamente pega neurônios de rato e os conecta a essas pequenas máquinas, depois analisa como as redes neurais crescem para que os robôs "aprendam" a correr sem esbarrar nas paredes. Isto se torna uma combinação da Ciência Computacional que usa computadores para modelar a aprendizagem humana e a Neurociência dos Organismos Vivos.

Já se demonstrou que os implantes cerebrais são bem-sucedidos no tratamento de pacientes com surdez, epilepsia e Mal de Parkinson, entre outros distúrbios, mas agora há experimentos cujo foco é uma habilidade cognitiva.

Em março de 2018, um grupo de cientistas criou efetivamente uma prótese de memória ao enviar informações elétricas através de dois fios implantados no cérebro de um pequeno grupo de pacientes (Powell, 2018). Inicialmente, os sujeitos tinham que fazer testes de memória de recordação de palavras simples, e as áreas do cérebro associadas a uma capacidade ruim de recordação foram anotadas. Mais tarde, os cientistas descobriram que a perturbação dessas áreas com um pulso elétrico durante os testes permitiu que outras áreas de memória mais bem-sucedidas funcionassem, e isso melhorou o desempenho da recordação em até quinze por cento.

Em outro estudo, os pesquisadores gravaram os sinais do hipocampo quando os participantes obtiveram respostas corretas em testes de memória de curta duração. Mais tarde, mandaram os mesmos sinais de volta ao cérebro e os resultados dos testes melhoraram em média 35 por cento. (Isto também foi relatado em *NBC News* por Powell, 2018).

A pesquisa está sendo financiada a princípio para apoiar militares com danos cerebrais, mas os pesquisadores acreditam que estará disponível também para pacientes com outros problemas de memória, como o Mal de Alzheimer. Este tipo de pesquisa abre as portas para ideias como melhorar suas habilidades de aprendizagem adicionando próteses cibernéticas ao seu cérebro — e agora está mais próximo dos fatos científicos do que dos reinos mais loucos da ficção científica.

Tomando comprimidos para se tornar mais esperto

Tomar remédios pode fazer de você um aluno melhor? Muitos medicamentos afetam seu cérebro e muitos deles têm efeitos sobre seus mecanismos de aprendizagem, mas você pode tomar remédios especificamente para lhe fazer aprender de modo mais eficaz? Vários artigos de revistas e estudos científicos tratam do número significativo de estudantes saudáveis que tomam medicamentos como a ritalina, que é receitada para pessoas com Transtorno do Déficit de Atenção com Hiperatividade (TDAH), ou a modafinila, um medicamento para narcolepsia vendido apenas com receita médica, para ajudá-las a passar nas provas. Uma pesquisa de 2016 sugeriu que quinze por cento dos estudantes da Oxford University recorrem às drogas, e este achado foi similar ao de pesquisas semelhantes feitas em outras universidades britânicas. Parece que muitos de seus professores e palestrantes também estão usando drogas similares para ajudá-los a pensar de modo mais eficaz ou a se concentrar melhor quando têm um trabalho a publicar. Com tantas outras drogas psicoativas sendo descobertas e disponíveis no mercado para ajudar em qualquer coisa desde TDAH até o Mal de Alzheimer, é inevitável que as pessoas descubram que podem tomá-las para aumentar sua capacidade mental normal. Algumas dessas "drogas" podem ser suplementos naturais, que não são controlados da mesma maneira que as drogas vendidas com receita médica. Em um estudo de 2018, os pesquisadores (Weyandt *et al.*) relataram, ao contrário da crença popular e de suas próprias expectativas, que os medicamentos para TDAH não melhoraram a cognição em estudantes universitários saudáveis, e pareceram prejudicar a memória de trabalho.

Há um debate a ser travado sobre as consequências morais e éticas do consumo dessas substâncias, de maneira semelhante à que o mundo esportivo teve de lidar com as drogas que melhoram o desempenho. Em um estudo de 2017 (Science Daily, 2017), os cientistas relataram que as pessoas tiveram melhor desempenho em um jogo de xadrez com um computador depois de tomar uma droga chamada modafinila. Entretanto, ao ler o estudo, parece que, embora os jogadores pensassem mais profundamente e suas habilidades cognitivas parecessem ter sido aprimoradas, eles na verdade perderam mais jogos, porque as partidas foram cronometradas para apenas quinze minutos, e o pensamento mais profundo fez com que eles levassem mais tempo para tomar decisões. Portanto, às vezes, ser mais inteligente não é o caminho para alcançar o que você precisa. O uso em longo prazo desta droga e de outras, como a ritalina, em última análise, pode reduzir a plasticidade e danificar a memória dos cérebros jovens. Os cientistas estão chamando os governos e o resto de nós a olhar para a realidade da situação e pensar sobre o que queremos fazer. Basta dizer que, independente do que decidirmos como sociedade, as pessoas talvez tenham sempre tomado drogas para ajudá-las a pensar de maneira diferente. Pode até ser algo que temos em comum com nossos ancestrais evolutivos. Em 2015, publicou-se uma notícia sobre chimpanzés que bebiam vinho de palma fermentado naturalmente (Hockings *et al.*). Os pesquisadores não sabem se é da rica fonte de açúcar ou da sensação de embriaguez que eles gostam. Qualquer que seja a razão, o cérebro deles é claramente afetado e mudado pelo vinho de palma.

No momento, é improvável que vejamos as grandes empresas farmacêuticas com estandes nas conferências de A&D vendendo pílulas para ajudar a aprender, mas vale a pena estar ciente de que as gerações que entram e já trabalham em sua organização podem estar muito mais familiarizadas com esses medicamentos.

Resumo

Há inúmeras ideias novas da Neurociência que podem ter um impacto nos aspectos práticos do aprendizado, onde quer que ele ocorra. Eis quatro ideias-chave:

- O cérebro quântico — a aplicação da teoria quântica à Neurociência, que ainda está em seus primórdios, e provavelmente tem pouco impacto imediato para sua prática de Aprendizado e Desenvolvimento.
- O mindfulness ainda é uma ideia popular entre muitos como uma maneira de melhorar o foco e a atenção, mas também pode ter alguns efeitos negativos na memória e na tomada de decisões.
- A Cibernética e as próteses cerebrais já estão sendo usadas em áreas clínicas específicas de aprendizagem, mas podem um dia estar disponíveis mais amplamente.
- Os medicamentos para a melhoria cognitiva são um campo em crescimento que não tem tido muito impacto no mundo de A&D no momento, mas precisamos estar cientes da sua existência.

Referências e leituras adicionais

Baranski, M.; Was, C. A. Mindfulness Meditation May Not Increase False-Memory and May Instead Protect from False-Memory Susceptibility. *Mindfulness*, v. 8, n. 6, p. 1.569-1.579, 2017. Disponível em: https://link.springer.com/article/10.1007/s12671-017-0729-7. Acesso em: 7 set. 2020. (Arquivado em perma.cc/SK67-PSCL.)

Brann, A. *Neuroscience for Coaches*. Londres: Kogan Page, 2015.

Desborde, G. *et al*. Effects of Mindul-Attention and Compassion Meditation Training on Amygdala Response to Emotional Stimuli in an Ordinary, Non-Meditative State. *Frontiers in Human Neuroscience*, v. 6, p. 292, 2012. Disponível em: www.ncbi.nlm.nih.gov/pmc/articles/PMC3485650/. Acesso em: 7 set. 2020. (Arquivado em perma.cc/RY7H-SFK8.)

European College of Neuropsychopharmacology (ECNP). Cognitive Enhancing Drugs Can Improve Chess Play, Scientists Show. *Science Daily*, 6 mar. 2017. Disponível em: www.sciencedaily.com/releases/2017/03/170306091726.htm. Acesso em: 7 set. 2020. (Arquivado em perma.cc/NF5F-KBZE.)

Hockings, K. *et al*. Tools to Tipple: Ethanol Ingestion by Wild Chimpanzees Using Leaf-Sponges. *Royal Society Open Science*, v. 2, n. 6, 2015.

Jarrett, C. The Psychology of Mindfulness, Digested. *Research Digest*, 12 jun. 2015. Disponível em: http://digest.bps.org.uk/2015/06/the-psychology-of-mindfulnessdigested.html. Acesso em: 27 jun. 2015. (Arquivado em perma.cc/7S9L-HRCX.)

Powell, C. S. S. Memory-Boosting Brain Implants Are in the Works. Would You Get One? *Mach*, 23 abr. 2018. Disponível em: www.nbcnews.com/mach/science/memory-boostingbrain-implants-are--works-would-you-get-one-ncna868476. Acesso em: 7 set. 2020. (Arquivado em perma.cc/47UH-APQZ.)

Rosenstreich, E. Mindfulness and False-Memories: The Impact of Mindfulness Practice on the DRM Paradigm. *The Journal of Psychology: Interdisciplinary and Applied*, v. 150, n. 1, p. 58-71, 2016.

Saenz, A. Amazing Robot Controlled By Rat Brain Continues Progress. *Singularity HUB*, 6 out. 2010. Disponível em: https://singularityhub.

com/2010/10/06/videos-of-robot-controlled-by-rat-brain-amazing-technology-still-moving-forward/. Acesso em: 30 jun. 2015. (Arquivado em perma.cc/2EM8-TN2N.)

Warwick. K. Kevin Warwick. *Kevinwarwick.com*, s.n.t. Acesso em: 2 jul. 2015. (Arquivado em perma.cc/4JJ7-XN74.)

Weyandt, L. *et al.* ADHD Drugs Do Not Improve Cognition in Healthy College Students. *Neuroscience News*, 19 jul. 2018. Disponível em: http://neurosciencenews.com/adhd-drugs-cognition-9580/. Acesso em: 12 dez. 2018. (Arquivado em perma.cc/SMT3-37JB.)

O fim desta jornada e o início de mais coisas 16

Gerenciamento de viagens de metrô

Em uma "não conferência" em Londres em 2014, alguns de nós estávamos procurando uma metáfora para explicar nosso propósito no aprendizado e no desenvolvimento: algo para nos representar como especialistas na facilitação da aprendizagem, e não como autoridades no próprio conhecimento. Caso você nunca tenha assistido a uma "não conferência", trata-se de uma reunião de pessoas com os mesmos interesses, mas com a agenda decidida pelos participantes, e não pelos organizadores — uma abordagem muito mais participativa e envolvente das conferências.

Será que foi algo sobre ter andado por Londres de metrô? Será que foi a visão inconsciente de um mapa do metrô na parede ao longe (só o vi conscientemente mais tarde)? Ou foi algo que alguém disse? Não sei que processos inconscientes estavam operando, mas a metáfora que me veio foi como os profissionais de A&D, no século XXI, são como o metrô de Londres (ou qualquer outro sistema ferroviário, na verdade).

Há "conhecimento" nas estações que precisa ser levado a outros lugares, e podemos ser os condutores desse conhecimento.

Ele pode estar on-line, nas mentes de especialistas, em documentos (salte na estação Praça Euston para ir para a British Library) ou em vários outros lugares. Pode ser conhecimento factual, semântico ou intangível sobre como realizar uma tarefa ou demonstrar uma habilidade.

Um colega na conferência, Robert Weeks (@chutzpah84, se você for um usuário do Twitter), tuitou minha analogia: "Acho que @stellacollins acabou de me fazer gerente de uma rede de metrô... A&D conecta redes e conhecimento em organizações". Robert sugeriu: "A A&D precisa conectar as estações e criar mais intercâmbios", e juntos elaboramos a metáfora um pouco mais.

Podemos remover bloqueios, abrir portas de trens, ajudar as pessoas a se mover pelo sistema com mapas e horários, sugerir rotas ideais, verificar suas passagens para viagens específicas, dizer palavras amáveis, ajudar os viajantes menos capazes, mudar rotas se necessário, reconhecer horários de estresse no sistema e nos passageiros e fazer os ajustes necessários. Ocasionalmente, a A&D precisa construir novas estações ou redefinir qual delas abriga determinado tipo de "conhecimento". Eventualmente, podemos reformar uma estação e mudar sua decoração, mas ela ainda estará próxima dos mesmos pontos de referência.

Uma das coisas de que gosto nesta metáfora é que todos esperamos viajar no metrô ou em qualquer outra rede ferroviária quando quisermos e onde quisermos, e não esperamos que alguém nos leve até lá. Os passageiros em geral são autossuficientes — eles encontram informações no celular, na internet, em placas nas estações, cara a cara, perguntando aos amigos que viajam com frequência. Não é assim que os alunos podem se tornar responsáveis por suas próprias jornadas de aprendizagem? A A&D pode ser vista como um sistema que ajuda as pessoas a fazer seu trabalho, e elas podem nos usar todos os dias ou precisar de nós apenas ocasionalmente, mas, de qualquer modo, nosso papel é levar as pessoas de um lugar para outro enquanto elas continuam a exercer seus papéis principais. Nenhuma analogia ou metáfora é perfeita, mas parece que esta funciona como uma primeira tentativa.

Talvez você discorde, encontre as falhas nela, ou a desenvolva mais. Não importa, desde que todos continuemos pensando em nosso papel no aprendizado.

O que você vai encontrar neste capítulo final

Você revisará o papel da Neurociência e da Psicologia na aprendizagem e no desenvolvimento, e refletirá brevemente sobre as ideias-chave de cada capítulo (veja a Figura 16.1 para a visão geral do capítulo). Pensará sobre o que tudo isso significa para você em seu papel de ajudar os outros a aprender, e poderá ouvir algumas reflexões sobre o que me deixa irritada ou entusiasmada. Este capítulo é sobre o "e daí?". É sobre começar a colocar o aprendizado em ação. O que você pode fazer com a Neurociência da aprendizagem e do desenvolvimento?

Uma corrida por uma revisão

Galopamos por algumas das partes técnicas sobre as estruturas cerebrais e sobre como a ciência funciona. Exploramos a ideia de que a Neurociência é uma mistura complexa de disciplinas: biológicas, psicológicas e até computacionais, e nos deparamos com os elementos da maioria delas neste livro. Você leu o que acontece com seu cérebro quando está aprendendo e usou o modelo MASTER para dar estrutura ao processo de aprendizagem. Pensou em como motivar os alunos, em como a informação entra em suas cabeças e em como eles prestam atenção. Considerou diferentes maneiras de explorar a informação e de ajudar as pessoas a dar sentido a diferentes tipos de aprendizagem antes de passar a pensar na memória e no que torna o aprendizado duradouro. Para uma aprendizagem eficaz, é preciso testar, experimentar e praticar, e você também deve ter pensado no papel dos hábitos. A revisão acaba sendo um fator-chave na aprendizagem, e você considerou diferentes formas e tempos para rever o aprendizado. Correu por algumas ideias sobre criatividade, linguagem, histórias, música e o ambiente, explorou o sono e o aprendizado digital antes de se lançar de cabeça no futuro com pensamentos sobre tecnologia, cérebros quânticos e drogas "inteligentes". E agora estamos aqui para pensar no que tudo isso significa para você: o que você pode fazer de diferente, alguns desafios que todos enfrentamos em A&D, e alguns dos benefícios de se pensar em Neurociência.

Figura 16.1 Fim da viagem

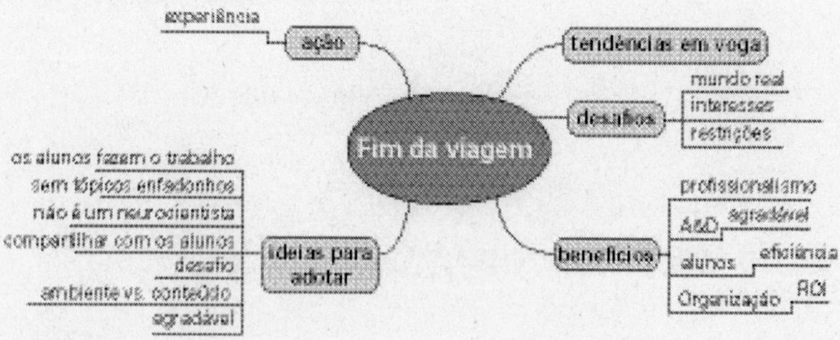

Alguns desafios de adotar a Neurociência em sua prática

A tendência em voga da Neurociência

Nos últimos anos, houve um aumento do interesse popular sobre como nosso cérebro funciona. Há mais programas na TV e inúmeros livros, artigos, sites e blogs. As pessoas estão participando de treinamentos para descobrir sobre a Neurociência de praticamente tudo, desde Neuroeconomia até Neuropolítica, e é possível comprar neurobrinquedos, neurobebidas e neuromúsica. Isto é maravilhoso, contanto que não se trate apenas de uma tendência em voga alimentada por mitos cerebrais e um desejo de estar na última moda. A Neurociência do Aprendizado é extremamente fascinante, e o que não sabemos ainda eclipsa o que sabemos, portanto há muito mais a descobrir e a aprender. Pelo menos agora você tem algumas perguntas úteis (do Capítulo 3) a fazer quando ouvir "pesquisas indicam..." ou "a Neurociência demonstra...".

Parte do que a Neurociência faz é fornecer dados para "provar" o que já é óbvio ao resto do mundo. Se um aparelho de RMF pode "mostrar" que as mães realmente sentem emoção quando olham para bebês, isso não torna esse sentimento mais ou menos real. Saber que sua memória de trabalho está localizada em seu córtex pré-frontal dorsolateral pode ser interessante, mas: a) não posso pedir que você "ative o seu córtex pré-frontal dorsolateral" e b) isso não melhorará sua capacidade de ler esta frase.

Mas estes dados podem ajudar de várias maneiras. Você pode usá-los para influenciar outras pessoas que não têm a experiência ou a formação prática em treinamento e aprendizado que você tem, e que atualmente estão confundindo aprendizado com "conteúdo". Você pode ajudá-los a entender que você não tem uma varinha de condão e que o aprendizado não é uma absorção passiva, como fazem as esponjas, de informações ou habilidades. Esta é a nossa oportunidade de educar outras pessoas sobre A&D, e a Neurociência e a Psicologia nos dão algumas munições valiosas com as quais podemos trabalhar.

Comecei este livro sugerindo que não é preciso ser neurocientista para ser um grande instrutor, educador, coach, ou facilitador do aprendizado. Entretanto, como você já viu, se você é um bom instrutor e as pessoas estão aprendendo, está fundamentalmente mudando o cérebro das pessoas. Então, vale a pena entender o suficiente sobre o hardware e o software com os quais está trabalhando para obter os melhores resultados.

Aplicação no mundo real

Um dos maiores desafios para utilizar as ideias da Neurociência é a aplicação em seu mundo. Como lido anteriormente, grande parte das pesquisas vem de laboratórios cheios de pessoas ESTRANHAS [WEIRD em inglês, se referindo às pessoas ocidentalizadas, instruídas, de democracias industrializadas e ricas], com estudos de casos de pessoas que sofreram algum tipo de dano neural, ou da Psicologia do Desenvolvimento e do sistema educacional. E a pesquisa às vezes é contraditória porque os experimentos são tão específicos que pode ser difícil descobrir como se relacionam com a aprendizagem laboral. Há muito menos pesquisa rigorosa feita sobre a aprendizagem no local de trabalho ou com alunos adultos em geral, então talvez seja hora de começar a mudar isso. Talvez da próxima vez que lhe pedirem que ministre um programa de treinamento importante, você possa usar isso como uma oportunidade para fazer algumas pesquisas e medir, testar e compartilhar os resultados de diferentes práticas. Sei que isto traz dificuldades com questões operacionais, e que pode haver complicações em pedir às pessoas que participem da pesquisa. Afinal, ninguém quer passar dois dias aprendendo habilidades de atendimento ao cliente em um grupo de controle apenas para descobrir que elas não são tão eficazes quanto a nova técnica que outro grupo aprendeu. Entretanto, se, como profissionais de aprendizagem, não considerarmos as possibilidades de experimentar, nunca chegaremos lá. Com as universidades procurando colaborar mais com os negócios, há mais oportunidades para fazer e compartilhar pesquisas a partir de ambientes operacionais.

Interesses particulares

Quer você seja um indivíduo ou uma organização, interesses particulares podem desempenhar um papel quando você é solicitado a mudar sua prática. Como exemplo, os testes psicométricos são uma indústria enorme. Em um documento sobre liberdade de informação, só o Ministério da Defesa [*Ministry of Defence*, MOD] britânico revelou que eles gastaram mais de £245.000 em testes psicométricos em 2013/2014. Um relatório de 2007 no site Personnel Today sugeriu que o mundo gastou mais de £1,5 bilhão em testes. Alguns desses testes psicométricos estão em uso há muitos anos. Myers-Briggs, um dos mais famosos instrumentos do tipo, foi inventado por uma dupla de mãe e filha que desenvolveu suas ideias a partir do trabalho de Carl Jung e publicou sua primeira ferramenta de indicador tipológico Myers-Briggs [*Myers-Briggs Type Indicator*, MBTI] em 1943. A ferramenta foi validada no sentido de que muitas pessoas a utilizaram, mas ela é fundamentada em teorias antigas que foram em grande parte ultrapassadas.

Pode até ser que o próprio teste de personalidade seja um conceito falho. Em *Multiplicidade: a nova ciência da personalidade* (2008), Rita Carter questiona o conceito de ter uma personalidade unificada, sugere que todos podemos ter múltiplas personalidades e que podemos não estar cientes de algumas delas. Outras pesquisas sugerem que seu ambiente tem tanto ou mais efeito sobre você do que sua personalidade. Em um famoso estudo de "Bom Samaritano" (Darley e Batson, 1973), descobriu-se que até os estudantes de seminário eram mais afetados pela pressa que sentiam do que pelos seus próprios traços de personalidade presumivelmente "bons". Quando foram colocados numa situação que exigia pressa, muitos deles estavam dispostos a pisar sobre uma figura caída no chão a fim de chegar a uma reunião para fazer uma apresentação sobre o Bom Samaritano. Cada vez mais evidências sugerem que somos inconscientemente influenciados por fatores ambientais que podem sobrepor-se à nossa "personalidade". No entanto, os testes de personalidade são um grande negócio.

Meu ponto de vista é que existem interesses particulares envolvidos em nos manter utilizando as mesmas ferramentas e técnicas que existem há muito tempo, mesmo que novas pesquisas pareçam questioná-las. Não apenas interesses econômicos, mas você também pode despertar alguma dissonância cognitiva se tiver que mudar suas próprias ideias ou as de outra pessoa sobre como o "treinamento" acontece. Afinal, se sua organização investiu grandes quantias de dinheiro em um programa de desenvolvimento de liderança completo, com modelos complicados e recursos atraentes, ela não vai gostar da ideia de que pode haver uma maneira diferente de fazer isso. A dissonância cognitiva é a dificuldade psicológica que sentimos quando temos duas ideias concorrentes, e tendemos a querer nos distanciar de qualquer coisa que aumente a dissonância.

Pense em um gestor de A&D que gastou muito tempo e energia persuadindo a diretoria de que seria útil fazer alguns testes psicométricos para identificar os estilos de aprendizagem das pessoas e, finalmente, ter sucesso e projetar um treinamento para atender a esses estilos. De repente, ele descobre que algumas novas pesquisas refutam os estilos de aprendizagem. É provável que ele volte à diretoria e diga que "tudo o que falei nos últimos cinco anos sobre estilos de aprendizagem está sendo refutado e desperdiçamos tempo e dinheiro"? Isso provavelmente provocará uma significativa reação à ameaça em todos os envolvidos, reduzindo o pensamento de boa qualidade e aumentando o risco de apresentar um comportamento de "lutar ou fugir" com relação à nova ideia.

Felizmente, ao adotar princípios científicos, você pode contornar este desafio em particular. Em vez de dizer ao resto de sua organização que é um especialista em aprendizagem e sabe tudo o que há para saber, diga que você é um pesquisador em aprendizagem e que as ciências da Psicologia e da Neurociência estão acrescentando elementos ao que você sabe. Explique que a pesquisa cerebral é uma disciplina em desenvolvimento e que estamos aprendendo mais a cada dia, mas que há mais a descobrir do que sabemos atualmente. Desse modo, você trabalhará com as melhores evidências disponíveis a qualquer momento, mas se reserva o direito de mudar seus métodos se e quando alguma evidência melhor e mais confiável aparecer. Ao se estabelecer como um investigador, um cientista, um aluno também, você pode adotar com mais facilidade ideias novas e reduzir a ameaça que os especialistas sentem quando seus conhecimentos são desafiados.

A Neurociência e a Psicologia não têm todas as respostas, e não serão capazes de resolver tudo para você, mas oferecem a oportunidade para que todos vejam a A&D de uma maneira um tanto diferente.

Restrições

Em um mundo ideal, você teria todo o dinheiro e recursos para investir na criação e no fornecimento de ambientes de aprendizagem completamente maravilhosos e favoráveis ao cérebro, com base na melhor e mais atualizada ciência, mas todos reconhecemos que o mundo não funciona assim. Há restrições impostas por várias razões. Este livro, por exemplo, não adota todas as ideias da Neurociência aplicáveis ao compartilhamento de informações, é em preto e branco em vez de em cor, há um número limitado de imagens, há poucas atividades, e você não pode ouvi-lo, cheirá-lo ou sentir o gosto dele. No entanto, divide as informações em blocos, inclui linguagem multissensorial, metáforas e histórias e usa o máximo de linguagem direta e simples possível. Espero que reconheçamos as limitações de um livro escrito em um formato particular para determinado público. Eis algumas ideias que ajudarão a reter a essência geral do livro, mesmo que não se lembre dos detalhes. Passe de dez a quinze minutos no final refletindo sobre o que aprendeu:

- Faça um desenho ou crie um mapa mental dos elementos-chave.
- Reescreva os resumos de cada capítulo — os mapas mentais no início ou *bullets* no final.
- Folheie o livro e busque os títulos — releia quaisquer áreas que se destaquem para você.
- Conte a alguém o que aprendeu ao lê-lo.

- Faça perguntas a si sobre o que aprendeu — se não se lembrar bem, adivinhe e volte imediatamente e verifique suas respostas.
- Resuma cada capítulo em um tuíte.

No treinamento, você também terá restrições impostas por causa do tempo, do financiamento, de aspectos operacionais etc., mas o que estou sugerindo é que as conteste quando puder e quando souber que elas terão um impacto adverso no aprendizado. E fundamente suas contestações com pesquisas, estudos ou dados. Se o detentor do orçamento pensa que vai economizar dinheiro porque é mais rápido dizer às pessoas como estar em conformidade com as novas regulamentações de higiene alimentar, você pode rebater isso falando da quantidade de informações que elas de fato reterão após 24 horas, o custo de não estar em conformidade por não terem se lembrado dos fatos-chave e como pode aumentar significativamente a retenção e a conformidade delas com um treinamento eficaz. Isso exigirá mais investimento do que um briefing de uma hora pelo gestor de conformidade, mas os resultados serão melhores.

Tendo contestado as restrições o máximo possível, use a Neurociência para contorná-las e compensar o que não pode mudar. Se o treinamento tiver que ser fundamentado em seminários virtuais, como o que você sabe sobre Neurociência ajudará a estabelecer uma relação e aumentar a atenção dos participantes a distância?

Depois de Robert Weeks e eu termos lembrado um ao outro da metáfora no início deste capítulo, ele acrescentou alguns pensamentos mais úteis sobre como os alunos têm diferentes experiências de aprendizagem que podem ter impacto na maneira como se trabalha com eles...

A outra observação que eu faria é que, quando você usa muito pouco a rede de metrô (como eu), mesmo que todas as ligações estejam lá, pode ser muito difícil se orientar e encontrar seu caminho.

"Sei que quero pegar a linha verde e ir em direção a X" é o que continuo repetindo em minha cabeça enquanto caminho entre as multidões na hora do rush tentando não parar no mapa e fazer com que metade da cidade se amontoe atrás de mim.

Compare isso com uma amiga minha que morava em Londres e viajava diariamente no metrô para trabalhar. Ela era capaz de fazer uma brincadeira em que podia lhe dizer como ir de uma estação aleatória a outra no menor espaço de tempo, e tinha experiência suficiente para variar sua viagem instantaneamente se dissesse "Arrá, mas e se a estação Embankment estiver fechada para manutenção?".

Se você usa a rede de metrô com frequência, consegue fazer isso. Se não o fizer, mesmo que alguém tenha mantido a rede bem estabelecida, pode levar um pouco mais de tempo para encontrar seu caminho... e todos adoramos viajar sem dificuldades, então isso pode ser um pouco desagradável.

Benefícios da aplicação de ideias práticas da Neurociência

Seu profissionalismo

Como em todas as profissões, na Aprendizagem e Desenvolvimento precisamos continuar a aprimorar nossa prática e a aprender, inovar e construir. Às vezes temos uma tendência a reagir ao que os negócios exigem de nós e de querer fornecer o que eles pedem, em vez de parar para analisar do que precisam. Ao dar um passo para trás e analisar o que sabemos sobre como as pessoas pensam, como elas se comportam e como aprendem, podemos ficar mais inclinados a contestar e contribuir para nossas organizações.

Isto é o que os bons profissionais do aprendizado sempre fizeram, mas ao adotar princípios científicos reais, podemos demonstrar que somos uma profissão que tem rigor e diretrizes, em vez de sermos vistos como algo "cor-de-rosa e superficial".

Também podemos nos desafiar a examinar esses modelos, mitos e ideias confusas que têm estado à espreita no fundo de nossos "armários" profissionais e apenas ver se eles resistem à luz fria do dia. É bem possível que alguns deles se saiam bem e continuem a ser úteis, mas outros poderiam ser aposentados em vista de seus atuais e crescentes níveis de conhecimento.

Talvez seja hora de renomearmos as "habilidades comportamentais" — uma vez que você percebe quanta coisa precisa entrar na sua cabeça para aprender uma nova competência, torna-se mais fácil ver por que as chamadas "habilidades comportamentais" são na verdade bastante difíceis. Não estou sugerindo que os chamemos de "habilidades duras", porque isso pode ser desmotivante para os alunos. Embora "plasticidade cerebral" seja um termo mais comum, "habilidades plásticas" não me parece muito correto. Como estas são as competências que podem fazer a diferença com relação a se alguém é bem-sucedido ou não no trabalho, talvez possam ser chamadas de "habilidades de trabalho". E talvez quando forem medidas e treinadas com mais precisão, o nome tenha menos importância.

É prazeroso para você, o instrutor

A maioria dos profissionais que trabalham com Aprendizagem e Desenvolvimento adora aprender — muitas vezes é por isso que escolheram esse mercado. Vi muitas pessoas nos últimos anos entusiasmadas e empolgadas em ter esta nova área da Neurociência para estudar e aplicar, então essa ciência no mínimo lhe dá algumas novas e grandes oportunidades de aprendizado, que podem muito bem inundar seu cérebro com dopamina estimulada pela curiosidade e outros hormônios que provocam a sensação de prazer. Isso está fazendo com que muitas novas conexões neuronais se ativem, e elas se conectarão se você revisar e lembrar para o longo prazo.

É agradável e eficaz para os alunos

Aplicar as ideias da Neurociência, quer você a chame de Aprendizagem Favorável ao Cérebro ou de outra coisa, torna o aprendizado muito mais fácil, agradável e satisfatório para os alunos. Observar as pessoas fazendo conexões, ter momentos em que uma lâmpada se acende na mente, e aproveitar a experiência de aprender é extremamente gratificante. Muitas me dizem regularmente que é a primeira vez que gostam de aprender algo no trabalho. Às vezes, desde que eram crianças pequenas. Apreciar o aprendizado faz parte da batalha, mas o mais importante é que as pessoas se lembrem do que aprendem o tempo suficiente para aplicá-lo satisfatoriamente no trabalho.

A organização obtém melhor retorno sobre o investimento

O investimento no aprendizado acontece de várias maneiras. Normalmente, as organizações querem medir a satisfação das pessoas com a experiência de aprendizagem, sua retenção de informações, e suas mudanças de comportamento no trabalho. A compreensão de parte da Neurociência da aprendizagem e, em seguida, a concepção e transmissão de treinamento com isso em mente poderiam economizar tempo, aflição e dinheiro. Pode levar um pouco mais de tempo para que alguém aprenda algo genuinamente do que seria necessário para dar de bandeja uma quantidade enorme de informações aos alunos, mas os benefícios para seu desempenho são óbvios.

Principais ideias para adotar

Nunca faça pelo aluno o que ele pode fazer por si

Quando seu trabalho envolve aprendizagem e você está comprometido e entusiasmado, pode se tornar fácil começar a assumir a responsabilidade pelo que os alunos estão aprendendo, mas você não pode controlar o que está se passando na cabeça de outra pessoa. Você não ajudará os alunos a aprender fazendo o aprendizado por eles. Portanto, o mais frequentemente possível, deixe que os alunos façam o trabalho de aprender.

Se lhe fizerem uma pergunta, peça que adivinhem a resposta, veja se outra pessoa do grupo sabe responder ou estimule-os a procurar a resposta em algum lugar (pelo menos assim eles saberão onde encontrar a informação uma segunda vez).

Deixe que os alunos usem os equipamentos e façam experiências em vez de você pegar e mostrar de novo como usá-los — isso se aplica particularmente se estiver fazendo algo no computador.

Ao final de uma sessão de treinamento, se transferiu a responsabilidade de aprender para os alunos, é provável que eles se sintam energizados e animados, mas também se sentirão com a cabeça cheia e estarão prontos a ter uma boa noite de sono para deixar que o aprendizado comece a se fixar.

Não existem temas chatos — apenas treinamento chato

Se você, como instrutor, fica tentado a pensar que um tópico é chato, é sua responsabilidade reexaminá-lo e reelaborá-lo — de fato não há tópicos chatos no mundo. Se as pessoas estão entediadas, você não descobriu o que as motiva ou está apresentando informações de maneira deficiente. Os alunos não estão tendo a experiência de aprender, o que por si só é inerentemente gratificante, com todos aqueles neurotransmissores que flutuam pelo cérebro e todas aquelas conexões se formando. Alguns instrutores pensam que é mais fácil motivar as pessoas a aprender e incluir recursos multissensoriais, movimento, envolvimento, desafio e discussão quando se trata de treinamento de habilidades comportamentais, mas que isso é mais difícil quando há algo impulsionado por dados ou processos. Este não é o caso, é claro — se é de vital importância que alguém aprenda um processo em determinada ordem, então essa pessoa precisa estar significativamente motivada, e atenção, movimento, Ligações, Emoção, Ancoragem, Repetição, Novidade e Significado se tornam ainda mais importantes. Aprender nem sempre é fácil, mas nunca deve ser entediante.

Você não precisa ser neurocientista

Se você esquecer os nomes de partes do cérebro ou não conseguir diferenciar um neurotransmissor de outro, isso não vai importar — a menos que esteja ensinando Neurociência! Você é um profissional de aprendizagem e trabalha com pessoas de diferentes maneiras, muitas das quais provaram ser modos confiáveis e eficazes de proporcionar aprendizagem. Você pode muito bem ter a experiência prática que lhe diz que algo é eficaz mesmo quando não existe atualmente nenhuma Neurociência que o respalde — isso não significa que essa coisa não funciona. O que a Neurociência lhe dá é a oportunidade de verificar o que está fazendo e comparar com o que as pesquisas lhe dizem, mas o teste final é se alguém aprende efetivamente e pode usar o aprendizado onde é importante.

Compartilhe o aprendizado com os alunos — espalhe a notícia

Não há sentido em nós, profissionais, termos todo esse maravilhoso conhecimento sobre como o cérebro e a mente das pessoas trabalham e guardá-lo para nós mesmos. Compartilhar o que funciona com seus alunos os ajuda a ser mais eficazes e a aprender melhor por conta própria. Explicar-lhes que precisam rever o que aprenderam, que dormir também pode ajudar, e transferir para eles a responsabilidade de aprender ajudará mais do que qualquer quantidade de slides maravilhosamente preparados, apostilas detalhadas ou exercícios fantásticos.

Aprender não é só diversão

Isto é mais apropriado ao conceito de Aprendizado Favorável ao Cérebro do que a pura aplicação da Neurociência ao aprendizado, mas você pode muito bem ouvir que o aprendizado deve ser "divertido". Este é um "conselho" muito específico, porque trabalhei com cientistas, engenheiros e outras pessoas em funções técnicas que podem se sentir desafiados pelo conceito de "se divertir" enquanto aprendem. Não são todos, mas algumas pessoas acham a ideia de "diversão" desmotivante possivelmente porque tiveram treinamento no passado em que se sentiram ridículos justamente porque lhes foi pedido que fizessem coisas de que não gostavam, mas que foram rotuladas como "divertidas". Use os princípios da Neurociência para tornar o aprendizado "agradável" em vez de "divertido". Contanto que as conexões sejam feitas e mantidas, não cabe a nós decidir o que é "divertido", por isso tendo a evitar esse rótulo.

Conteste a prática ruim!

Acho que temos o dever, como profissionais, de contestar o que não está funcionando. Você esperaria que seu médico, contador ou advogado desafiassem a prática ruim onde eles a identificassem, e deveríamos estar igualmente confiantes em nossa capacidade de questionar o que outros instrutores menos esclarecidos podem estar fazendo. Talvez você precise encontrar uma maneira de expressar sua inquietude e compartilhar com eles o que seria uma prática melhor, mas somos responsáveis por garantir que todos os profissionais de A&D levem o aprendizado a sério. Recentemente, recebi um treinamento fraco e passei algum tempo escrevendo um feedback construtivo para o instrutor, antes de discutir isso cara a cara. Achava que ele receberia esse feedback com o mesmo espírito com que foi oferecido, de apoio mútuo e desenvolvimento de uma colega instrutora, então fiquei um pouco surpresa quando ele pegou o "formulário de avaliação", mal olhou para ele: "Ah, isso não é para mim; é para a organização". Felizmente, este tipo de resposta é rara, mas se quisermos contestar a prática ruim, também temos que estar abertos ao feedback.

Crie ambientes de aprendizagem em vez de cursos/conteúdos

Como você pode criar um ambiente em que o aprendizado acontece naturalmente em vez de gastar todo o tempo criando conteúdo? Quase tudo o que a maioria de nós usa no trabalho já foi produzido, às vezes perfeita e às vezes imperfeitamente, mas provavelmente está disponível em algum lugar. O conteúdo continuará a ser produzido, mas é mais provável que seja elaborado por especialistas em design digital, tomara que em parceria com especialistas em aprendizagem, como você.

Como profissionais de aprendizagem, precisamos nos tornar melhores na curadoria do conteúdo que está disponível. Podemos fazer isso por meio de nossa própria experiência, ou, como parece cada vez mais provável no futuro, usando inteligência artificial e *big data* para fazê-lo. A informação certa no momento certo precisa ser mais fácil de ser encontrada e acessada, mas não estamos encarregados do que as pessoas aprendem porque não somos elas, em suas funções, fazendo o trabalho.

Criar ambientes de aprendizagem nos quais as pessoas acham fácil pensar, aprender, experimentar, contestar, falhar, refletir e aplicar o aprendizado torna-se um papel mais importante. Com a aprendizagem autodirigida se tornando cada vez mais comum, desempenhamos também um papel de apoio às pessoas para que aprendam de maneira eficaz, de desbancar mitos errôneos e fornecer uma base, modelos genuinamente úteis e dicas práticas para a aprendizagem. Precisamos ensinar às pessoas como aprender e quais são os melhores métodos para elas, depois deixá-las prosseguir com o aprendizado dentro do contexto. Também acredito que devemos ensinar aos alunos bem instruídos a simplesmente levantar e ir embora se algo não os ajuda a obter os resultados de aprendizagem de que necessitam, a exigir mais de nós em vez de aceitar passivamente um projeto de *e-learning* ruim ou uma transmissão chata em sala de aula.

A tecnologia digital está desempenhando um papel maior para todos nós e devemos acolhê-la e trabalhar com ela sem perder de vista nossos alunos e o cérebro plástico deles. Em um artigo sobre tendências de aprendizagem digital para 2019, em meio a todas as conversas sobre bots, IA, microaprendizagem e realidade virtual, Kirstie Greeney, da Elucidat (Greeney, 2018), apontou que havia um "forte apelo para um retorno a um foco nas pessoas na aprendizagem".

Sua chamada à ação

Se você leu este livro do início ao fim, leu capítulos alternados ou pulou direto para este último, terá mudado algo em seu cérebro. O que seria valioso é que mude algo também no mundo exterior, para que possa demonstrar o que aprendeu.

Quais são as dicas principais que você extraiu deste livro e o que vai mudar? Como vai continuar o seu aprendizado?

O fim desta jornada em particular

Somente você sabe onde estava em sua jornada pela Neurociência da aprendizagem e do desenvolvimento quando começou, e somente você sabe onde está agora. Sei que ao escrever o livro descobri novos conceitos, repensei minha prática, reforcei algum aprendizado antigo e me lembrei de coisas que costumava fazer e que gostaria de fazer de novo. Continuarei minha jornada de descoberta e o convido a continuar a sua também.

Espero que tenha algumas ideias novas para testar e que talvez tenha tido seu pensamento desafiado. Espero que experimente o que aprendeu para ver quais resultados obtém. Comporte-se como cientista e aprenda com os outros, experimente você mesmo e ajuste as variáveis. Se os resultados não forem os que espera, analise o que causou a variação. Talvez você tenha começado a estimular as pessoas a prestar atenção de maneira muito mais eficaz, mas ainda não está dando a elas oportunidades de incorporar o aprendizado por meio da revisão, porque está se apressando no final de um programa de treinamento. Talvez esteja querendo uma vitória rápida, como ao pensar "Vou fazer as pessoas engrenarem" após uma hora de apresentação de PowerPoint, mas será que isso leva em conta tudo o que leu sobre a Neurociência do aprendizado? Talvez esteja pensando em Neurociência no contexto da criação da aprendizagem digital e não tenha certeza de como ou se ela se aplica. Talvez se pergunte se culturalmente será diferente em outros países ou sociedades.

Apesar de cada cérebro ser diferente porque todos criamos conexões distintas por meio de nossas experiências de vida, existem mais semelhanças do que discrepâncias na maneira como seu cérebro e o meu processam informações e aprendem. Há um padrão semelhante na Neurociência de aprendizagem para todos nós. A principal coisa que sabemos atualmente é que há muito mais coisas que não sabemos do que coisas que sabemos, então vamos continuar a jornada, porque ela é extremamente entusiasmante.

Obrigada por me acompanhar nesta jornada de exploração e desfrute de aprender por si mesmo e de trabalhar com os seus alunos. Conte-me como se saiu.

Resumo

Eis o que você abordou neste último capítulo:

- Revisou rapidamente o conteúdo do livro.
- Pensou nos desafios do uso da Neurociência em A&D.
- Efeito da tendência em voga.
- Aplicação no mundo real.
- Interesses particulares.
- Restrições que você vai enfrentar.
- Leu sobre os benefícios para:
  - você;
  - seus alunos;
  - a organização.
- Considerou algumas das principais ideias para seguir.
- Nunca faça pelo aluno o que ele pode fazer por si.
- Não há tópico enfadonho.
- Você não precisa ser neurocientista.
- Compartilhe o aprendizado com os alunos.
- Aprender não é só diversão.

- Conteste a prática ruim.
- Crie ambientes de aprendizagem em vez de conteúdo.

Que ações você vai tomar agora?

Referências e leituras adicionais

Carter, R. *Multiplicity*: The New Science of Personality. Londres: Little, Brown, 2008.

Darley, J.; Batson, C. "From Jerusalem to Jericho": A Study of Situational and Dispostional Variables in Helping Behaviour. *Journal of Personality and Social Psychology*, v. 27, n. 1, p. 100-108, 1973.

Greeney, K. The Big Digital Learning Trends for 2019, According to the Experts. *Elucidat*, 12 dez. 2018. Disponível em: www.elucidat.com/blog/digital-learning-trends/. Acesso em: 12 dez. 2018. (Arquivado em perma.cc/33Q7-FDFL.)

Ministry of Defence. Psychometric Testing Letter, 26 mar. 2015. Disponível em: www.gov.uk/government/uploads/system/uploads/attachment_data/file/418022/20150326_Psychometric_tests.pdf. Acesso em: 28 jun. 2015. (Arquivado em perma.cc/P8NQ-3MG3.)

RESPOSTAS ÀS PERGUNTAS DO CAPÍTULO 9

Q2. O hipocampo é a principal área de processamento de memória.

Q3. A memória não declarativa é para coisas que você não pode descrever facilmente, como amarrar um cadarço.

Q4. Memórias semânticas e episódicas são declarativas — você é capaz de falar sobre fatos e eventos.

Q5. As memórias procedimentais são não declarativas — são muitas vezes habilidades ou hábitos.

Q6. Codificação, armazenamento e recuperação.

Q8. Suas memórias são consolidadas quando você dorme.

Q11. LEARNS: Ligações, Emoção, Ancoragem, Repetição, Novidade e Significado.